U0536280

吉林外国语大学学术著作出版基金资助出版

中国书籍学术之光文库

中国上市公司薪酬委员会有效性研究

孟佳娃｜著

中国书籍出版社
China Book Press

图书在版编目（CIP）数据

中国上市公司薪酬委员会有效性研究/孟佳娃著
.—北京：中国书籍出版社，2019.12
ISBN 978－7－5068－7797－8

Ⅰ.①中… Ⅱ.①孟… Ⅲ.①上市公司—管理人员—工资管理—研究—中国 Ⅳ.①F279.246

中国版本图书馆CIP数据核字（2020）第008204号

中国上市公司薪酬委员会有效性研究

孟佳娃 著

责任编辑 陈永娟 逄 薇
责任印制 孙马飞 马 芝
封面设计 中联华文
出版发行 中国书籍出版社
地　　址 北京市丰台区三路居路97号（邮编：100073）
电　　话 （010）52257143（总编室） （010）52257140（发行部）
电子邮箱 eo@chinabp.com.cn
经　　销 全国新华书店
印　　刷 三河市华东印刷有限公司
开　　本 710毫米×1000毫米 1/16
字　　数 244千字
印　　张 16.5
版　　次 2019年12月第1版 2019年12月第1次印刷
书　　号 ISBN 978－7－5068－7797－8
定　　价 89.00元

目　录
CONTENTS

第 1 章

绪　论

1.1　研究背景和动机

自 Berle 和 Means（1932）提出所有权和控制权分离的命题以来，“如何设计有效的经理报酬契约以降低代理成本”，便成为委托代理理论研究的核心问题。代理成本指的是股东为了监督和激励经理人选择最有利于股东利益的行为而需付出各种代价的总和。代理成本的支付之所以成为公司良好运行的必需，是因为在委托代理理论的前提下，经理人员受雇于股东，对公司剩余财产不享有所有权，即不能分享其决策所产生财富的绝大部分（Jensen 和 Meckling，1976）。然而，在公司的日常运营过程中，公司实际上为经理人掌控，如果没有适当的激励和约束机制，经理人有悖于股东利益的机会主义行为将不可避免。而代理成本的支付不仅涉及量的问题，同时还有一个度的问题。合理的代理成本能够达到很好地控制和促进经理人员实现股东利益最大化的目的，而过高或者过低的代理成本则会造成公司内部利益分配不均衡，并最终损害股东自身的利益。高管薪酬则是公司代理成本非常重要的一项，高管激励约束机制也就成为公司治理过程中需要确立和完善的核心制度之一。薪酬委员会在今天成为上市公司董事会重要的专门委员会，除了在理论上被作为内部治理机制用以降低与经理人薪酬有关的代理问题，在实践中，其在上市公司中的广泛设立很大程度上是由于 20 世纪 90 年代初世界范围内先后出现的三次比较重要的历史事件。它们依次是“Cadbury 报告”的公布、亚洲金融危机和以“安然事件”为核心的美国公司治理危机。这些事件分别发生在 1992 年、1997 年和 2002 年。这些事件的一轮轮推动，使负责高管薪酬制定的薪酬委员会这个在 30 年前只是因为股东诉讼而仅仅被法律界关注的问题，成为受经济学家、管理学家，甚至是普通公众深深关注的话题。

早在 1978 年，美国证券交易委员会就已建议上市公司设立薪酬委员会。国外多年的实践表明，薪酬委员会通过薪酬制定对经理行为进行激励和制约经理权力上发挥着非常重要的作用，被认为是公司治理机制中不可分割的一部分（Vance，1983）。1995 年，英国 Greenbury 报告也建议上市公司设立由非执行董事构成的薪酬委员会，至少由 3 名非执行董事组成（小公司应至少为 2 人）。2001 年，美国安然及世通等财务丑闻发生后，从政界到学界、企业到民众都开始关心董事与 CEO 之间可能存在共谋的道德风险。2002 年，美国证券交易监管部门（SEC）加强了对上市公司董事会独立性的要求，并要求上市公司设立全部由独立董事构成的薪酬委员会，薪酬委员会人数为 3—5 人。印度监管部门建议上市公司成立至少由三名非执行董事构成的薪酬委员会，并且要求其主席具有独立性。但这些措施似乎并没有解决任何问题。2007 年国际金融危机过后，各国就上市公司薪酬委员会相继出台有关法律、法规及更新的公司治理准则，以试图纠正先前由公司治理问题可能导致的公司财务丑闻（如美国修订了《1934 证券交易法》、NYSE 出台了新的《上市规则》（2009）、Dodd - Frank 法案出台（2010）、澳大利亚 ASX 的《上市规则》（2011）、新加坡的《公司治理守则》（2012）以及马来西亚的《公司治理守则》（2012））。在上述准则中，董事会薪酬委员会呈现出趋同的治理态势，即增强了薪酬委员会的独立性①。

我国上市公司薪酬委员会是董事会“舶来品”之下附属产物。自 2002 年起，我国上市公司在证监会《上市公司治理准则》（证监字［2002］1 号）

① 其中，新加坡公司治理准则（2012）中除规定薪酬委员会由非执行董事占多数外，还要求薪酬委员会至少一人具有高管薪酬方面的知识经验。

的指导下陆续设立了“全部由董事组成”且“独立董事占多数并担任召集人”的薪酬委员会。同年，上海上市公司董事会秘书协会和国泰君安联合课题组拟订的《董事会薪酬与考核委员会实施细则指引》中第二章第四条规定：“薪酬与考核委员会成员由三至七名董事组成，独立董事占多数并担任召集人”。虽然，我国上市公司引入了英美模式下的董事会委员会建制的薪酬委员会制度，但是，这一制度是以分散的股东投资状况和发达证券制度为背景的，而这一背景在我国并不具备。更值得一提的是，《准则》并未明确规定上市公司薪酬委员会中的董事类型，在缺乏外部治理机制的约束下，一些上市公司的董事长、总经理也参与了薪酬委员会。

中国证监会多次修订《公开发行证券的公司信息披露内容与格式准则第 2 号〈年度报告的内容与格式〉》，上市公司高管薪酬对公众日益公开、透明。2008 年 3 月 20 日，中国平安保险股份有限公司发布了 2007 年度财报显示，中国平安有 3 名董事及高管 2007 年的税前薪酬超过了 4000 万元，其中董事长兼首席执行官马明哲税前报酬为 6616. 1 万元，比 2006 年增长了 394%，刷新 A 股上市公司高管薪酬的最高纪录。而中国平安 A 股价格则从 2007 年 10 月的最高 149. 28 元暴跌至当时的 40 余元，无数股民的资产蒸发殆尽。马明哲及其他高管的天价高薪遭到不少股民投资者的质疑。2008 年 7 月 17 日马明哲在中国平安年度第二次股东大会上对其“天价高薪”进行了回应。他的一句“我的贡献和表现对得起这份薪酬”，更加引起无数股民的谩骂。

上海荣正咨询对中国上市公司激励机制状况调查的结果显示，2003 至 2008 年上市公司高管薪酬均值从 11. 8 万元持续上涨到 26. 8 万元，年复合增幅达到 17. 73%，远高于同期实际 GDP 增速。中国上市公司市值管理研究中心统计了 2008 年 1517 家上市公司年报后发现，这些公司的利润总额从 2007 年的 9，546 亿元减少到 2008 年的 8，113 亿元，下降了 15%，而高管薪酬总额却从 2007 年的 44. 83 亿元增长到 2008 年的 50. 29 亿元，增幅为 12%，高管平均年薪也从 20. 63 万元增加到 23. 38 万元。从个案观察，国际实业（000159）2008 年高管薪酬较上年增长 407%，而业绩涨幅仅为 141. 52%；

美锦能源（000723）2008年高管薪酬增幅为269.20%，而业绩增幅仅为22%。业绩出现大幅下滑，但高管薪酬却逆势上涨的上市公司也不在少数，比如，一直徘徊在亏损边缘的ST天龙（600234）2010年再度亏损639.4万元，而公司支付给高管的报酬却从2009年的79.46万元上升至111.01万元；东方宾馆（000524）2009年度实现净利润-5254.60万元，降幅为1336.95%，然而，经理人薪酬却逆势上涨33%。

经理人薪酬是股东和管理层利益的联系点，是委托代理问题的焦点之一，上市公司薪酬委员会赋有经理人薪酬的制定和设计职责，是协调委托人与代理人利益关系的枢纽。不断让人睁目结舌的经理人薪酬数据不禁让人联想到薪酬委员会在我国上市公司经理人薪酬的制定中起了何种作用？基于《上市公司治理准则》（2001）设置的“独立董事占多数”的薪酬委员会能否独立、公正地制定薪酬政策，协调上市公司股东与管理者之间的利益冲突？何种因素阻碍或助推了薪酬委员会的职能发挥？我国的证据证实，独立董事占薪酬委员会的比例与较高的经理人薪酬水平相关（王欢，2008；刘冰，2010；张其秀和葛靖，2012）。这些证据是否真实地表明了薪酬委员会的治理现状，如果设立独立董事占多数的薪酬委员会并未达到上市公司监管部门的预期目的，是我国上市公司独立董事制度没有发挥作用还是薪酬委员会与经理人存在合谋？本文力图回答上述问题。

1.2 研究意义与目的

相关文献主要观测了薪酬委员会的内、外部董事对高管报酬水平及结构的影响（O'Reilly，Main和Crystal，1988；Daily，Johnson，Ellstrand和Dalton，1998；Conyon和Peck，1998；Newman和Mozes，1999；Anderson和Bizjak，2003；Vafeas，2003a；Conyon和He，2004；Bonet和Conyon，2005；Capezio等，2011；王欢，2008；刘冰，2010；张其秀和葛靖，2012），也有一些文献检验了薪酬委员会董事类型对高管薪酬契约诱因强度的影响（Conyon

和 Peck, 1998; Newman 和 Mozes, 1999; Vafeas, 2003a; Anderson 和 Bizjak, 2003; Capezio 等, 2011)。国内已有研究表明，薪酬委员会的设立提高了高管薪酬水平（张必武和石金涛，2005；高文亮和罗宏，2011），独立董事占多数的薪酬委员会对高管薪酬有正向影响（王欢，2008；刘冰，2010；张其秀与葛靖，2012），潜在代理成本越高的公司越可能设立薪酬委员会，薪酬委员会的设立增强了薪酬—业绩敏感度（刘西友和韩金红，2012），国有控股上市公司总经理参与薪酬委员会也能够提升薪酬—绩效敏感度（谢德仁等，2012），薪酬委员会能够针对公司特征与盈余的信息质量来调整盈余在薪酬契约中的权重（毛洪涛等，2012）。上述研究表明我国上市公司薪酬委员会作为解决代理问题的机制，虽然发挥了一定的作用，但本身也存在代理问题。是何种因素导致我国上市公司薪酬委员会未能有效发挥作用，薪酬委员会结构特征是否以及如何影响经理人薪酬水平、是否起到了协调经理人与股东的利益的作用需要我们探寻。

我国上市公司处于“一元”与“二元”并存的治理结构以及“新兴加转轨”的资本市场中，上市公司股权相对集中，从理论上看，股东监督管理者的动机较强。但我国上市公司的董事大多由大股东兼任，因此多有公司监督制衡机制失灵之情形，如发生公司董事与经理人勾结，自行恣意给予高额报酬，无法透过市场机制形成公正的金额，则可能连带造成公司营运不佳甚至亏损。此外，我国上市公司控股股东主要分为国有和民营两种类型。国有控股上市公司的控股股东直接或间接地为中央政府或地方政府，所有者缺位，容易存在“内部人控制”问题；民营上市公司的控股股东直接或间接地为自然人或家族，控股股东往往与经理人两职合一，容易发生大股东与经理人合谋侵占中小股东利益现象。可见，不同产权性质及股权集中度的企业，薪酬契约内容不同，代理问题也有所差异。因而，为了促进公司内部治理机制的完善，提升上市公司薪酬委员会有效性，我们不能盲目趋同国际治理原则，否则，对上市公司薪酬委员会的监管可能达到事与愿违目的（Wan 等，2010）。

当前，基础性制度落后依旧是制约中国证券市场生存和发展的突出问题。要建立完善的证券市场秩序、切实保护广大中小投资者的根本利益、重树市场信心，证券市场监管亟须归位。目前，改善企业经营业绩、强化内部激励仍然是中国企业的内部约束。中国企业在聘用专业经理人和实行以市场为基础的薪酬制度方面，已经进行了改革，这需要我们同时对董事会薪酬委员会也进行类似的改革。目前，无论在“一元”抑或“二元”的治理机制下，上市公司经理人薪酬的最终决定权都归于董事会（Perel，2003）。大多数董事会都存在利益冲突（Fortune，1984；Williams 和 Shapiro，1979）。关键问题是薪酬委员会是否可以适当地履行高层管理人员的绩效监控职能。各国多年的实践表明，薪酬委员会通过薪酬制定，在对经理行为进行激励和经理权力进行制约上发挥着非常重要的作用，被认为是公司治理机制中不可分割的一部分（Vance，1983）。有效的薪酬委员会能让经理人薪酬受到合理监督，避免其因追求公司短期获利而导致公司须承担的高风险，进而提升公司经营长期稳定，有助于强化对公司及投资人权益的保障。因而，探究我国上市公司薪酬委员会有效性不但能够有效缓解内外部董事的利益冲突，更好地实现独立董事的履职功能，使经理人薪酬这一涵盖复杂问题与程序得以更加科学地决策，解决我国上市公司股东的利益和收入分配的公平性等问题，还能够促进建立完善的上市公司董事会薪酬委员会治理监管体系，建立健全相关法规指引，推动和完善上市公司法人治理结构，提升上市公司治理水平，维护资本市场及社会的稳定性，使投资者根本利益得到保障。

1.3 研究内容与方法

1.3.1 研究内容

本文在梳理、分析国内外有关薪酬委员会有效性文献的基础上，主要从以下四个方面进行了研究。

(1) 薪酬委员会有效性的理论模型。委托代理理论的最优契约模型及其拓展、管理者权力理论、竞标理论、锦标赛理论、公平理论和心理契约理论都为解释薪酬委员会会导致何种经理人薪酬安排提供了理论依据。因此，本文首先通过分析每一理论的适用性和局限性，指出了恰当的薪酬委员会有效性研究的理论基础，以及已有理论可以拓展的条件。

（2）薪酬委员会在中国上市公司中的治理角色。各国上市公司治理模式都存在其特殊性，并且薪酬委员会治理的有关建议是受到可见的“软法”影响，特别是受到公司治理准则的影响。因此，本文从外部监控型治理模式、内部监控型治理模式及东亚家族治理模式分别考察了相应模式下典型国家上市公司薪酬委员会制度的演变与现状，分析了上市公司薪酬委员会在不同治理模式下的公司治理角色，最后结合我国上市公司薪酬委员会相关规制与中国经济转型时期影响上市公司薪酬委员会职能的相关问题指出薪酬委员会在中国上市公司中的治理角色和相关治理问题。

（3）中国上市公司薪酬委员会的组成特征及成员资格特征。一个有效的薪酬委员会不仅需要一个正确的组织结构（如推选独立董事为薪酬委员会主席，成员中独立董事占多数），因为结构只是助推器，它并不能保证薪酬委员会工作的有效。薪酬委员会作为决策制定团体，是薪酬委员会成员为这一结构带来了“一线生机”。因此，选择董事，选择正确的人是更重要的。本文通过董事会成员的性别、年龄、职业背景、董事会任期、董事类型、董事会的内部活动和外部活动特征，考察董事的上述特征对任职于薪酬委员会成员可能性的影响，探究现有中国上市公司的组成及人员配置是否符合其公司治理角色，是否有助于维护股东的利益。

（4）中国上市公司薪酬委员会在缓解有关经理人薪酬的代理成本中的角色。为了进一步考察在理论上符合股东利益的薪酬委员会特征是否在缓解有关经理人薪酬问题上发挥了应有的作用，文章基于三层委托代理理论检验了中国上市公司薪酬委员会在缓解有关经理人薪酬的代理成本中的角色，试图了解薪酬委员会结构和成员特征是如何减轻或增加了与经理人薪酬相关的代理问题，以证实薪酬委员会的有效性，并探究适合我国上市公司薪酬委员会治理原则的有益信息。

本文的研究内容架构如图1.1。

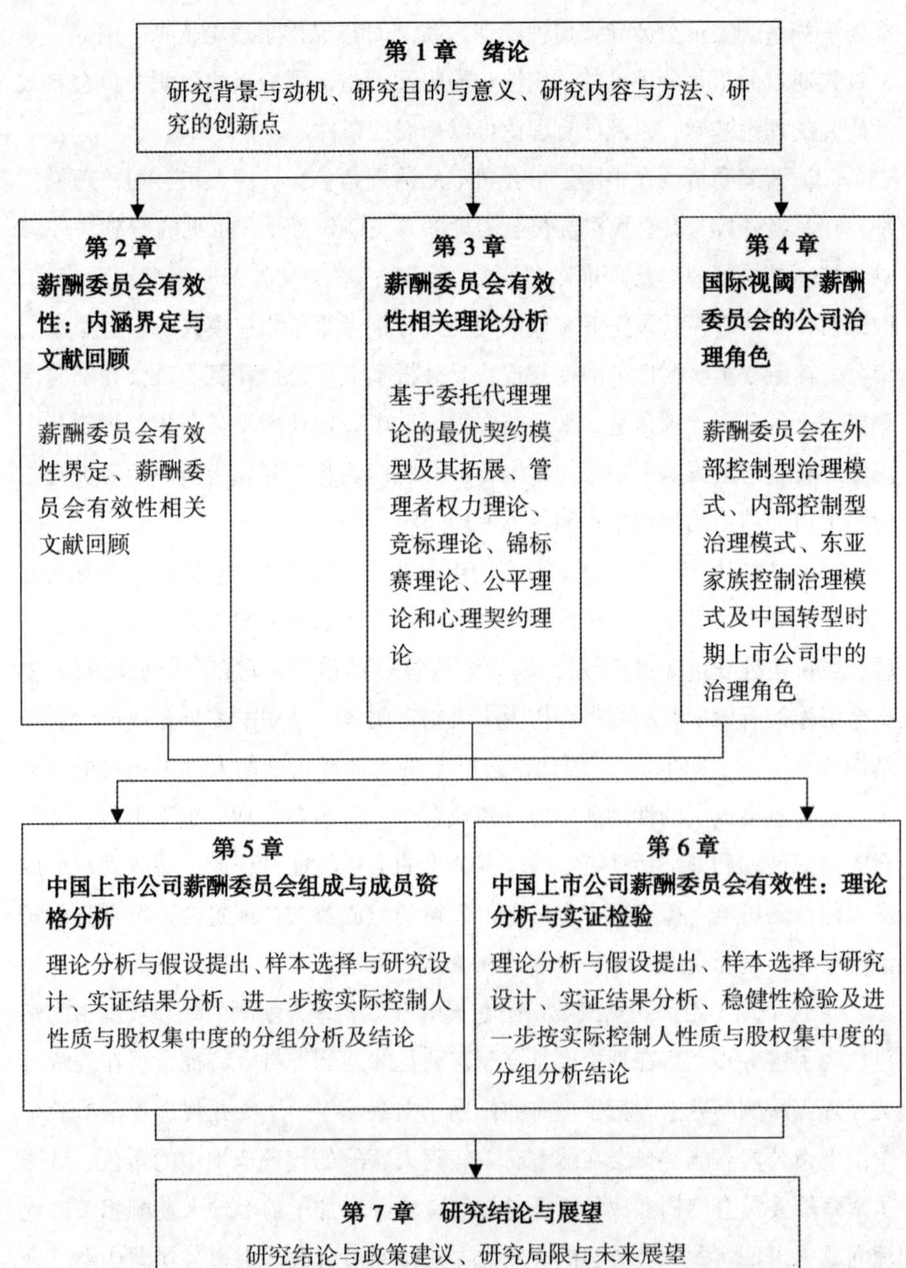

图1.1 本文总体研究思路图

1.3.2 研究方法

在对上述内容进行研究的过程中，本文运用了经济学、管理学、心理学、统计学和计量经济学等学科理论，采用了理论分析与实证检验相结合的方法。

（1）文献研究法

文献研究法是指根据一定的研究目的或课题需要，通过查阅文献来获得相关资料，全面、正确地了解所要研究的问题，找出事务的本质属性，从中发现问题的一种研究方法。本文在对薪酬委员会有效性内涵进行界定、相关文献回顾、薪酬委员会有效性理论分析、各国薪酬委员会治理角色探析等内容进行阐释时运用了该方法。

（2）实证分析法

实证分析方法是基于对经验事实的科学归纳，总结或推导出具有普遍意义的结论或规律，然后再将这些结论或规律拿回现实中进行检验的方法论思想。本文通过STATA12.0等统计分析工具，结合上市公司的年报数据，用实证证据回答当前中国上市公司薪酬委员会的治理状况如何，薪酬委员会区别于董事会的显著特征有哪些，中国上市公司薪酬委员会有效性的短板在何处，进而为上市公司薪酬委员会治理提供实践支持。

1.4　研究的创新点

针对本文具体研究内容及薪酬委员会有效性问题的已有研究，本文的主要创新体现在：

首先，在理论上，结合Tirole（1986）三层委托代理理论与薪酬委员会制度特征的分析，指出已有理论分析的局限。Tirole仅分析了只有一个监督者的情形，而薪酬委员会是一个组织机构，决策由薪酬委员会做出，如果经理人有动机与薪酬委员会合谋，将付出较多的单边转移成本，这增加了经理人合谋的代价，也降低了经理人与薪酬委员会合谋的可能性。Tirole假定监督者不具备委托人的资金条件，不会成为委托人。而薪酬委员会成员可以是股东，也可以是中立的独立董事。与股东相比，独立董事不具备信息优势，也没有股东的监督动机强，因而有必要探究薪酬委员会权益所有者的监督有效性。Tirole 假设监督者的努力程度是外生的，并且仅考虑了提供给监督者大于他与代理人合谋收益的工资作为防范合谋的方式，而忽略了监督者的声誉激励等因素作为防合谋机制的可能性。三层委托代理理论虽然为我们指明了一个围绕监督者的特征探究薪酬委员会会如何影响经理人最优诱因契约的分析框架，但仍存在上述局限。由此，本文拓展了三层委托代理理论的假设条件，将能够代表薪酬委员会信息获取以及监督诱因的特征纳入分析框架，对各个特征与经理人薪酬制定及薪酬契约设计的影响给予了详细的分析。

其次，在研究内容上，一方面，突破了已有研究仅从薪酬委员会与高管薪酬关系的研究上，本文以近两年中国上市公司经理人个人层面的薪酬为研究对象，并包括了经理人的货币薪酬、股票薪酬和权益薪酬，全面地考察了薪酬委员会对经理人薪酬的影响。另一方面，本文对目前中国上市公司薪酬委员会的组成及人员资格特征进行了考察，证明了中国上市公司薪酬委员会与股东利益的符合程度，并在此基础上，探究了相关特征在中国上市公司制度背景下的有效性，扩展了已有从单一维度对薪酬委员会有效性的研究。

最后，在方法上，一方面，考虑到薪酬委员会结构的内生性问题，本文以两阶段最小平方法估计（2SLS）联立方程模型来处理薪酬委员会结构可能产生的内生问题，探寻了薪酬委员会相关特征与经理人薪酬水平、薪酬—绩效敏感度及薪酬契约设计的无偏估计关系，为中国上市公司薪酬委员会有效性提供了经验证据。另一方面，运用分层回归方法，实证检验了薪酬委员会特征对会计盈余时效性指标的调节作用，为薪酬委员会有效性的作用路径提供了经验证据。

第 2 章

薪酬委员会有效性：内涵界定与文献回顾

自薪酬委员会在各国上市公司广泛地设立以来，围绕薪酬委员会能否有效地设计经理人薪酬契约、降低代理成本的研究展开了大量的探索。本章将在对薪酬委员会有效性的内涵进行界定的基础上，针对本文的研究内容和侧重点，对相关文献进行梳理，借以明晰何谓薪酬委员会有效性以及了解有关薪酬委员会有效性的研究现状，为本文的研究提供支撑。

2.1 薪酬委员会有效性的内涵界定

虽然学者们对薪酬委员会的有效性进行了较多的检验，但有关薪酬委员会有效性的内涵，研究者鲜有界定。作为公司内部治理的一个重要方面，透过上市公司设立薪酬委员会的原因和对公司内部治理机制的认识将会对薪酬委员会有效性有深刻和准确的把握。

上市公司（属于公众公司）是由股东委托的经理人运营，由代表股东的董事会进行监控的一个组织。在这种治理结构下，将决策管理层（由经理人和其他管理人员构成）从决策控制层（由董事会构成）和投资与风险承担者（公众股东）中分离是合理和有效的，决定了股东剩余索取权价值最大化（Fama 和 Jensen，1983；Jensen，2000）。许多上市公司在这种治理结构下茁壮成长。证据表明，上市公司的工作安排都基于大多数股东对董事有一定程度的控制（Monks，2008）以及许多董事会都慷慨地对待经理人（Bebchuk

和 Fried，2004）的事实。经理人都是自利的，因此不会自动地做股东的忠诚仆人（Jensen，1986，1993；Morck，Shleifer 和 Vishny，1990；Shleifer 和 Vishny，1989，1997）。公司控制权市场可以提供一些纪律约束，但很难看到它对经营决策的控制是有效的。那么，如何能够调和假定存在微弱治理渠道的公众公司的生存与外在的效率呢？Lins（2003）指出，新兴市场法律制度往往不健全，通常缺乏对外部股东与债权人的保护，且市场机制（接管市场）较不发达。因此，在外部公司治理机制功能相当薄弱的新兴市场中，只能偏重内部公司治理机制来确保管理者的行为与股东所关注目标的一致性，以降低代理问题。

内部治理机制是配置行使控制权、监督评价董事会和经理层、设计实施激励政策等有关公司控制权及剩余索取权分配的制度性安排，主要包括激励机制与监督机制。激励机制是指委托人如何通过一套激励制度安排促使代理人采取适当行动，最大限度地增加委托人的效用。监督机制是基于公司内部权力机关（股东大会、董事会和监事会）的分立与制衡原理而设计的，用以解决公司的内部冲突，包括大股东（有控制权的）与小股东及经理人与股东之间的冲突。董事会设立薪酬委员会有如下好处：其一，召集具有资格的人员参与经理人薪酬制定，通过集体谈判，使董事会的决策更加科学和合理；其二，分散董事会的权力，避免由于个人偏见及能力所限而导致的决策失误，或由个人决策而可能导致的决策权滥用，尤其在救治单层结构“内部人控制”缺陷中，薪酬委员会由外部董事担任多数成员，可以将公司的内部人从董事会比较敏感的活动圈子剔除在外，使外部董事在涉及内部董事利益的问题上更好表态；其三，将管理职能和薪酬制定职分离，可以强化董事会的职责，应对日趋复杂的经理人薪酬设计及薪酬结构监管。可见，董事会设立薪酬委员会不但可以解决董事会本身的缺陷，更重要的是，薪酬委员会是用于解决内生于组织的代理问题的制度安排，是确保股东利益的重要机构，是体现及平衡各方权力的枢纽，通过薪酬委员会可以更好地发挥独立董事的作用从而监督经理人的行为，救治公司治理中的代理问题（Psaros 和 Seamer，2002；斯坦恩伯格，2002）。

薪酬委员会通过审查与评估经理绩效（Wolfe 和 Birdsel，2003；Reda，2000）、制定经理薪酬激励计划并监督其实施（Belliveau，O'Reilly 和 Wade，1996；Wolfe 和 Birdsel，2003）、对公司经理薪酬计划提出建议（Reda，2000；Sheridan Thomas，1993）、披露和解释高管薪酬状况（Conyon 和 He，2004）来履行其监督与控制职能，更好地调整高级管理人员和股东之间的目标，缓解代理问题（Jensen 和 Meckling，1990）。

缓解公司内部治理冲突，即降低代理问题或道德风险问题的方式，可以通过监督代理人，或者通过有效的激励补偿合约调整代理人与委托人的利益。在最优契约环境下，薪酬委员会监控机制与经理人激励机制相互替代，因为二者都可以作为诱使经理人为股东利益努力而施加的手段（Mehran，1995；Yu，2012）。然而，代理人的行为具有不可观测性，激励补偿合约也是不完备的，因而监督与激励亦存在一定的互补性。由此，本文认为，薪酬委员会有效性是指特定公司治理环境下的薪酬委员会结构、人员、权利及职责的一系列制度安排，这一制度安排能够使其行使适度的监督与激励计划，降低与经理人薪酬有关的代理问题，增强代理人行为与股东利益和目标的一致性。

2.2 薪酬委员会的设立动因及影响因素

专门委员会的设立是为了协助董事会有效地履行职责（Brown 等，2011）。专门委员会承担了越来越多的董事会工作（Adams 等，2010）。对关键运营状况的详细审核经常发生在董事会专门委员会这一层级上，专门委员会能够改善公司的董事会治理质量，因为他们的大量时间都致力于专门的任务和对庞大、复杂信息的掌握工作之中（Spira 和 Bender，2004），由他们使全体董事会知情并做出决策（Kesner，1988；Lorsch 和 MacIver，1989；Spira 和 Bender，2004），这提高了董事会监督的有效性（Huang，Lobo 和 Zhou，2009）。

无效的监督会使董事会做出不当的薪酬决策，使经理人的薪酬与其在劳动力市场的价值有较大的偏离（Fama，1980；Fama 和 Jensen，1983；Jensen，1993；Hall 和 Murphy，2003；Bebchuk 和 Fried，2003，2004）。董事会内部存在利益冲突（Fortune，1984；Williams 和 Shapiro，1979），董事会的内部董事，可能会导致内部监控、设置经理人补偿方面的独立性问题，特别是经理人是否可以适当地履行其绩效监控职能，因为他们监视的正是他们自己（Willianmson，1985）。这凸显了设置薪酬委员会及独立的薪酬委员会的重要性（Kesner，1988；Lorsch 和 MacIver，1989；Finkelstein 和 Hambrick，1996），因为该委员会是负责确保经理人的薪酬系统“从股东的角度来看是有效和公平的”（Fisher，1986）。当前在大部分国家的治理实践中，设计经理人薪酬合约的职责都由隶属于董事会的次级委员会——薪酬委员会来履行。

较早的研究显示，外部对经理人监督的需求和代理成本之间存在正向关系（Klein，2002；Cui 等，2007；Rainsbury 等，2008；Huang 等，2009）。这些学者主要检验了审计委员会和公司治理委员会的治理需求。Dey（2008）检验了 2000 年和 2001 年之间美国 371 家大公司实施的公司治理机制与代理问题之间的关系。该研究对一系列反映董事会、高管薪酬、审计师的独立性、审计委员会和财务报告的完整性的公司治理变量采用了探索性主成分分析，以识别关键的治理因素。公司规模、公司的复杂性、股东特征、成长机会、财务杠杆、风险和自由现金流量这些公司特征被用来衡量各公司代理问题的程度。结果发现，公司运用的治理机制与该公司的代理成本水平有直接关系，尤其是，代理成本较高的公司对采用适当治理机制（董事会和审计委员会的组成及运作）存在较大的需求。

刘西友和韩金红（2012）针对高管激励的“有效契约论”和“管理权力论”两种假说，结合我国的制度背景，研究了我国上市公司设立薪酬委员会的动因和薪酬委员会对高管薪酬安排的影响。该研究以 2001 年至 2008 年我国沪深两市的上市公司作为研究样本发现，潜在代理成本越高，公司就越可能设立薪酬委员会，证实了有效契约论；同时发现，薪酬委员会的设立增强了高管薪酬—业绩敏感度。总的来说，这些研究的回顾表明，管理层监控需求与代理成本是相关的。

对薪酬委员会设立的影响因素方面，Main 和 Johnston（1993）对 1993 年英国 220 家大型上市公司薪酬委员会设立的影响因素研究发现，随着董事会规模、公司规模和营业额增加，公司设立薪酬委员会的可能性也随之增加。然而，其他与董事会任期及董事年龄相关的董事会特征与薪酬委员会的形成并无相关性。Carson（2002）以 1996 年 361 家澳大利亚大型上市公司为样本考察了审计委员会、薪酬委员会及提名委员会形成的决定因素。该研究发现，57%的样本公司设立了薪酬委员会，6 大会计师事务所审计师参与、任职其他董事会董事的数目以及较高的机构投资者持股比例与薪酬委员会的形成呈正相关。Klein（2002）、Rainsbury 等（2008）和 Huang 等（2009）也证明构成独立的董事会委员会会受到董事会能力的限制。

2.3　薪酬委员会的组成与影响因素

本节回顾了直接检验薪酬委员会组成的研究。美国早期的文献探究了董事会及薪酬委员会成员组成之间的关系。随着时间的推移，这类研究检验了越来越广泛的董事会特征与薪酬委员会成员组成之间的关系。这些董事会特征包括董事会独立性、董事任期和股权、董事性别及职业、董事会的内部活动与额外的董事会委任。

有两个较早的研究检验了多个董事会委员会的组成特征。Kesner（1988）实证了审计、提名、薪酬委员会和执行委员会组成的决定因素。她以横截面数据运用方差分析和多层次对数线性分析方法探究了 1983 年 250 家美国大型上市公司董事会下属委员会（包括审计、提名、薪酬和执行委员会）的成员特征（包括董事类型、职业背景、性别及任期）的显著性。就薪酬委员会的特征而言，该研究发现：薪酬委员会与董事会总体组成存在显著差异。薪酬委员会外部董事居多，有商业职业背景的董事居多、经验丰富、董事任期较长，适合处理委员会中复杂而涉及具体程序的事务；薪酬委员会男性董事与女性董事比例不存在显著差异；薪酬委员会的女性董事大都来自企业外的组织，不具有商业经验、董事任期较短。总体而言，Kesner（1988）的研究证实了外部董事、任期较长的董事及有商业背景的董事更有可能担任薪酬委员会委员。证实了参与薪酬委员会的董事存在一些显著特征，从这些特征来看，薪酬委员会的设立符合企业所有者的利益。作为 Kesner（1988）研究的延伸，Bilimoria 和 Piderit（1994）基于经验偏见论和性别偏见论，继续探寻了影响董事任职各专业委员会的主要因素。该研究利用了 Bilimoria（1990）中使用的 1984 年“财富”500 强中的前 300 家公司，筛选出 133 家公司为研究样本进行了 Logistic 多元回归分析，他们不但扩展了 Kesner（1988）考察的委员会类型，还将董事兼职家数这一特征纳入研究范围，并将董事任职划分为在公司任职和非公司任职两类，其中“非公司”指如非营利、社会及文化类型的组织。与 Kesner（1988）的研究一致，董事独立性、任期和商业背景都与薪酬委员会的组成相关，任职其他董事会董事的职位数也被证实与薪酬委员会的组成显著相关。在明确了董事经验的影响效应后，Bilimoria 与 Piderit（1994）检验了董事经验特征与性别的交互作用，以考察董事会成员的经验特征与选任委员会成员的机会是否会受性别的影响。研究发现，即使在控制董事经验特征的基础上，薪酬委员会也更倾向于选择男性董事，但研究并未发现薪酬委员会在选择经验类似的董事上会考虑性别的差异。

Vafeas（2000）在 Kesner（1988）、Bilimoria 和 Piderit（1994）的研究基础上，选择美国 1994 年已设立薪酬委员会的 576 家最大的上市公司中共 6,607名董事，进一步检验了董事任职薪酬委员会的决定因素。与前者的研究发现一致的是，该文献发现薪酬委员会的任职与董事类型①、董事任期和

① Vafeas 根据职业将董事划分为内部董事、灰色董事和外部董事三种类型。其将董事的职业类型划分为：（1）公司的 CEO；（2）其他公司的高管及家族成员；（3）退休的职员及子公司的职员；（4）管理层的顾问、审计师及律师；（5）行业中盈利组织的高管；（6）金融业营利组织（商业和投资银行、保险公司）高管；（7）已退休的高管和专业董事；（8）非营利组织的决策者；（9）个人投资者。其中，董事类型（1）—（3）归为内部董事；（4）和（6）作为可能不独立于管理层的“灰色董事”；其余的董事类型作为独立的外部董事。

拥有的董事身份数有关。此外，该文还发现，薪酬委员会任职的可能性还与董事年龄、拥有的其他委员会职务相关。重要的是，与代理理论相左的是，研究发现薪酬委员会成员的身份仅仅与董事持股微弱相关，并且与外部董事持股无关。由于这些证据是混合性的，只为在薪酬委员会委任的董事是为了保护股东的利益提供了微弱的证据。Vafeas（2000）认为，薪酬委员会中成员应独立于管理者的影响，并且应该比非委员会成员拥有更多的公司股份。然而，其实证结果表明，薪酬委员会成员持股与非成员持股并无显著差异，作者认为这可能是外部人所持公司股份很小的结果，致使激励外部董事监督的所有权机制失效。此外，作者发现，持有公司权益最高的内部董事进入薪酬委员会的可能性较大，这表明，对于内部人来说，委员会身份具有显示他们在组织中权力的信号作用。该研究的样本中有内部董事的薪酬委员会很少（在2332名薪酬委员会董事中，仅有146名董事为内部人），表明与委托代理理论的观点一致，在经理人薪酬的决定中，独立的薪酬委员会委员更受偏重。通过进一步地分析薪酬委员会成员的来源发现，样本中委员会的内部人主要来自子公司或公司的退休职员，而不是公司的高管，而外部人主要来源于其他行业公司中的现任高管以及退休的公司高管，与委员会成员应该了解公司商业环境的观点一致（Kesner，1988；Bilimoria 和 Piderit，1994）。总而言之，Vafeas（2000）得出的结论是，薪酬委员会成员大都是拥有良好声誉资本、经验丰富的外部董事。他还建议，由于薪酬委员会中的内部人较少，因而，未来对薪酬委员会成员身份的研究应该从成员的类型（内部人和外部人）转移到被选委员的特征上，如较少的关联董事、拥有较多公司权益的成员。

Newman（2000）探究了公司的股权结构对薪酬委员会内部人任职差异的影响。该文以161家美国250强公司1991年和1993年的数据，在控制企业规模、CEO任期和董事会内部人比例的情形下，研究发现，CEO持股比例与薪酬委员会独立性显著负相关（即与内部人在薪酬委员会任职比例显著正相关），表明CEO持股越多，其在董事会中的权力越大，这会影响薪酬委员会中内部董事的任命。研究还发现非管理层雇员持股比例与内部人任职薪酬委员会的比例显著负相关，即外部人持股与薪酬委员会独立性显著正相关，作者将该现象解释为包括 CEO 在内的董事认为不在薪酬委员会中安排内部董事将有利于与非管理层建立良好的关系，以在公司控制权转移时获取他们的支持。研究还发现随着公司规模增加，内部人在薪酬委员会的比例会下降。而研究未发现外部大股东持股与内部人任职薪酬委员会的比例有关，作者认为外部大股东可能会通过其他方式控制 CEO 薪酬，或者外部大股东仅关心会使自身财富显著改变的重大事件，而并不关心 CEO 是否被过度给付。

附录 A 表 2－1 提供了本节每个研究的关键点总结。总体而言，证据表明，随着时间的推移，美国上市公司薪酬委员会变得愈加独立（Vafeas，2000；Conyon，2011）。美国公司中薪酬委员会独立性的增强，反映了要求建立独立的薪酬委员会这一制度环境的变化。

澳大利亚已有研究使用的研究数据早于 2003 年澳大利亚 ASX 的建议。与美国的研究相一致，一些考虑薪酬委员会组成的研究是在整个董事会委员会范围进行的考察，而不是仅着眼于薪酬委员会。Cotter 和 Silvester（2003）分析了 1997 年澳大利亚最大的 200 家上市公司中 109 家公司审计委员会及薪酬委员会的董事组成。作者观测到董事会独立性与薪酬委员会独立性存在较强的正关联性，审计委员会及薪酬委员会比董事会具有更高的独立性。以行业及地区分部替代的复杂性、企业成长性、杠杆率、高管持股、公司业绩和公司规模都与薪酬委员会独立性无关。总体表明，董事会主要运用次级委员会作为财务报告完整性和高管人员薪酬监督的监测机制。Windsor 和 Cybinski（2009）考察了 2001 年澳大利亚 123 家大型上市公司薪酬委员会的独立性对 CEO 薪酬、公司规模和公司业绩的干扰作用。研究表明，即使薪酬委员会由 100% 的非执行董事构成也不能确保薪酬委员会的有效性，薪酬委员会作用的发挥还取决于公司规模。

薪酬委员会组成特征及影响因素的相关文献表明，虽然监管部门对薪酬委员会做出了独立性要求，但薪酬委员会独立性并不是薪酬委员会唯一的显著特征，薪酬委员会成员的性别、职业、任期、持股以及外部兼职等特征显著不同于董事会，但仅有微弱的证据表明上述薪酬委员会特征是基于委托人的利益，因而需要进行进一步的研究。并且，已有研究主要基于早期具有分散股权结构的英美大型上市公司的董事数据，其他国家目前上市公司薪酬委员会的组成特征及影响因素还是一个未知。

2.4 薪酬委员会独立性与经理人薪酬

本文主要关注薪酬委员会在实施薪酬合同，降低代理成本，协调经理人和股东的利益一致性中的作用。本节回顾了通过经理人薪酬水平及薪酬业绩与企业绩效的关联性检验薪酬委员会有效性的研究。上述两部分内容是分开讨论的。首先，本节综述了薪酬委员会与经理人薪酬水平关联性的研究。然后，回顾了检验薪酬委员会与经理人薪酬—业绩敏感性之间关系的研究。此方面的国外研究主要关注了 CEO 的薪酬，而国内研究主要考察了高管薪酬。附录 A 表 2-2 对这些研究结果进行了总结。

2.4.1 薪酬委员会独立性与经理人薪酬水平

一些研究检验了薪酬委员会及经理人薪酬水平之间的关联关系，尤其是公司 CEO 的薪酬水平。该类研究主要考察薪酬委员会的内部人是否会导致 CEO 租金攫取。以一系列公司治理改革后的数据检验了独立的委员会是否会调整高管薪酬水平，尤其是 CEO 的薪酬。

美国该方面的研究分支对此提供了混合的证据。Newman 和 Wright (1995) 考察了 1993 年美国的 161 家大型公司。他们发现，非独立的薪酬委员会与较高 CEO 薪酬相关。特别地，他们报告了委任至少一名执行，或其他关联董事，会导致 CEO 更高的薪酬水平的结果。这表明，薪酬委员会独立性的缺乏阻碍了监控的效果，从而导致了租金攫取。Daily 等（1998）检验了 1991 年和 1994 年美国财富 500 强中 194 家公司的高管人员薪酬。该研究是美国最早的纵向研究，特别地关注了薪酬委员会在高管人员薪酬契约决策过程中的作用。研究分析的高管薪酬包括总的 CEO 薪酬、CEO 的薪酬变化与

CEO 的薪酬结构。分析中以公司规模、公司业绩、股权结构、CEO 的任期及过往年度的薪酬作为控制变量。与 Newman 和 Wright（1995）的研究结果相反，该文并没有发现证据表明关联董事，或委任 CEO 任职的薪酬委员会导致了更高的 CEO 薪酬。他们还报告说，往年的薪酬和公司规模与 CEO 的薪酬正相关。Newman 和 Mozes（1999）以 1992 年美国财富 250 强中的 161 家公司检验了薪酬委员会的组成是否会影响授予 CEO 的总薪酬。与现存的研究一致，回归分析中加入了公司规模、公司业绩、所有权特征和 CEO 的任期。他们发现，授予 CEO 的总薪酬水平与薪酬委员会的独立性并无关联性。他们报告，至少有一位内部人的薪酬委员会相比没有内部人的薪酬委员会授予的薪酬总额的无差异。公司规模和公司业绩是 CEO 总薪酬的重要决定因素。总体而言，与 Daily 等（1998）研究的结果是一致的，表明高管人员薪酬水平的监控不受到薪酬委员会缺乏独立性的影响。

美国有几个研究是在美国证券交易委员会（SEC）和国内收入法典（IRC）改革出台后进行的。这一改革旨在增加高管人员薪酬的透明度并限制高管影响自己酬金的力量①。Anderson 和 Bizjak（2003）调查了 1985 年和 1998 之间在纽约证券交易所上市的 110 家美国公司薪酬委员会的组成和 CEO 薪酬契约决策程序之间的关系。样本分为监管前和监管后两个时期。该研究探讨了法规变化是否影响高管薪酬的监管和实践。研究控制了公司规模、绩效、风险、成长、CEO 的任期、CEO 的更迭、股东创始人和行业效应后发现，管制的结果确实使薪酬委员会的独立性增加了。但是，薪酬委员会的独立性并未显著影响以工资和奖金的金额衡量的 CEO 薪酬水平，也没有 CEO 薪酬的整体结构。Anderson 和 Bizjak（2003）认为，任命内部人或 CEO 的委员会不会导致租金攫取。总的来说，这项研究表明，强制引入薪酬委员会的

---

① 1992 年，SEC 通过执行信息披露规则（Release No. 33－6962），要求美国上市公司披露高管人员各种形式的薪酬，比较薪酬和股票表现并解释基于激励的薪酬。此外，在 1993 年，IRC 规则（S162（m））相继出台任何五大高管超过 100 万元的薪酬禁止抵税，除非的薪酬是基于业绩的并是由一个独立的薪酬委员会批准的。这一改革证明一个薪酬委员会的形成是确保适当的、透明的和稳健的薪酬架构的关键（Vafeas，2003）。

独立性规则并不一定导致更优化的高管薪酬实践。

Vafeas（2003）检验了1991年至1997年美国271家大型公司薪酬委员会的组成与CEO薪酬之间的关系。该文分析了CEO薪酬的三个组成部分，包括现金薪酬（工资和奖金）、长期激励性薪酬及薪酬总额。回归分析中将CEO的年龄、CEO的任期、所有权的特征、公司规模和业绩作为控制变量。他发现有内部人的薪酬委员会与CEO薪酬水平之间不存关联性。研究发现，CEO任期和公司绩效与CEO薪酬水平相关。总体而言，Vafeas（2003）没有为改革取得了预期的结果提供强有力的证据支持。

Conyon与He（2004）分析了1998年和2001年之间455家美国新上市公司的薪酬委员会组成与CEO薪酬的关联关系。研究采用了三层最优契约模型来检验假设，而不是传统的委托代理契约模型。CEO薪酬总额与CEO股权激励被作为CEO薪酬的分析对象。研究中使用的控制变量是CEO特征、董事会结构与企业的经济特征。薪酬委员会有内部人与较高的CEO薪酬水平不存在相关性，因而他们没有发现租金攫取的证据。研究结果还表明，如果薪酬委员会成员是一个重要股东，那么授予CEO的薪酬水平则较低。董事会规模、公司的规模和波动性与薪酬水平呈正相关关系，而公司成长性则与授予CEO的薪酬水平负相关。

总体而言，针对美国SEC和IRR规则的研究表明，高管薪酬水平的监督并不是由于薪酬委员会的独立性缺乏而受到阻碍。

Sapp（2008）以2000年和2005年之间400家加拿大公司为样本考察了一系列的公司治理机制对薪酬安排的影响。国外很少有研究探讨CEO以外的高管薪酬安排。Sapp（2008）通过直接检查更广泛的高管团队薪酬安排延伸了此类文献。Sapp（2008）的控制变量为公司规模、业绩和行业效应。他发现，薪酬委员会独立性与任命CEO的薪酬委员会与授予CEO及高级管理人员的更高的薪酬水平相关。其中，与CEO薪酬的关系更明显。研究结果还表明，公司规模、行业都在不同程度上与CEO和其他关键高管薪酬水平呈正相关。

虽然美国在制度设计上已要求设立独立的薪酬委员会，但有关薪酬委员会是否会调整 CEO 薪酬奖励水平的文献提供了混合的证据。在这些研究中，只有一个考虑的是薪酬委员会与其他高管薪酬之间的关系，而不单单是对 CEO 薪酬的影响。独立的薪酬委员会是否是授予其他高管薪酬水平的有效调节因素仍然是一个悬而未决的问题。

虽然英国的制度设计与美国不同，英国的研究也为独立的薪酬委员会的作用提供了混合的证据。一些研究使用最高董事薪酬为 CEO 的薪酬代理变量。随着时间的推移，研究在检验薪酬委员会和薪酬之间的关系采用了越来越严格的方法。

Main 和 Johnston（1993）检验了与薪酬委员会披露相关的特征，这些委员会的组成及其对薪酬的影响。研究分析了 1990 年 220 家大型英国上市公司。作者探讨了英国这一时期对薪酬委员会设立的自愿性披露要求。该研究是英国第一个研究薪酬委员会的组成及运作的研究。由于样本期间缺乏高管薪酬信息披露的透明度，研究的对象为薪酬最高的最高董事薪酬。Main 和 Johnston（1993）认为，在英国公司收入最高的董事是董事会主席、CEO 或常务董事（managing director）。

该研究检验了年度财务报告中披露的薪酬总额。Main 和 Johnston（1993）发现薪酬委员会的设立与更高的薪酬相关。公司规模、绩效和股权特征也被纳入研究。他们还表明，任命收入高的董事到薪酬委员会是机会主义行为的结果。此外，他们发现，较大比例的非执行董事担任薪酬委员会委员并未限制薪酬最高的董事的报酬。结果表明，薪酬委员会无法有效限制高管薪酬。

三个纵向研究探讨了 1988 年至 1994 年之间薪酬委员会的设立和组成与高管薪酬之间的关联性。Conyon（1997）用面板数据对 1988 年到 1993 年之间董事薪酬、公司规模、公司绩效、薪酬委员会的存在与高管薪酬之间的关系进行了考察。通过对 1000 个最大的英国公司的一项调查得到薪酬委员会运行的相关数据。最终以 213 家上市公司为研究样本。该研究以薪酬最高的董事的扣除期权授予的价值的薪酬总额为研究对象，发现薪酬委员会的存在在某些情况下与较缓的董事薪酬增长相关。研究结果还表明，前一年的薪酬、公司规模与股东回报是授予董事的未来报酬的重要决定因素。整体的结果提供的证据表明当存在独立的薪酬委员会时高管薪酬的监督更稳健。

Conyon 和 Peck（1998）也使用 1991 和 1994 之间的面板数据研究了董事会结构和薪酬委员会对薪酬的影响。样本包括 94 家英国大型公开上市 342 个观测值。与 Main 和 Johnstoon（1993）一致，Conyon（1997）的薪酬数据也关注了收入最高的董事，因为其他高管薪酬在样本期间并不要求披露。研究的薪酬组成为总工资和奖金。他们发现，薪酬委员会的存在与更高的薪酬水平相关。他们报告说，有较高比例的非执行董事的薪酬委员会也与较高的薪酬水平相关。结果表明，薪酬委员会的存在及其独立性都不会限制高管薪酬。

Benito 和 Conyon（1999）也使用调查 211 家英国公司的面板数据检验了（1）董事的现金薪酬与股东回报之间的关系；（2）董事的现金报酬对绩效的敏感性是否在随时间变化；及（3）公司治理机制与董事酬金之间的关系。与 Conyon 和 Peck（1998）一致，现金薪酬分析的是董事的工资和奖金。公司治理机制分析的是 CEO 和董事长两职合一和提名及薪酬委员会的设立。总的来说，他们发现这些治理机制没有显著影响董事的现金报酬。由于此类信息并不能轻易获取，该调查为英国公司当时的治理增加了新的洞察机制。

Bonet 和 Conyon（2005）使用面板数据检验了 2002 年英国 504 家上市公司研究薪酬委员会和高管薪酬之间的关系。样本取自于整个英国上市公司。他们指出该样本是当时最大和最全面的。该研究探讨了高管薪酬的三个组成部分，薪酬总额、期权的行使价值和基于奖金的高管薪酬的比值。他们的研究结果表明，薪酬委员会任命内部人会导致较高的 CEO 薪酬水平。

Johnston（2007）考察了机会主义行为是否受到市场力量和内部治理机制的约束。该研究探讨了英国 1996 年 220 家大型公司薪酬最高的董事薪酬。公司治理机制的研究与 Cadbury 报告、Greenbury 报告（1995）和 Hampel 报告（1998）中建议的董事会结构和董事会委员会特征（1992）是一致的。公司规模、绩效、行业和所有权结构的影响被纳入研究。关于董事会结构的研究结果是在 3.4 节讨论的。薪酬委员会运作相关的研究结果表明，增加薪酬委员会独立董事的数量为至少三人与较低水平的高管薪酬相关。研究结果还表明，薪酬委员会任命了 CEO 和执行董事并不会导致机会主义的工资设定实践。公司规模、绩效和行业效应也与薪酬水平呈正相关。尽管总的来说没有得到租金攫取的证据，但发现了高管薪酬的监督受到薪酬委员会独立性强化的证据。

Gregory – Smith（2009）采用面板数据检验了 290 家 1996 年和 2005 年期间英国 FTSE 350 指数公司的薪酬契约程序。该研究探讨了董事会特性和薪酬委员会的组成与 CEO 薪酬之间的关联性。Gregory – Smith（2009）采用了比以前研究中使用的“独立”更严格的测试。公司规模、公司业绩和前一年的报酬作为控制变量加以分析。他认为，无论是薪酬委员会的组成还是独立性都没有有显著影响授予 CEO 的薪酬。公司规模和前一年的薪酬与授予 CEO 的薪酬相关。总体而言，结果没有为样本期间英国大型公司的租金攫取提供证据。

虽然研究已经试图通过增加检验英国公司薪酬委员会和高管薪酬水平之间的关系模型的严谨性，但研究还是产生了混合的结果。与美国的研究相一致，上述文献中没有超出 CEO 薪酬和薪酬最高的董事而扩展他们的分析。澳大利亚的研究虽然不先进，但也遵循美国和英国同样的研究主流。

在研究董事会结构与 CEO 的薪酬之外，Lawrence 和 Stapledon（1999）研究了 1995 年 100 家最大的澳大利亚公司中的 72 家公司薪酬委员会的组成和 CEO 的报酬之间的关系。采用的方法是由 Newman 和 Wright 采用的方法（1995）。Lawrence 和 Stapledon（1999）没有发现独立性较低的薪酬委员会与较高水平的 CEO 薪酬和奖金相关。

Windsor 和 Cybinski（2009）分析了 2001 年 123 家澳大利亚 ASX 300 公司。研究探讨了 CEO 薪酬、公司规模与公司绩效的关联性是否受到薪酬委员会独立性的调节。控制了行业的影响。他们根据公司的大小把研究样本分为三组。研究发现大型公司独立的薪酬委员会更能够有效地调节 CEO 的薪酬。然而，他们的研究结果表明小公司中的薪酬委员会无法有效管理高管薪酬。总的来说，这项研究表明，公司规模与薪酬委员会的总体有效性相关。

Capezio等（2011）研究的CEO现金报酬是澳大利亚至今最全面的一个研究。本研究采用面板数据分析了1999年和2006年之间的4456个观测值涉及663家公司和1257个CEO。公司规模、公司业绩和风险纳入了模型考虑。与预期相反，他们发现，独立的薪酬委员会可能会奖赏CEO较高的现金报酬而内部人主导的薪酬委员会可能会授予CEO较低水平的现金报酬。公司规模与CEO的现金报酬呈正相关。总的来说，澳大利亚的研究表明，独立的薪酬委员会并不总能有效地调节公司高管薪酬。

国内研究表明，薪酬委员会的设立提高了高管薪酬水平（张必武，石金涛，2005），独立董事在薪酬委员会的比例会显著提高高管薪酬水平（王欢，2008；刘冰，2010；高文亮和罗宏，2011；张其秀与葛靖，2012）。李维安，刘绪光和陈靖涵（2010）发现国际同行的薪酬基准对中国公司的高管薪酬决策具有参照点效应，这种薪酬设定过程中存在的参照点效应因薪酬委员会的存在而被放大。总体而言，国内外的证据都未提供了一致的证据表明薪酬委员会的独立性是高管薪酬奖励水平的一个有效的调节因素。国内在这方面的证据更是欠缺的。以下部分回顾分析薪酬委员会在激励性高管薪酬中的作用。

2.4.2 薪酬委员会独立性与经理人薪酬—绩效敏感度

考虑薪酬委员会对股东和经理人的利益协调是否是有效的，现有的研究主要关注薪酬委员会与薪酬对公司业绩的敏感度是否有相关性。基于绩效的薪酬是使股东和管理者的利益一致的一个合适的方法，以降低代理成本（Jensen和Murphy，1990）。Hall和Liebman（1998）认为如果高管薪酬，尤其是CEO薪酬与企业绩效没有有意义的联系，则企业的资产不会得到有效的管理。上市公司的监管机构和司法管辖机构都在促进以绩效为基础的高管薪酬实践。

CEO薪酬与公司绩效之间的关系是大量文献的研究主题。这些研究结果表明，两者的关联性总体来看是微弱的（Jensen和Murphy，1990；Clarkson等，2006；Capezio等，2009；Arthur和O'Neill，2010；Tian和Twite，2010）。

在 Tosi 等（2000）对 CEO 薪酬与绩效关系的实证文献进行的元分析报告，高管薪酬只有 5% 的方差与公司业绩存在相关性。

许多澳大利亚的研究也检验了报酬与公司绩效之间的关系。Lawrence 和 Stapledon（1999）以 1995 年澳大利亚 100 家大型公司为样本的研究并未发现 CEO 的薪酬与公司绩效之间存在显著关系。在一项对澳大利亚 722 家公司 1990 至 1999 年的研究中，Merhebi 等（2006）发现，CEO 现金报酬与公司规模和公司绩效有关。Clarkson 等（2006）研究了 1999 和 2004 年期间的 48 家公司，报告指出在样本期间薪酬和公司绩效之间的符合性增加了。Arthur 和 O'Neill（2010）研究了 2005 年至 2008 年澳大利亚最大的公司中 CEO 奖金与绩效之间的联系，发现总现金薪酬和会计绩效之间没有关联性。Heaney 等（2010）分析了 2006 年的 1，144 家澳大利亚上市公司，没有发现任何证据支持 CEO 薪酬和随后的公司绩效之间联系的证据。澳大利亚目前并没有关于高管薪酬业绩敏感性的证据（Heandy 等，2010）。

然而，本文的重点是何种薪酬委员会结构更能够增强高管薪酬与公司绩效之间的关联性。因此，重点是对薪酬委员会在经理人薪酬与公司绩效中的作用。薪酬委员会对绩效—薪酬影响的研究是有限的（Capezio 等，2011）。美国和英国在这一领域的研究就比澳大利亚更丰富。

Newman 和 Wright（1995）对英国 161 家大型公司考察后报告，有独立的薪酬委员会的公司授予的 CEO 薪酬业绩敏感性较强，该结果在绩效差的公司中更显著。类似地，Newman 和 Mozes（1999）还考察了绩效优劣不同的美国公司。他们发现，在某些情况下，有非独立董事任职的薪酬委员会，薪酬结构更有利于 CEO。特别是，报告指出，当公司业绩好时，任命内部董事的薪酬委员会不会导致更有利于 CEO 的薪酬结果。然而，在业绩表现不佳的公司，任命内部人的薪酬委员会授予 CEO 的薪酬结构会偏向 CEO。总体而言，该研究进一步证明，薪酬委员会的独立性增强了薪酬业绩敏感性，尤其是在表现不佳的公司。

与上述研究相反，一些研究并未发现薪酬委员会的独立性会导致更有效的报酬契约。Anderson 和 Bizjak（2003）发现在 1985 年和 1998 年间的美国大型公司中的 110 个样本公司中，薪酬委员会独立性与改进的 CEO 薪酬与公司绩效之间的关系并不相干。与预期相反，他们没有发现当 CEO 被任命为该委员会时 CEO 会被授予较低的绩效薪酬激励。类似地，Vafeas（2003）的研究回顾了 1992 年 SEC 规则和国内税收规则变化后，对提高高管薪酬缔约过程效率的影响。以 1991 年和 1997 年 500 个美国公司为样本的研究发现，有内部人的薪酬委员会与 CEO 薪酬业绩的敏感性不存在关联。作者将样本分成事前监管和事后监管两类。然而，规则变化前有内部人的薪酬委员会会倾向于更有利于 CEO 的薪酬结构，规则变化后，CEO 薪酬的业绩敏感性更强了。总体而言，Vafeas（2003）表明没有为改革取得了预期的结果提供强有力的证据支持。

Conyon 与 He（2004）分析了 1998 年和 2001 年之间的 455 家新上市的美国公司。他们没有发现，薪酬委员会中内部人的存在与较低水平的激励性薪酬相关。CEO 年龄、CEO 任期、CEO 两职合一及公司增长都与 CEO 股权激励相关。而董事会规模、任命董事会的内部董事和公司规模都与授予 CEO 的权益激励负相关。

以上研究都关注了独立与非独立的薪酬委员会。其研究的逻辑是认为独立性是替代薪酬委员会质量的代理变量。以下两个研究对薪酬委员会的质量并不是只专注于独立性，而是更全面的替代变量。Sun 和 Cahan（2009）以 2001 年 812 家美国公司检验了薪酬委员会质量、CEO 现金报酬和公司业绩之间的关系。由于每个列入样本的公司都具备一个完全独立的薪酬委员会，他们通过引入一个有关薪酬委员会质量的多维度的变量，延伸了这类文献。该文基于六个特征的主成分获得薪酬委员会总体质量的综合得分来衡量薪酬委员会效果。这些纳入综合评分的指标为由 CEO 任命的薪酬委员会成员的比例、委员会成员多年的专业经验、是另一个公司的 CEO 的委员会成员的比例、委员会成员持有的董事会职位数量、该委员会的成员在公司的股权以及委员会的规模。Sun 和 Cahan（2009）发现，尽管存在薪酬委员会必须独立的要求，薪酬委员会的质量和 CEO 的现金薪酬绩效敏感性在公司横截面之间是变化的。在一个有着高质量薪酬委员会的公司，奖励给 CEO 的现金薪酬反映了较强的业绩敏感性。然而，在高增长和亏损的公司，薪酬委员会质量与较弱业绩敏感性相关。研究结果还表明，CEO 现金薪酬与公司业绩呈正相关关系。Sun 等（2009）以 2001 年 474 家上市公司进一步扩大了以上研究，他们考虑了薪酬委员会质量、授予 CEO 的股票期权和公司未来业绩的关系。研究发现较高的薪酬委员会质量与纳入 CEO 薪酬结构中更有效的激励措施相关，从而导致更多的公司后续业绩。总体而言，研究表明，高质量的薪酬委员会会使 CEO 激励与股东之间的利益更大程度地一致。在 Sapp（2008）以加拿大公司进行检验，探讨更广泛的高管团队中，他报告，当薪酬委员会是独立的并且 CEO 不是薪酬委员会的成员时，以权益部分代表 CEO 薪酬存在较大的比例。

总的来说，美国的研究为薪酬委员会的有效性提供了混合的证据。研究表明在横截面上来看报酬的质量是不同的，薪酬委员会质量与较强的 CEO 薪酬业绩敏感性相关。在英国，公司绩效的敏感性为支付的研究也取得了不同的结果。与美国的研究相一致，英国的研究主要关注了 CEO。

Main 和 Johnston（1993）对 1990 年的 220 家英国公司研究进行的研究发现，薪酬委员会的存在并不能够增强薪酬与绩效的符合性。Conyon 和 Peck 的（1998）对 1991 年和 1994 年的 100 家英国公司的分析发现，独立的薪酬委员会导致授予最高薪酬的董事的薪酬业绩敏感性增强。综合的研究结果表明，高管薪酬与公司业绩的符合性由独立的薪酬委员会增强了。Benito 和 Conyon（1999）检验了 1985 年至 1994 年 211 家英国公司，报告了独立的薪酬委员会与样本期内较高的薪酬业绩敏感性之间存在相关性。

澳大利亚有关薪酬委员会和高管薪酬激励的证据是零散的。Lawrence 和 Stapledon（1999）分析了 1995 年的 100 家大型公司，指出独立的薪酬委员会与授予 CEO 的较强的报酬业绩敏感性不相关。Windsor 和 Cybinski（2009）研究 2001 年 123 家澳大利亚大型公司的薪酬委员会、CEO 薪酬、公司规模和公司绩效之间的关系。样本根据公司的大小分为三组。他们发现，在大型和大中型公司，独立的薪酬委员会在支付 CEO 绩效奖金上是更有效的，然而，在小公司中是无效的。Capezio 等（2011）研究了 1999 年至 2006 年 663 家大型公司薪酬委员会的作用。他们没有发现证据表明，独立的薪酬委员会能更好地调整CEO总现金报酬与公司绩效的符合性。特别是，有独立的薪酬委员会的公司，CEO现金报酬中的非激励成分更高。结果还表明，CEO的业绩敏感性薪酬与公司绩效、公司规模和公司风险因素不相关。

国内研究中，张必武和石金涛（2005）研究结果显示，薪酬委员会的设置对薪酬业绩敏感性有一定的影响，但并没有降低高管的薪酬，反而与高水平薪酬有关。高文亮和罗宏（2011）研究发现薪酬委员会的设置并没有显著影响上市公司薪酬业绩敏感性，薪酬委员会的作用仍有待加强。谢德仁等（2012）观测到CEO在薪酬委员会能够提升高管薪酬与绩效的关联性。

根据对以前的研究特征进行综合可以得出，很大一部分研究对美国和英国公司的考察，样本主要集中在大型公司。研究的分支主要关注了CEO薪酬而不是高管薪酬。一般地，可以看出薪酬委员会作为通过高管薪酬安排加强股东与经理的利益取向的治理机制产生了不同的结果。以上文献主要从独立性角度考察薪酬委员会在减轻与高管薪酬有关的代理问题中的作用，独立性也是当前公司治理实践加强薪酬委员会治理的主要特征，然而公司治理机制交互作用的存在使得其他因素可能干扰薪酬委员会独立性的有效性。因而本节对已有文献证实或表明薪酬委员会独立性之外的特征对高管薪酬存在影响的文献进行了回顾①。

---

① 注：本部分未在干扰因素中考虑薪酬委员会主席的社会影响及薪酬委员会成员的职业，原因在于：（1）先前并未有研究表明薪酬委员会主席的社会影响显著区别于其他委员会主席的社会影响，而且，我们假设薪酬委员会主席的个人特征对薪酬委员会整体有效性的干扰可以忽略不计。（2）未有研究表明薪酬委员会成员的职业会对高管薪酬存在影响。

2.5 薪酬委员会董事激励与经理人薪酬

2.5.1 薪酬委员会董事薪酬与经理人薪酬

经济理论研究经理人薪酬的文献显示经理人薪酬符合一些理论视角，如代理或竞赛理论。而在基于心理学的考虑下，假设经理人薪酬制定过程依赖于公司的薪酬委员会这一小群体的精心设计，因此，在决策中可能无处不会受到一些心理和政治过程的影响。薪酬委员会中，委员会主席是委员会中在工作上与 CEO 联系最密切的，征求 CEO 的薪酬建议和领导委员会进行 CEO 薪酬的审查。虽然任何委员会成员都能够提供信息，但主席可以使用他或她的正式权力控制信息流向委员会并在法律制度框架的前提下进行决策，因而主席是至关重要的（Pfeffer，1992）。尊重权威的基本社会规范（Cialdini，1995；Milgram，1974；Wilson，1968）也体现出委员会主席的潜在影响。正如 Mueller（1982）指出的，“组织的影响力在很大程度上是以给个别董事会成员的资历、职位和头衔来衡量”。

Belliveau，O'Reilly III 和 Wade（1996）发现，在控制了公司规模、行业、绩效和人力资本因素的情形下，当薪酬委员会主席的地位比其他薪酬委员会主席的地位低时，或 CEO 的地位比薪酬委员会主席的地位高时，CEO 会得到更多的薪酬。Brick 等（2006）根据 CEO 报酬与董事报酬高度相关的证据，认为得到丰厚薪酬的董事会并没有足够的动力去监督 CEO 行为从而损害股东利益。O'Reilly 和 Main（2010）发现薪酬委员会主席的薪酬对 CEO 薪酬有显著正向影响。该研究表明，即使董事会及下属委员会具备独立性，但 CEO 可能会通过互惠和施加影响来达到控制董事会的目的。

2.5.2 薪酬委员会董事持股与经理人薪酬

Elson（1993）记录了薪酬委员会成员拥有较多公司权益，公司较不易过度给付高管薪酬。Vafeas（2000）表明持较多公司股份的内部董事更易成为薪酬委员会成员。Cyert 等（2002）发现 CEO 的权益薪酬与薪酬委员会成员的权益所有权负相关。但 Conyon 与 He（2004）研究结果却表明，如果薪酬委员会成员也是一个重要的股东，CEO 薪酬会包括更高比例的以权益激励为基础的薪酬。经理人货币薪酬与权益薪酬对经理人的激励与约束作用不同，已有研究对薪酬委员会董事持股如何影响经理人不同组成部分的薪酬还未得到一致结论，需要进一步研究。

2.6　薪酬委员会董事性别与经理人薪酬

有两个相互矛盾的观点都认为薪酬委员会的董事性别可能对高管薪酬产生影响。观点之一是基于代理理论考虑的风险规避。由于女性与男性对风险的认识具有差异性（Harris 和 Jenkins，2006），对风险的评估（Ertac 和 Szentes，2011）和对成功的评价与男人不同（Gill 和 Prowse，2010），因此，当女性能够影响决策时，结果可能会有所不同。在一个对经济偏好的性别差异进行实验研究的概述中，Croson 和 Gneezy（2009）发现，男女之间显示出风险偏好的不同，女性比男性更加厌恶风险。对这种差异的主要解释是面对风险因素的情感反应，男人和女人对不确定情况的情绪反应不同。因为情绪影响成果评价以及概率估计，不同的情绪反应导致风险承担的不同。此外，男性一般都被发现比女性更加自信。因此，在给定的风险下，男人对概率分布可能有不同的看法。并且，男人往往视风险为挑战，而不是威胁，从而导致风险容忍度的增加（Croson 和 Gneezy，2009）。在与薪酬激励直接相关的研究中，Dohmen 和 Falk（2007）发现，浮动薪酬计划对男性的吸引多于女性。在这些实验结果之后，一些档案研究表明，女性高管会以工资形式收到他们总收入的较大部分，而不是激励性薪酬（Albanesi 和 Olivetti，2006；Chauvin 和 Ash，1994）。在领导风格性别差异的社会学文献中，Eagly 和 John（1990）运用荟萃分析（meta - analysis）发现，女性往往会采取一个更加民主和参与式管理的风格。表明女性管理者在理解别人的感情和意图方面具有更加娴熟的人际行为，并允许更多的合作型决策，以克服对女性领导人的态度偏见。上面列举的Croson和Gneezy（2009）研究还表明，在独裁者博弈中，女性具有更多的不平等厌恶（即博弈中的女性参与者会将自己的钱划分一定数量给另一位参与者）。因而，这样的结果可能是由于妇女对决策环境的敏感性更强。例如，他们发现，在独裁者博弈中，妇女对另一方的性别和家庭状态敏感，而男性则不敏感。上述观点被Bell（2005）证实，虽然高管人员的薪酬水平存在着一种原因不明的性别差距（即女性的收入比男性少），但这种差距在由妇女领导的企业中较小。

最近，也有人提出人口统计多元化的董事会能更好地监控管理层。似乎多元化的董事会更有可能掌控管理层并使其考虑企业绩效。例如，Adams和Ferria（2009）发现，有较多女性董事的公司，CEO更迭与股票价格较为敏感。他们的研究结果同Carter等（2003）发现财富1000强企业的董事会多样性与财务表现具有正相关关系的研究结果。Carter等将这些结果解释为董事会多元化导致董事会的独立性更强，因此，导致了更好的公司治理。Bell（2005）发现美国的女性CEO和女性董事会成员会正向影响女性高管的薪酬。然而，Bell（2005）仅仅调查了男性和女性高管之间的性别差距，并没有深入探究女性董事会成员对高管薪酬组成的影响。O'Reilly和Main（2010）则发现女性董事会导致较高的CEO薪酬，并将女性董事给董事会带来的多样性并没有提高监督效果这一现象解释为：高薪酬的CEO可能会选择女性董事粉饰门面。

2.7 薪酬委员会董事任期与经理人薪酬

Vafeas（2003b）就董事任期对董事独立性及对董事监督职能的影响同时提出专长假说（Expertise hypothesis）和管理层友好假说（Management friendliness hypothesis）两个竞争性的论点。根据专长假说，董事任期代表了董事的履职经验、履职承诺和能力，这些都能够为董事提供有关公司和营商环境的重要的知识。根据此观点，较长的任期会使董事拥有更多的公司和行业知识，由此，任期长的董事是有优势的监督者。专长假说意味着，较长的任期与较好的董事表现相关，任期长、专业知识更多的董事更能够以挑剔的眼光审视 CEO。该假说也隐含，如果任期长的董事能更有效地进行监测，那么，那些代表股东利益工作的 CEO 可能会保留较长任期的董事会成员。

相反，根据管理层友好假说，随着任期的延长，经验丰富的董事很容易成为管理者的朋友，不太可能监督经理人，从而背离了股东的利益。随着时间的推移，董事的流动性和可雇佣性变差，董事被管理者再次增选的可能性变大，这种现象更容易发生在经理人权力大的公司。例如，经理人会参与提名过程、在经理人的位置上连任或拥有投票权都会使之在董事会中有重大权力。相类似地，Byrd 和 Cooperman（2010）的 CEO 效忠假说（CEO allegiance hypothesis）也认为原本效忠股东的董事们会因与 CEO 和其他董事的长期关系而转向效忠于 CEO。以上三个假说表明，董事任期的长短对其监督职能的影响存在不确定性。

在对以上假说的验证中，Vafeas（2003b）研究结果表明，与管理层友好假说相一致，拥有 20 年以上任职经验的董事比经验较少的董事持有更多的公司权益，并且更易被选入薪酬委员会①。Vafeas 还发现，有高级董事（指任期最长的董事）参与薪酬委员会，CEO 得到的工资更多，尤其在 CEO 权力较大的公司，这种关系更显著。表明任期较长的董事更易通过抬高 CEO 的工资以损害股东的利益，多于 20 年经验的董事是董事会与 CEO 勾结的信号。相似地，Byrd 和 Cooperman（2010）发现，在 CEO 任期大于 6 年或以上的公司中，CEO 薪酬和外部董事任期的中位数之间的关系变得正相关，支持 CEO 效忠假说。Sharma 和 Iselin（2012）对审计委员会董事任期的研究表明，较

---

① 作者发现董事任期的增加与董事以前参与委员会的数量及董事身份数正相关，随着委员会参与及董事任职的数量减少，董事任期会下降。任期并未增加董事的连锁现象或董事的咨询协议，这意味着董事任期是内生的，它由董事的咨询服务及关联关系导致，也就是关联董事更易在董事会规模缩减中胜出。

长的任期会阻碍审计委员会独立的判断。

通过一段时间的共事，同化是一种很普遍的现象。虽然董事的履历属性可能不会随时间而改变，但他们服务董事会的时间长度却可以使他们成为一个事倍功半的董事，因为他们发展了与其他董事会成员和高级管理人员的关系。经过较长时间，董事会成员可能与经理人有着密切的关系，形成同化现象，并且，相比对外部股东的忠诚度，董事有较强的动机满足经理人的愿望，导致监督的不公正。正如 Bebchuket 等（2002）的观点，外部董事的看法会影响其对经理人的监督。随着董事的忠诚转向经理人，它可能需要更多的外部义愤才愿意对抗经理人。

我国《公司法》第四十六条对董事任期提出了说明："董事任期由公司章程规定，但每届任期不得超过三年。董事任期届满，连选可以连任。"有关规定并未对我国上市公司薪酬委员会董事任期做出规范。但证监会在 2001 年《关于在上市公司建立独立董事制度的指导意见》中对独立董事任期规定："独立董事每届任期与该上市公司其他董事任期相同，任期届满，连选可以连任，但是连任时间不得超过六年。"美国董事会联合会（NACD，1996，2000）也提出了对董事任期的限制。以上公司治理规范表明任期过长可能会影响独立董事的独立性。机构投资者对董事任期持有不同的意见。一些机构赞同对董事任期进行限制（如 Trillium Asset Management Corporation，British Columbia Investment Management Corporation），另外一些机构则认为董事长期任职并不存在问题（如 State of Wisconsin Investment Board，Florida State Board of Administration，AFL – CIO；RiskMetrics 2011b）。英国 Greenbury 报告（1995）针对薪酬委员会董事的任期问题指出："知识和经验对履行薪酬委员会的职能很重要，因此薪酬委员会成员最好至少任期 3 年。"表明任期过短的薪酬委员会董事经验不足，不利于履职。

2.8　薪酬委员会董事的内、外部活动与经理人薪酬

2.8.1　薪酬委员会董事的内部活动与经理人薪酬

在多个董事会委员会任职的董事有更多的机会了解公司的具体问题和策略，有更多的机会在董事会内部关系网络中获得信息，有更多机会在多元任务中发挥重要作用。多重委员会成员身份也表明董事有能力与其他委员会有效地合作，因为只有能够有效地进行人际沟通的人，才有可能被任命到若干个委员会。因此，多重委员会身份意味着能够有效处理多元任务和责任的能力，以及在多元任务中构建稳固工作关系的能力（B&P，1994）。

Laux 和 Laux（2009）的分析表明董事会结构和 CEO 激励薪酬之间存在联系，特别是，他们以模型预测，由不同董事分任审计与薪酬委员会的程度大会导致较高的 CEO 薪酬—绩效敏感度。Hoitash 和 Hoitash（2009）的实证研究也验证了这一点。类似地，Zhang 和 Cullinan（2010）检验董事重叠程度和高管激励薪酬之间的关系发现，审计与薪酬委员会董事重叠程度较高的公司，CEO 的激励性薪酬较低。但是，Chang 等（2012）并没有发现薪酬与审计委员会的重叠会对 CEO 薪酬—绩效敏感性产生影响的证据。Carter 和 Lynch（2012）的研究发现，当薪酬委员会与审计委员会职能分离度较低时会积极赋予股票收益相对较大的权重，以反映高管的努力，并据此制定薪酬计划。以上研究表明，董事在董事会的内部活动，丰富了其所获得的信息，从而会影响到经理人薪酬激励计划的制定。

大多数独立董事在三个主要的监督型委员会中的两个委员会任职时，监督质量较高。这类企业表现出更强的 CEO 与公司业绩的敏感性，但若董事会的咨询与监督职能不能相互权衡，那么咨询的负面影响会大于提高监督的好处，监督职能的改善会使董事会的战略咨询意见减少并使管理者短视（Faleye，Hoitash 和 Hoitash，2011）。

2.8.2 薪酬委员会董事外部活动与经理人薪酬

薪酬委员会成员的选择和任命较注重个人声誉（Vafeas，2000；Reilly 和 Scott，2005），薪酬委员会中外部董事大多具有丰富的董事任职经历和较多的董事身份（Vafeas，2000；Kesner，1988；Bilimoria 和 Piderit，1994；Ferri 等，2002）。董事的外部活动存在"声誉假说"与"忙碌假说"两种相互竞争的观点。"声誉假说"认为，市场是有效的，对董事服务的需求信号是他们知名度和声誉价值的反映（Fama，1980；Fama 和 Jensen，1983；Mace，1986）。随后的研究证实了这一观点，成功企业的董事（包括该公司的高层管理者和内部董事）更容易接收多个董事会任命，后任命该董事的企业可以享受其在先前公司担任董事或者作为高管绩效优越的结果，表明多个董事会服务与和感知的董事质量之间存在关联性（Gilson，1990；Kaplan 和 Reishus，1990；Shivdasani，1993；Booth 和 Deli，1996；Vafeas，1999；Brickley 等，1999；Masulis 和 Mobbs，2011）。此外，服务多个董事会能够给董事带来更多元化的经验，这种经验是通过与若干个管理团队的沟通获得。董事任职的公司和机构数量反映了董事外部领域的中心，使其在较大的商业和社会组织中具有影响力，更为董事会提供了资源和声誉，为有效的公司环境关系治理提供了重要的补充（Bilmoria 和 Piderit，1994），从而为组织业绩提供贡献（Harris 和 Shimizu，2004；Field 等，2012），并能改善公司盈余质量（Hashim 和 Rahman，2011）。

相反，"忙碌假说"认为，董事在多个董事会任职时会委托过度，透支董事精力，使其无法提供有效的监督，受监控不严的经理或许能对公司施加更大的代理成本，公司业绩和价值随之减少（Core，Holthausen 和 Larcker，1999；Shivdasani 和 Yermack，1999）。有证据支持，持有多个董事职务的董事与过度的 CEO 薪酬相关，这意味着这些董事对管理者的审查不足（Core，Holthausen 和 Larcker，1999）。Shivdasani 和 Yermack（1999）提供证据质疑了身兼多个职务的董事独立性。他们报告说，如果公司的 CEO 参与董事的甄选过程，则持有多个董事职务的董事更有可能被选择获得一个额外的董事会席位。这一证据表明，有多个任命的董事迎合了 CEO，这意味着他们的监控管理并没有降低代理成本。Devos 等（2009）观察到有额外董事席位的董事与较低的 CEO 薪酬—绩效敏感度相关，表明该指标表明公司治理水平较低。

也有并未支持"忙碌假说"的证据。Ferri 等（2002）测试持有多个董事职务的董事可能因太忙而无法有效监控公司管理层的假设。他们没有找到任何系统的证据表明这样的公司存在监督不足，或者更经常被起诉证券欺诈。并且，Hashim 和 Rahman（2011）、Chandar 等（2012）都发现忙碌董事与财务报告质量之间存在非线性关系。公司的外部董事拥有三个或三个以上董事职务与公司治理薄弱相关（Fith 和 Shivdasani，2006）。平均而言，投资者似乎认为董事拥有三到四个董事会席位是董事承诺的最佳水平（Bar - Hava，Gu 和 Lev，2013）。以上研究说明，目前多重董事身份对经理人薪酬契约的影响尚未得到充分研究，已有研究对董事外部活动的治理效应结论也是混合性的。

2.9　薪酬委员会在经理人薪酬契约设计中的作用

基于最优契约理论的研究认为，薪酬委员会会洞悉盈余数字的本质，进而调整决定薪酬的盈余信息（Dechow，Huson 和 Sloan，1994；Gaver 和 Gaver，1998；Duru 等，2002）。

Balsam（1998）使用 1980 至 1993 年"福布斯"中大型企业的薪酬调查发现，CEO 现金补偿与可操纵应计利润正相关，即使在控制了应计项目的价值相关性下，也存在管理者可以通过盈余管理增加薪酬的迹象。不过，他也发现，CEO 现金薪酬与可操纵应计利润的正相关关系明显小于 CEO 现金薪酬和非任意性应计项目以及与经营性现金流量之间的关系。他将之解释为薪酬委员会不会"天真地反应……收入增加可操纵应计利润"，而是会"区分收入的组成部分"的证据。最终，虽然他的结果表明总可操纵应计利润似乎将推动薪酬委员会屏蔽经理免受收入降低项目的影响（负的应计项目），而不是由于薪酬委员会赋予非裁决性盈余比正的可裁决性应计费用更低的权重。

Dechow 等（1994）通过检验重组成本对高管薪酬的影响，考察了薪酬委员会是否采取了对高管有利的保护措施。他们发现事件公司的高管薪酬没有受到重组事件的影响，表明薪酬委员会对此进行了干预。还有研究表明，薪酬委员会还会针对公司特征与盈余的信息质量来调整盈余在薪酬契约中的权重（Banker 和 Datar，1989；Lambert 和 Larcker，1987；Sloan，1993；Baber，Kang 和 Kumar，1998；Shijun Cheng，2004；Bushman，Engel 和 Smith，2006；Guay 和 Verrecchia，2006；毛洪涛与周达勇，2012），以设计最优诱因契约。其中，Baber 等（1998）、Bushman 等（2006）及毛洪涛与周达勇等（2012）发现薪酬委员会会考虑盈余的持续性与评价功能等会计信息质量，设计薪酬权重以减少管理者短视决策。Livne 等（2011）证明薪酬委员会会避免因未实现的交易利得而导致的弥补性收入问题。

Carter 和 Lynch（2012）研究了确定 CEO 现金薪酬中的盈余权重是否会随着薪酬委员会对潜在自由裁量盈余的理解能力而变化。他们以拥有专业会计经验或同时在审计委员会任职的薪酬委员会成员作为拥有较多会计专业知识的替代变量，研究发现同时在审计委员会的成员会积极赋予可操纵应计利润较低的权重，而赋予股票收益相对较大的权重，这个与专家会对补偿合同调整的结果一致。当专业知识来自专业经验时，发现收入和负面的可操纵应计利润的更大的重量，这表明薪酬委员会会利用盈余质量知识给盈余指标赋予权重，以反映高管的努力。

相关研究主要基于最优契约理论对薪酬委员会的功能进行了检验，虽然研究已间接证实薪酬委员会具有专业胜任能力，因而能够基于会计数字的本质调整薪酬契约设计，但这类文献并未说明与股东利益融合的薪酬委员会结构是否优化了最优契约以激励代理人，依会计信息质量设计薪酬契约的能力及诱因是如何随薪酬委员会结构的有效性而变化的。

2.10 文献评述

多数已有的董事委员会研究一直关注审计委员会和它确保财务报告完整性的贡献（Carson，2002；Klein，2003）。总体而言，有关薪酬委员会的研究仅是已有董事委员会研究中的一小部分（Sun 和 Cahan，2009）。此外，与美国、英国和澳大利亚等国的研究相比，我国有关薪酬委员会的研究比较落后。

上市公司薪酬委员会已在我国普遍设立，但上市公司经理人薪酬却不断遭到人们的质疑，这促使我们以董事会薪酬委员会为研究对象，探究具有建议权的上市公司薪酬委员会是否胜任股东赋予董事会的高管薪酬监控及设计职能。文献围绕薪酬委员会的形成与设立动因、薪酬委员会组成决定因素、薪酬委员会独立性与经理人薪酬水平、薪酬委员会独立性与经理人薪酬—绩效敏感度、薪酬委员会董事特征与经理人薪酬及薪酬委员会与经理人薪酬契约设计有效性进行了较为全面的回顾。

国外文献表明，薪酬委员会的设立是为了维护股东的利益，减轻代理成本；薪酬委员会组成与董事会存在显著差异；薪酬委员会独立性对经理人薪酬水平及薪酬—绩效敏感度的影响尚未得到一致性的结论；薪酬委员会成员持股被认为能够使之与股东利益融合，但另一些特征，诸如薪酬委员会主席的高薪、女性董事的选任被认为可能是与经理人"勾结"的信号，或可能是经理人用来"粉饰"门面工具；薪酬委员会成员的多元化的内外部任务也被认为会对经理人薪酬契约产生影响，但这些论点尚需要更广泛的一致证实。

国内已有文献表明，我国上市公司设立薪酬委员会是公司对高管人员薪酬有效监控的需求；薪酬委员会独立性成为提升高管薪酬的影响因素，但它对薪酬—绩效敏感度的影响尚未得到明确一致的认识；高管及经理人参与薪酬委员会导致了租金"攫取"，但同时也提升了其与股东利益的一致性。我国上市公司薪酬委员会能够依盈余信息调整高管薪酬契约设计，但其是如何影响以及何种因素起到了关键作用尚未得到证实。

一些国家（如美、英、澳、韩及新加坡等国）加强了对薪酬委员会独立性的监管要求；独立董事的有限性，上市公司对外部董事声望的认同性，使各委员会独立董事内外部活动增多；独立的外部董事与公司利益关系很少，已有证据又表明其实践中未必真正符合股东利益行事，不被经理人“勾结”，何种因素会使之与股东利益趋同，何种因素又会成为经理人与之“合谋”的诱因，尚待人们探究。董事会多元化是目前公司治理趋势之一，这增加了女性董事任职薪酬委员会的机率。这些都是我们探究薪酬委员会有效性必须考虑的因素。随着我国对高管薪酬信息披露及独立董事在专门委员会的工作情况要求进行更详细的披露，可以预见，未来从薪酬委员会人员构成、专业及人口统计等方面特征考察薪酬委员会如何影响薪酬契约及设计有效性的文献将逐渐增多，薪酬委员会在我国上市公司中的作用将逐一得到证实。

第 3 章

薪酬委员会有效性相关理论分析

第 2 章的文献回顾表明，薪酬委员会有效性的理论基础并不唯一，由此，本章将基于已有解释薪酬委员会有效性的理论以探究薪酬委员会存在于上市公司的理论基础，为本文薪酬委员会有效性的研究提供理论铺垫。

3.1 基于委托代理理论的最优契约模型及其拓展

3.1.1 基于委托代理理论的最优契约模型

长期以来，与委托代理问题相关的经理人薪酬研究形成了以最优契约模型为主导的研究传统。古典委托代理模型研究风险分担和激励机制在优化设计补偿合同之间的权衡。在古典的委托代理理论中，委托人将任务委派给代理人，而代理人的利益与委托人的利益不一致，存在代理人为了个人私利而损害委托人利益的行为。对这个问题可行的解决办法是，在代理人完成任务时给予他们一定的薪酬激励。经理人薪酬问题经常被比作真实世界中的经典代理理论。在此，股东就是委托人，他们把公司决策权下放给经理人，经理人就是代理人，经理人与股东的利益是不一致的。股东希望利润最大化，他们必须面对和解决很多问题。最优契约模型认为激励契约是解决代理问题的有效方法。该模型假设，股东大会选出董事会，董事会选聘经理人并考核其绩效薪酬，董事会能完全控制和决定经理人薪酬，把经理人薪酬与公司业绩在很大程度上结合起来，为经理人量身定制一个符合股东利益最大化的最优薪酬契约（Jensen 和 Meckling，1976；Holmstrom，1979）。薪酬契约会连接经理人与股东的利益，最小化代理成本并且提高公司价值（Jensen 和 Zimmerman，1985；Core 等，2003）。经理人薪酬与公司业绩敏感度越高，他们与股东的利益越趋于一致（Jensen 与 Zimmerman，1985）。Murphy（1986）也指出，"一般而言，薪酬政策鼓励经理人代表股东的利益行事并表现出他们所能达到的最佳管理绩效"。

最优契约模型下主要有 4 个隐含假设条件：①董事会尽职尽责，能够对经理人进行有效监督。②经理人专注于管理工作，除了提高公司业绩之外，不谋求其他途径增长自身所得。③股东具有积极的维权意识与有效维权途径。④监管部门监管有力。由于上述假设前提忽略了现实世界存在的复杂利益博弈机制，在现实中的成立程度并不理想，该理论模型与现实有明显出入。

仅关注于单一委托人和单一代理人两层组织结构中产生的激励问题（Holmstrom，1979；Mirrlees，1976）是该模型的另一个局限。标准模型假定委托人是风险中性的，其会设计最优契约来降低风险规避的代理人存在的道德风险问题。经理人薪酬和激励机制是由董事会根据经济因素、代理问题的严重程度和监控的难度进行的优化设置（Core 等，2003；Core 和 Guay，1999；Fama 和 Jensen，1983；Jensen 和 Meckling，1976；Lambert 等，1993），奖金及董事会的监控是有助于缓解代理问题的相互替代机制（Beatty 和 Zajac，1994；Hermalin 和 Weisbach，1991；Murphy，1985）。因而，该模型隐含着即使某种董事会特征可能表明监控质量较差，仍认为整体的薪酬补偿方案是设置在最佳水平的，董事会的监督质量较低仍会伴有较高强度的激励补偿。

最优契约模型框架下，薪酬委员会与经理人薪酬关系的考察，主要检验了董事会中履行薪酬契约制定和设计职责的薪酬委员会这一公司内部治理机制的存在是否能够减轻代理人偏离股东利益行事的问题。这是建立在薪酬委员会会增加代理人薪酬契约的激励性，会调整代理人与委托人的利益，并且能够有效地对代理人的行为进行监督的假设观点之上的。基于此模型的一些研究发现，外部人主导的董事会和薪酬委员会中，经理人薪酬和公司绩效的关联性更强（Conyon 和 Peck，1998；Newman 和 Mozes，1999；Vafeas，2003a；Capezio 等，2011），证实了最优契约模型。然而，也有另一些研究没有发现外部董事占多数的薪酬委员会会安排更基于绩效的薪酬，也未发现薪酬委员会独立性会影响经理人薪酬水平、激励程度和薪酬—绩效敏感性（Daily 等，1998；Anderson 和 Bizjak，2003）。并且，该模型无法解释外部董事在薪酬委员会的比例与经理人薪酬水平正相关（曹恒启，2010；王军，2010；Capezio 等，2011）的原因，因而，一些研究者们仅简单地认为，薪酬委员会对代理人与委托人利益的调整是以委托人的利益为代价的，却无法深究其中的原因。这激励了学者们以最优契约模型的拓展模型及替代模型预测并验证薪酬委员会与经理人薪酬的关系。

3.1.2　三层委托代理理论下的最优契约模型

最优契约模型的一个重要延伸是将最优契约置于三层的"委托人—监督者—代理人"结构（Tirole，1986，1992；Kofman 和 Lawarrée，1993；Choe 和 Park 2003；Faure - Grimaud 等，2003）中进行分析。有关组织内信息扭曲的最早研究是 Antle（1984）开创的。Tirole（1986）做了更深入的研究，他认为，组织中监督和权威的运作受到集体成员之间合谋（collusion）可能性的限制。从而，第一个在三层委托代理结构中研究合谋行为，认为利益受代理人活动影响的委托人，缺乏时间和必要的知识去监督代理人。代理人的努力程度是不可观测的，代理人的努力程度与其他影响产出的因素都会影响委托人的利润。产出可高可低，影响产出的因素以及代理人的努力程度都是委托人无法观测到的。因而，委托人会将监督代理人的任务授权给一个监督者（Tirole，1986）。监督者仅仅是一个信息中介，在假定监督者的努力程度是外生的前提下，其作用就是获得委托人无法得到的关于代理人行为的一些信息。

把监督者的引入视为委托人的"第三支"胳膊，其暗含的假定是监督者对委托人来说是值得信赖的。然而现实中以及理论上都存在监督者和委托人之间的利益、目标不一致的可能，简单地说，监督者其实是另一类代理人。监督者可以履行职责，监督代理人的努力程度、观察产出的程度（提供代理人努力程度的证据），也可以什么都不做。他有自由决定是否向委托人报告他观察到的产出（假设他能够宣称什么都没观察到）。即监督者不但可以帮助委托人部分地克服信息不对称，也有可能与代理人合谋而隐匿（conceal）、忽视（neglect）或歪曲（manipulate）信息。由此，委托人需要激励自利的监督者，防止监督者的目标与委托人的目标偏离，驱使其按委托人的利益行事。Tirole 对合谋情形提出的解决方式是，加大对监督者的激励使其报告真实信息或者使用契约机制在合同中限制代理人不会说谎，抵消合谋的租金效率，破坏他们之间合谋的收益。

薪酬委员会的主要职能是在股东的授权下制定经理人的薪酬计划，充当监督人的角色。根据这一框架，我们可以将经理人最优契约分析置于垂直的"股东—薪酬委员会—经理人"这一层级结构中。因为薪酬委员会与经理人之间可以相互交流、互通信息，他们存在联盟的可能性，达成委托人无法观察到的成文的或口头的子契约，发生合谋、扭曲信息的行为，从而以损害委托人的利益为代价增大自身的效用。

考虑到监督合谋的可能性，在公司治理实践中，薪酬委员会的董事大都需要满足独立性的要求。其成员大多以外部董事为主，外部董事与企业利益关系较少，决策相对比较独立、合理，能够较真实地评估代理人的努力行为，从而为之定制合理的薪酬激励计划。从任职资格方面来看，薪酬委员会成员大都经验丰富，拥有较高的专业技能，外部董事大都是决策控制专家。因而，薪酬委员会成员比股东更加专业。正是薪酬委员会具有监督者所具备的监督能力和素质，决定了它能够比股东更有效地履行监督职能，合理地评估和制定薪酬计划，约束经理人的私人行动，有效协调经理人与股东利益（Conyon 和 He，2004）。

Conyon 和 He（2004）同时基于三层最优契约模型和管理者权力模型考察了薪酬委员会在经理人薪酬制定中的角色。研究认为，监督者的所有权（即薪酬委员会成员）的股权在三层代理框架中也会减轻潜在的 CEO 壕沟，并将委员会成员的薪酬作为 CEO 与薪酬委员会成员之间的隐蔽货币转让（Tirole，1986）。研究发现，有持股 5% 以上的股东在薪酬委员会中会导致较低的 CEO 工资和较高的 CEO 激励，薪酬委员会成员报酬高的公司 CEO 工资较高、激励较低。该文证实，薪酬委员会成员的经济利益是确定 CEO 薪酬和股权激励的重要因素。也就是说，CEO 薪酬和激励是公司考虑了薪酬委员会成员潜在自我利益后的优化机制。由于没有发现内部人和在其他公司供职的 CEO 在薪酬委员会与较高的 CEO 工资和较低的 CEO 激励相关，管理者权力模型没有得到支持。该文表明薪酬委员会成员的薪酬可能受到 CEO 影响，因而并没有成为限制 CEO 薪酬水平及结构的防共谋工具。而与股东利益融合的（持股较多）的薪酬委员会成员更能够使 CEO 薪酬更符合股东利益。

不可否认，“组织中当一个雇员得到监督他人的权威时，他就获得了对他人的权力，这种权力带来了双方之间合谋的可能性”（Tirole，1986）。三层最优契约模型使我们的理论分析与现实更接近了一步。一方面，监督者的引入帮助解决了现实中多个委托人监督而导致的搭便车问题。另一方面，也放宽了最优契约模型的前两个假设，监督者很可能由于各种原因不能完全尽职，监督者也可能会通过与代理人合谋暗地里谋求更多的所得。但与现实相比较，Tirole（1986）的分析框架仍旧存在一些局限性。局限之一，是 Tirole 只假定了监督者为一个人的情况。现实中，监督者大都是一个具有一定组织形态的组织或群体，决策由组织做出。如果代理人有动机与监督组织合谋，将付出较多的单边转移成本，这增加了代理人合谋的代价，也降低了代理人与监督者合谋的可能性。局限之二是，Tirole 假定监督者不具备委托人的资金条件，不会成为委托人，忽视了监督者的类型。在现实中，监督者可以是代表委托人的利益方，也可以是中立的第三方。这一问题的重要性在于，现实中，中立的一方可能不具备信息优势，也没有利益方代表的监督动机强。第三个局限在于，它假设监督者的努力程度是外生的。对于监督者而言，Tirole 仅考虑了提供给监督者大于他与代理人合谋收益的工资作为防范合谋的方式，而忽视了监督者的声誉激励等因素可以作为防串谋机制的可能性。在公司治理实践中，上市公司董事会由内部董事和独立董事构成，薪酬委员会大都由多数独立董事构成。独立董事的作用在于使高层决策经营与决策控制有效分离。Fama 和 Jensen（1983）指出，外部董事有履行职责的积极性，且不会与经营者串通，侵害剩余要求者的权益。进而假设：外部董事有动机提高他们在决策控制中作为专家的声誉。根据声誉假设，外部董事会努力向外界表明：（1）他们是决策专家；（2）他们理解决策控制的扩散和分离的重要性；（3）他们胜任在这种决策控制体系中工作。因而，外部董事声誉机制的存在，使得即使很少的薪酬给外部董事的情况下，外部董事仍然有动机努力工作。外部董事声誉越大，薪酬委员会努力工作的动机越强。因而，薪酬委员会外部董事声誉也是防止管理者贿赂薪酬委员会成员的一个重要防合谋工具。

关注防合谋合同的另一个结果是，相对于没有合谋可能性时，委托人要弱化对代理人的激励，以降低代理人与监督者之间的合谋激励。而许多薪酬委员会并没有认识到这一点，它们给经理人设定了非常高的激励，以至于这些经理人有很强的激励去夸大他们的经营业绩。国外，尤其我国均有实证研究表明，薪酬委员会独立性与授予 CEO 及高级管理人员的更高的薪酬水平相关（Conyon 和 Peck，1998；Sapp，2008；张必武和石金涛，2005；王欢，2008；刘冰，2010；张其秀和葛靖，2012），薪酬委员会的存在及其独立性不会限制经理人薪酬。然而，这些文献并没能探究其中的原因。三层委托代理理论则为我们指明了一个围绕监督者的特征探究薪酬委员会会如何影响经理人最优诱因契约的分析框架。

3.1.3 多任务委托—代理理论下的最优契约模型

传统的委托 - 代理模型（Holmstorm，1979）研究了代理人受委托人之托从事单一、无法观察的行动时，委托人如何设计最优契约来降低道德风险的问题。但是传统的委托 - 代理模型只考虑了单个委托人的情况以及代理人只从事一种活动的情况，过于理想化、简单化，与现实不太相符。为了解决上述问题，Holmstorm 和 Milgrom（1991）在线性委托 - 代理模型（Holmstorm 和 Milgrom，1987）的基础上提出了多任务委托 - 代理模型。在他们设计的

多任务委托 - 代理关系中，委托人为风险中性者，而代理人为风险规避者，其效用函数为指数效用函数。代理人执行着多项任务，其中不仅包括委托人委托给代理人的任务，还包括了代理人以自己的意愿从事的活动。Holmstorm 和 Milgrom（1991）从该模型得到的主要结论有：（1）在多任务委托 - 代理关系中，激励契约不但能够起到分担风险，驱动代理人努力工作的作用，而且可以引导代理人的精力在各个任务之间的分配。（2）对代理人任一工作任务的激励强度应随着其他任务度量难度的增加而降低。（3）提高某一任务的激励强度，会降低对其他任务的激励。（4）如果某项任务完全无法度量，那么最优的激励契约是对所有的任务都不提供激励，即付给固定工资。

多任务委托代理问题是传统一对一代理观念的延伸，描绘了当一个委托人同时委托两项以上任务给代理人的情形，与传统代理模式最大的不同在于，此时代理人接受委托的任务由一项增加为两项或两项以上。因为在现实的环境中，代理人被赋予的任务或努力程度通常是多维（multidimensional）的（Laffont 和 Martimort，2003），如教师被赋予教学、研究及社会服务三项任务，企业经理人必须兼顾企业长期发展及短期获利，厂商于生产时必须在产品的质量及数量之间作相当程度的选择或取舍等均是此类情形。

基于此，Laux 和 Laux（2009）讨论了薪酬委员会任务分离对 CEO 最优诱因契约的影响。研究不但考虑了代理人从事生产性活动和盈余操纵活动两个任务，还考虑了董事会的职能分离，即一部分薪酬委员会成员仅进行薪酬监控，另一部分薪酬委员会成员既需要进行薪酬监控又需要任职于审计委员会对财务报告质量进行监督。研究利用薪酬委员会、审计委员会及 CEO 的效用函数及均衡策略推导了薪酬委员会与审计委员会分离程度对 CEO 激励强度的影响。结论得出，由于较少参加财务报告监督的薪酬委员会不会考虑监督财务报告的成本，因而倾向于加大对 CEO 的激励，但 CEO 激励的增加并未导致较高的盈余操纵，因为同时有成员在薪酬委员会任职的审计委员会会增加对财务报告监督的努力程度。上述分析表明，在多个董事会委员会工作的薪酬委员会成员，会掌握更多的关于经理人行为信息（如经理人从事生产性活动和盈余操纵活动）。从而，薪酬委员会的有效性可能受到薪酬委员会在董事会其他工作职责的影响。

3.2 管理者权力理论

由于薪酬激励远未解决代理问题，仍然是薪酬制定过程悬而未决的代理问题的产物，这诱使人们从管理者权力考察薪酬委员会与经理人薪酬契约的关系。管理者权力的定义为：管理者对企业董事会或薪酬委员会决定薪酬的决策产生影响的能力（Lambert 等，1993）。管理者权力的观点认为，CEO 报酬的驱动力来自他们的抽租行为（Bertrand 和 Mullainathan，2001；Bebchuk 和 Fried，2004）。该理论预测管理者，尤其是 CEO，会在董事会中施加权力，并在避免愤怒约束（Outrage Constraint）① 的前提下，通过其权力寻租（Bebchuk 和 Fried，2003；Weisbach，2007）。具体而言，CEO 会通过隐匿行动控制董事的提名，任命与自己志同道合的人、移除任何麻烦制造者，操纵董事会，在薪酬制定过程中以主导地位夸大自己的付出，使薪酬虚增，有效地设定自己的薪酬，导致了无效的契约安排（Bebchuk 等，2002）。这样的结果是，薪酬契约极可能讨好了管理层，但却致使公司价值减损，因为企业资金被转移到过度给付的薪酬契约中，这是以股东的利益为代价的（Bebchuk 和 Fried，2003；Core 等，2005）。这一结果也可能反映了 CEO 的自由裁量权。例如，薪酬和企业规模的关系可能是 CEO 渴望公司的增长超出其最优规模，从而有机会攫取公司的金钱和非金钱利益（Cosh，1975）。随着 CEO 牢牢控制着自己的薪酬补偿，将不断地增加他们的工资，直到引起股东和权威人士的愤怒而迫使其采取一些节制措施。

不让管理者决定他们自己薪酬的治理模型，在给定了偏见风险的条件下，强调了让其他公司的权威成员或机构投资者参与有关管理者薪酬的决策

① 愤怒约束（Outrage Constraint）意味着经理人薪酬受到公众对过度给付薪酬的成本限制（Weisbach，2007）。这些成本与董事、经理人和公司声誉的损坏以及其他由被剥夺投票权的投资者的公然行动有关（Bebchuk 和 Fried，2003）。

过程。如果管理者有权自己为自己设定薪酬，那么公司财产就没有任何安全可言，管理者完全可以将公司所有财产都列为自己的报酬，这显然是荒唐的。在实践中，为了保障公司的财产安全，我国《公司法》（2006）将公司经理人的薪酬决定权赋予了董事会。《公司法》（2006）第47条规定，董事会“决定聘任或者解除公司经理及其报酬事项，并根据经理的提名决定聘任或者解聘公司副经理、财务负责人员及其报酬事项”。比较而言，在公司发展的历史进程中，这个理论是孤立的，尽管模型的基本观点是基于管理职能以及薪酬设定职能之间的差异性（Gevurtz，2004）。该理论的另一个局限是，它可能导致薪酬委员会的组成不需要太多的专业型人才，因为它除了成员的独立性之外，并未对其成员的资格做出要求。

相关研究在验证最优契约模型的同时，也检验了管理者权力理论。一些研究发现，内部人主导的薪酬委员会制定的CEO薪酬组合对之更有利（Newman和Mozes，1999），CEO在薪酬委员会，薪酬较高（Sapp，2008；Boyle和Roberts，2012）。Core等（1999）、Bonet和Coyon（2005）也证实经理人薪酬制定中存在内部人效应。但是，另一些研究表明，两职兼任与经理人薪酬不存在显著的负相关关系（Conyon和Peck，1998），薪酬委员会中的内部人比例与经理人薪酬无显著关系（Lawrence和Stapledon，1999；Anderson和Bizjak，2003；Conyon和Kuchinskas，2006）。即使在内部人占多数的薪酬委员会中，CEO财富也与股东财富紧密联系在一起（Anderson和Bizjak，2003）。甚至有研究发现，薪酬委员会较多的执行董事与较低的CEO薪酬相关（Gregory-Smith，2009），CEO在薪酬委员会与薪酬—绩效敏感度正相关（谢德仁等，2012）。可以看出，上述结论是混合的，管理者权力理论并未得到有力验证。虽然公司治理实践对薪酬委员会构成的要求考虑了管理者权力的影响，但已有证据并不能肯定地表明管理者薪酬存在租金攫取。

3.3 竞标理论

竞标理论（Bidding－up Theory）是借鉴英式拍卖过程及拍卖方式提出的理论。竞标理论认为，竞标中，赢家最终支付的价格由其他竞争对手的出价决定；竞拍者的出价是建立在自己真实估价基础上的，并能根据竞争对手的出价进行相应的调整；竞拍者的任一出价都是弱占优竞价策略（Weakly Dominant Strategy Equilibrium）①。Ezzamel 和 Watson（1997）将这一理论运用于薪酬委员会对经理人薪酬的制定上，认为薪酬委员会成员之间会就经理报酬进行竞拍，因而低于市场水平的经理报酬会趋于上升，而高于市场水平的经理报酬往往不会呈现下调的势头。具体而言，首先，该理论认为薪酬委员会制定的经理薪酬标准一般以薪酬委员会成员现在或过去的薪酬水平和市场平均薪酬水平为最低基准，并以此为基准就经理薪酬像竞标活动类似地进行谈判。由此，薪酬委员会确定的经理相对薪酬只升不降。其次，其认为公司之间薪酬委员会成员交叉任职的现象非常普遍，不同公司的经理、执行董事和非执行董事交叉出任薪酬委员会成员，这会导致薪酬委员会内部执行董事和非执行董事之间的“相互勾结（cosy collusion）”，从而使经理薪酬交替上涨。在薪酬委员会成员的竞标行为影响下，薪酬委员会在制定经理人薪酬计划和监督经理人薪酬计划实施方面难以发挥应有的作用，并导致了经理人薪酬上升的趋势。即低于市场水平的经理薪酬会迅速上涨，而高于市场水平的经理薪酬却没有下调的压力，最终导致经理薪酬水平长期居高不下。

---

① 无论其他人采取什么样的策略，这个策略的回报都大于等于其他策略的回报。如果所有人都使用他们的弱占优策略，那么这就是一个弱占优策略均衡。

3.4　锦标赛理论

为了解释员工报酬随职位晋升而阶梯式跳跃的现象，Lazear 和 Rosen（1981）提出了锦标赛理论（Tournament Theory）。该理论把员工比作晋升竞赛中的参赛选手，将公司总经理薪酬视为企业内部晋升竞赛的最终奖金，将晋升比作决定名次的锦标赛，假定晋升竞赛的优胜者将赢得全部的奖金，与职位相联系的奖金结构会影响竞赛每一阶段竞争的性质和质量，要激励员工在工作中不断努力以取得更高成就，鼓励个人进入更高的阶层，就必须让奖金差距随着竞争阶段的上升而递增，以增加竞赛者持续努力的动力，当晋升的结果尚未公布，这些员工就会为获得晋升而努力工作。

现实中，委托人对代理人的监督是艰巨的，成本也比较高，委托人与代理人之间信息不对称，难免会造成信息的可信度比较低，进而导致代理人有强烈的偷懒动机。根据锦标赛理论，企业员工的激励体系实质上是一种相对业绩评价机制，其认为通过加大职位之间的薪酬差距，能够激发代理人追求个人绩效，避免偷懒行为的发生，降低监管成本，激励代理人为实现委托人的利益而努力工作，使委托人和代理人利益尽可能保持一致。从这个意义上，增大薪酬差距可以提高公司绩效。

锦标赛理论质疑了内部人参与薪酬委员会的有效性。在这一理论看来，薪酬委员会中的内部董事也参与了企业内部的晋升竞赛，他们同样在为获得最终奖励而努力，所以薪酬委员会中的内部董事在制定经理人薪酬计划时与经理人存在共同的利益基础。因此有动机与经理人合谋，制定符合经理人利益而偏离股东利益的薪酬计划。该理论的局限在于认为公司内部薪酬差距对组织绩效是有影响力的。而高管薪酬和组织绩效没有密切的关系，这与高管薪酬实践存在一定的偏离。此外，该理论并不能解释 CEO 努力工作的动机，认为 CEO 薪酬主要不是激励了他本人，而是激励了他下面的人。迄今为止，相关研究并未证实薪酬委员会对 CEO 薪酬的制定是基于锦标赛理论的

（O'Reilly III，Main 和 Crystal，1988）。

3.5 公平理论

公平感是社会比较的结果之一。Adams（1962）从社会比较①的角度提出公平理论（Equity Theory），认为交换双方很多时候不是追求“绝对”的利益平等，而是追求一种投入—产出比的相对平等。由此，人们不仅关心所得回报的绝对量，而且还想要了解自己所得的相对量，以此来确定是否公平。根据这一观点，Adams（1962）考察了工人对工资不公平的内心冲突与生产率的关系。研究发现，人们都会不自觉地将自己的投入产出与他人的投入产出进行比较。其中，薪酬和晋升是经常比较的对象。该研究表明，只有将员工的行为与员工需要的满足之间建立起必要的联系，才能使员工出现企业期望的行为。根据这一结果，Adams 推断出，人们判断分配公平与否不仅仅是看收入的绝对值，更重要的是看与参照对象比较的相对值的大小。如果相等则感觉到公平，如果不相等则感觉到不公平，个人可能通过要求增加自己收入或减小自己努力程度，也可能通过要求减少自己报酬或增加努力等方式来抵消因不公平带来的不安压力，以保持心理平衡。这一理论表明，激励的效果取决于员工的公平感。一个良好的具有激励性的薪酬设计必须遵循的最基本的一条原则就是公平。薪酬的设计是组织行为管理中最重要也是最复杂的一环。只有组织给予所属员工公平的薪酬，才能吸引、保留和激励组织的人力资源。因此经理人薪酬方案不仅要考虑利润、投资回报率、企业人力资源的发展状况等大量因素，同时还要参考市场价位。

公司经理人同一般雇员的薪酬反差，与公司的效率目标息息相关。公司薪酬安排不公的感觉（源自于薪酬的巨大差距）对于雇员的职业道德、生产

---

① 社会比较理论是美国社会心理学家利昂费斯廷格（Leon Festinger）在 1954 年提出来的，是指个体在缺乏客观认识的情况下，用他人作为比较的尺度，用来进行自我评价。

效率、竞争和盈利能力将产生负面影响。一旦高管薪酬被过度给付，一方面不但降低了每股收益，减损了股东股利，另一方面映射出公司薪酬机制孱弱，对外传递出公司董事会欠缺中立和客观等公司治理效率低下的信息。根据公平理论，薪酬委员会成员大多是其他大企业的 CEO 或董事、政府退休官员以及金融法律等方面的专业人士，对薪酬工作有一定经验，比较容易搜集市场上其他竞争对手薪酬水平的信息。通过对这些信息的比较分析来确定本企业员工的薪酬水平，能判断公司的整体薪酬水平与外部市场相比的整体竞争力如何。所以他们在给经理人制定薪酬时，会参照公司内部董事成员、员工以及竞争性公司经理的薪酬水平，防止薪酬水平设置过低或过高，减少经理因薪酬的不公平感而产生损害股东利益的行为。

公平理论也存在局限，它的不足在于，其隐含地假设了公平是所有人都追求的目标，即所有人都希望自己所得与投入之比和比较对象的所得与投入之比相等。然而，现实生活中，人们在评价分配结果时，并不一定都遵照公平法则，而是对分配结果有所偏好的。比如，研究表明，荷兰大学生更偏好自己的投入大于所得，而美国大学生更偏好所得大于投入（Huseman 等，1987）。总之，公平理论忽视了公平的个体差异性，作为组织公平感研究的理论基础，正面临着挑战和批评。该理论对分析薪酬委员会与经理人薪酬关系的不足在于，认为经理人对薪酬公平性的要求更为强烈，并且将公司投资者所关心的企业绩效置于了一个次要的位置，认为经理人的业绩难以衡量，所以薪酬委员会在考评经理人时会更多地运用社会比较方法（O'Reilly 等，1988）。

3.6　心理契约理论

心理契约是基于社会交换理论和公平理论基础上提出的。它的基本假设是组织与员工之间是一种互惠互利的关系，双方均需要有付出才会有收益。Argyris（1960）最早使用“心理契约”刻画了下属与主管之间的关系。这种关系表现为，如果主管采取一种积极的领导方式，雇员就会产生乐观的表现；如果主管保证和尊重雇员的非正式文化（如让雇员有自主权，确保雇员有足够的工资，有稳定的工作等），雇员就会有少的抱怨，而维持高的生产。而后，Levinson（1962）、Kotter（1973）及 Schein（1980）等学者纷纷深化和发展了心理契约这一概念。此方面的研究说明，在员工与企业的交互关系中，除存在正式的雇佣契约，还包含内隐的、非正式和非公开说明的期望。

目前，基于心理契约考虑薪酬委员会与经理人薪酬关系的相关实证文献涉及两类心理契约机制：社会影响和互惠性。研究假设经理人薪酬制定过程依赖于薪酬委员会这一小群体的精心设计。由于群体决策存在信息不完全和模棱两可的特性，因而必然会受到社会因素（如信任、吸引力等）的影响。在缺乏客观的、非社会标准的情况下，薪酬委员会成员通常会以自己作为比较的来源和尺度，通过对比来评估经理人的态度和能力，其结果会倾向于和自己具有相似态度和能力的人（O'Reilly，Main 和 Crystal，1988）。另外，在公司治理情景下，权力较大的经理人至少可以部分地决定董事成员的任职和薪酬，从而，董事成员会产生回报的义务。因此，董事会成员在经理人薪酬决策中会受这种回报义务的影响。

此类研究重点考察了薪酬委员会主席与 CEO 之间的社会影响和互惠对 CEO 薪酬产生的影响（O'Reilly 和 Main，2010）。该研究认为，薪酬委员会主席负责征求 CEO 的薪酬建议，领导委员会进行 CEO 薪酬审查，是委员会中在工作上与 CEO 联系最密切的。薪酬委员会主席还可以使用他或她的正式权力控制信息流向薪酬委员会并在法律制度框架内进行决策，因而主席是至关重要的（Pfeffer，1992）。尊重权威的基本社会规范（Cialdini，1995；Milgram，1974；Wilson，1968）也体现出委员会主席的潜在影响。研究证实，薪酬委员会主席的地位比其他薪酬委员会主席的地位低时，或 CEO 的地位比薪酬委员会主席的地位高时，CEO 会得到更多的薪酬（Belliveau，O'Reilly III 和 Wade，1996），互惠的存在使薪酬委员会主席的薪酬对 CEO 薪酬有显著正向影响（O'Reilly 和 Main（2010）。

虽然已有研究表明，在组织状况与组织效果之间，心理契约起着重要的调节作用，心理契约及其变化会对广泛的组织效果产生影响（陈加洲，凌文辁和方俐洛，2001）。然而，基于该理论的研究却存在很大的局限性。首先，心理契约的概念还没有统一的界定，由于涉及复杂的心理结构，其构成成分还不甚清楚。其次，心理契约不是静止不动的，心理契约的内容也会因性别、年龄、工作年限、组织规模、企业性质（民营或私营）以及时代背景的不同而有所差异。这意味着有关心理契约的测量、心理契约的动力学变化等许多领域还有待进一步去完善。这都是阻碍我们从心理契约视角考察薪酬委员会全体成员对经理人薪酬契约有效性影响的重要因素。

3.7　理论模型述评

薪酬委员会主要负责制定经理薪酬计划，在协调股东和经理人利益冲突方面发挥着重要的作用，因而成为上市公司治理机制不可或缺的组成部分。本章考察了有关薪酬委员会有效性的理论模型。从以上分析可知，基于委托代理理论的最优契约模型、三层最优契约模型、多任务委托—代理模型及公平理论从理论上为薪酬委员会的有效性提供了依据。而从管理者权力模型、竞标理论、锦标赛理论及心理契约理论等角度的研究对薪酬委员会的有效性提出了质疑。薪酬委员会是否有效在理论上仍存在分歧。

在上述理论中，学者们争论最激烈的是基于委托代理理论的最优契约模型与管理者权力理论对 CEO 薪酬契约的预测能力。支持管理者权力模型的学者认为有广泛的共识表明偏离“手臂长度”的议价是有可能的，而批判最优契约模型的学者则认为其对 CEO 薪酬的辩护没有着重于 CEO 薪酬制定过程的完整性和独立性。然而，一些学者仍然偏好最优契约模型（或变种），认为它更符合已知经验证据。例如，Murphy（2002）发现，美国在引入公司治理改革期间，独立的董事会增加了。然而，CEO 薪酬仍然是上升的。即当管理者对薪酬的影响在下降时，CEO 薪酬却不断攀升。同样，Thomas（2004）指出，在美国相对于世界各地公司治理制度紧缩时，其与其他国家相比，

CEO与员工之间的薪酬差距在增长。Hubbard（2005）也提出，市场力量对这些趋势的解释似乎比管理者权力更自然。Core，Guay和Thomas（2004）认为，薪酬契约是专门设计用来限制管理权力的成本，主要通过用股票期权将奖励与企业绩效相联结。这使得CEO薪酬成为最优契约模型的预测结果。同样地，Holmstrom（2006）认为，CEO不能够夸大自己的薪酬到远高于市场利率有关的信息，因为其他规模类似公司的CEO薪酬在公共领域可以获知，并且很容易由薪酬顾问提供。尽管学者们有这样的观点，已有的公司治理改革似乎强调了管理者权力模型。英国的指导机构（ABI 2006）预计了CEO独裁的潜在可能，并进行了一系列公司治理改革，包括建立“最佳实践”的标准（Combined Code，2009）、增加机构股东参与（Myners，2004）、提高财务报告的透明度和董事会内部问责制。董事会问责改革的中心努力指向的是强化非执行董事的作用和独立性（Higgs，2003）。机构股东、法人治理机构和公司本身的注意力都集中在独立性这个问题上。并将薪酬委员会的独立性视为避免CEO薪酬膨胀的结果。

最优契约模型与管理者权力模型对实践进行解释的经验证据是混杂的。一些研究报告的结果并不与管理者权力模型的预测相符（Core等，2005；Dew-Becker，2009；Frydman和Saks，2010）。还有一些研究发现最优契约模型与管理者权力模型存在互补性的解释。也就是说，虽然存在次优的契约，但是，长期看来，激励契约在解决代理冲突方面是相对有效的（Shleifer和Vishny，1997；Bebchuk和Fried，2003；Sapp，2008）。Tosi等（2008）还发现，受到管理者控制的公司，经验证据符合管理者权力模型的预测，而对于那些受股东控制的公司，证据则支持最优契约模型的预测。这表明管理者操纵薪酬契约的能力取决于公司环境。因而两个模型都不能提供一个完整的解释。

实际上，管理者不仅是激励的对象，同时他们也参与激励的制定，管理者会运用手中的权力改变激励设置，从而影响激励与企业绩效之间的关系。“最优契约论”与“管理权力论”虽然存在争论，但都源于代理问题，并不冲突，只是适用条件不同。最优契约论认为股东能够从自身利益出发设计出符合股东价值最大化的薪酬契约。最优契约环境下，人们关注的是股东如何实施与设计薪酬契约及其在减少代理冲突中的角色。因而，该理论适合解释股权相对集中的公司。因为大股东的存在降低了经理人控制的可能性。而在股权分散的现代公司，董事会通常会被经理人所控制。经理控制权论则强调在内部人控制的情况下，经理可以通过控制董事会设计出符合自身利益最大化的薪酬契约（Bebchuk 和 Fried，2004）①。两个模型作为激励契约与公司治理直接联系的纽带，同样都受到治理结构的影响。

总体而言，薪酬委员会制度仍处于动态发展中，目前对薪酬委员会有效性的理论研究还不完善，存在诸多不足，尚不能对薪酬委员会的有效性提供全面有效的理论支撑。更适合的是，用已有模型的合并加以表征，而不适合用单一的理论进行解释（Lambert 等，1993）。

---

① 他们还指出在董事会弱化、缺乏外部大股东和机构投资者、管理者大量持股、公司具有较强的兼并防御时，管理者会拥有更大的权力。

第 4 章

国际视阈下薪酬委员会的公司治理角色

有关薪酬委员会有效性文献的近期发展以及过去几十年里各国监管规则和建议措施紧锣密鼓的出台，使薪酬委员会的重要性越来越多地受到认可。尤其是国际金融危机过后美国政府对企业高管的限薪政策，使这一认识被加剧。薪酬委员会治理的有关建议是受到可见的“软法”影响，特别是受到公司治理准则的影响（CÂMARA，2002）。逐渐地，薪酬委员会有了越来越多的更具体的规定，如美、欧及东亚国家，由之前对设立薪酬委员会的建议，逐渐转变为受到法律及监管规定的强制性设立要求。薪酬委员会治理规制的演变反映了过去几十年中公司治理规则的总体趋势。薪酬委员会在今天成为上市公司董事会重要的专门委员会，在理论上是作为内部治理机制以降低与经理人薪酬有关的代理问题。显然，人们对薪酬委员会的治理角色寄予了厚望，而其至今始终未做到令人满意。各国监管部门对薪酬委员会在公司治理中的角色是如何定位的？为何即使大部分上市公司遵循了治理原则，也未能使薪酬委员会很好地发挥作用？由于不同国家和地区的制度、法律和社会环境不同，各国上市公司薪酬委员会的应有作用不同。根据各国公司治理监管部门对上市公司薪酬委员会的要求和建议，考察不同国家薪酬委员会在上市公司中的治理角色，有助于我们理解中国上市公司薪酬委员会应该所处的公司治理角色。由此，本章试图通过梳理薪酬委员会在外部监控型、内部监控型和东亚家族控制型治理模式下的发展以及各国相关法规和治理原则，探究其在不同公司治理模式中的治理角色定位。目的是试图揭示我国上市公司制度背景和治理模式下可能影响薪酬委员会有效性的主要因素。下面就有关各国薪酬委员会治理原则的发展重要里程碑逐一作历史背景介绍，从中探究不同治理模式下薪酬委员会的公司治理角色。

4.1　薪酬委员会在外部监控型公司治理模式下的角色

外部监控型公司治理模式，又称为市场导向型治理模式，也被称为英美模式（Shleifer 和 Vishny，1997）。美国、英国和澳大利亚等国是这种公司治理模式的典型代表。其中，英、美是世界上现代公司发展时间最长，股权形态和治理结构特征最明显的国家，也是包括薪酬委员会在内的董事会委员会制度发展最完善的国家。

4.1.1　薪酬委员会在美国上市公司中的治理角色

美国上市公司拥有高度分散的股权结构，处于高流通性的资本市场和活跃的公司控制权市场（高明华，2001）。20 世纪 70 年代末，上市公司经理人薪酬增长过快以及与企业绩效不相关引起了广大公众投资者的不满。迫于压力，美国证券交易委员会（SEC）于 1978 年首次建议上市公司设立薪酬委员会，以规范经理人薪酬的制定。此后，大部分公司设立了由内部董事和外部董事组成的薪酬委员会，负责决定经理人薪酬的升降。通常，上升幅度则由薪酬顾问公司（咨询公司）专家根据企业经营情况和竞争力制定方案，再由公司薪酬委员会做出决定。1982 年，美国公司董事协会（NACD）以销售额在 5 亿美元以上的公司为调查对象，通过年报披露了解董事会委员会的职能，发现 72% 的公司其薪酬委员会负责审查（reviews）和提议（recommends）高管薪酬，31% 的公司其薪酬委员会履行了管理（administering）股票期权计划职能，28% 的公司其薪酬委员会需要制定（setting）经理人薪酬。说明在当时，薪酬委员会通过薪酬制定对经理人行为进行激励和制约经理人权力上已经发挥着非常重要的作用，成为公司治理机制中不可分割的一部分（Vance，1983）。1984 年，几乎 90% 的“财富”500 强都设立了薪酬委员会

(Worthy 和 Neuschel, 1984)。但与此同时，经理人薪酬的诟病仍然存在，人们似乎意识到，即使存在薪酬委员会，经理人薪酬也有可能受到内部人控制。由此，同年，美国法律协会与商业圆桌协会在《公司治理准则》第三部分中提议“薪酬委员会应全部由独立于管理者的董事组成”。此后，美国《商业圆桌会议宣言》(1990) 正式提出：“大型上市公司董事会应主要由不在公司内享有管理职责的独立董事组成，此外，董事会的一些重要组成部分，例如，审计、薪酬和提名委员会，都应由外部董事担任。”1994 年，全美企业董事会联合会蓝带委员会报告也强调：独立董事应在董事会中占多数，董事会下设的审计、薪酬和提名等专门委员会也应主要由独立董事构成。

安然、世通的财务丑闻发生后，为回应投资人要求加强上市公司监管的压力，纽约证券交易所（NYSE）和纳斯达克证券交易所（NASDAQ）自 2002 年陆续针对公司治理提出了改革措施。2002 年 8 月 NYSE 修改上市规则，强化“独立性”定义，要求上市公司董事会中独立董事人数占大多数，必须设置全部由独立董事组成的审计、提名和薪酬委员会。NASDAQ 并未做出相同的强制性要求，仅对将非独立董事纳入薪酬委员会的公司提出了需要规范委员会规模、人员独立性、董事任期及信息披露的额外要求①。2003 年 11 月，NYSE 在经 SEC 批准的上市规则中，要求公司必须设立提名/公司治理委员会、薪酬委员会以及审计委员会，并且对这些委员会的组成、目的和权力做出严格规定②。

虽然美国上市公司监管部门不断加强薪酬委员会的独立性是缘于经理人

---

① 具体要求为：(1) 薪酬委员会至少有三个以上的成员；(2) 其中一位董事既不是满足 Rule 5605 (a) (2) 规定的独立董事，也不是公司现任的高管或雇员，或者高管或雇员的亲属；(3) 董事会认为前述的该位董事担任薪酬委员会的成员符合公司及股东的最大利益；(4) 董事会须在下一年度股东大会的代理声明中（或者，对于无须提交代理声明的公司，在其年报中（Form 10 - K 或 Form 20 - F)），披露该董事与公司之间关系的性质以及做出该聘任决定的理由；(5) 基于此例外情形而被委任为薪酬委员会成员的非独立董事，其在委员会里的任期不得超过两年 。此外，高管薪酬计划书的审核须由董事会成员中多数独立董事的同意才可通过。

② Section 303A, NYSE's Listed Company Manual, November 2003.

薪酬的不断高涨。然而，20世纪末，CEO与一般员工之间平均薪酬相比较，二者差距已达到为299倍（Harwell，2011）。即使在金融海啸后，根据2010年管理层薪酬研究机构Equilar的资料显示，S&P 500大公司一般的CEO薪酬，2010年大约为900万美元，较1年前增加24%（Posner，2009）。韬睿惠悦（Tower Watson）针对美国773家企业高管薪酬计划书的调查显示，美国高层经理人2012年预计将领到的平均薪酬较2011年增加2.7%①。由于美国高管薪酬增长趋势并无停止的迹象。金融海啸后，美国对管理层薪酬进行了大幅管制，是因为支持管制者认为金融海啸前薪酬结构的设计缺陷使得管理层有诱因去承担过高的风险，最终促成了对美国经济产生危机的系统风险。2009年，NYSE修订了《上市手册》的部分内容，要求上市公司：（1）必须建立全部由独立董事组成的薪酬委员会；（2）薪酬委员会必须建立章程以规定委员会的目的及责任，其中至少包括：（a）审核和批准与CEO薪酬有关的公司目标，评估CEO的业绩，确定并批准CEO的薪酬水平；（b）向董事会建议并请求批准其他高管的薪酬计划；（c）编制内容符合SEC规则S－K中407（e）（5）条款的薪酬委员会报告；（3）进行薪酬委员会年度绩效评估。② 此外，手册还就薪酬委员会在制定CEO薪酬中需要考虑的因素、薪酬委员会章程中应该涵盖的其他内容以及薪酬委员会聘请薪酬顾问的权力等问题提出了规范。2010年7月21日，美国总统巴拉克·奥巴马（Barack Obama）签署生效了“华尔街改革与消费者保护法（又称《多德—弗兰克华尔街改革与消费者保护法案》，the Dodd－Frank Wall Street Reform and Consumer Protection Act，以下简称Dodd－Frank法案）”，针对管理层薪酬进行严格的规范。

---

① 韬睿惠悦（Towers Watson）为一家全球性的专业顾问服务公司，协助企业透过有效的人才、财务和风险管理方案，提升运营绩效。并替企业在员工福利规划、人才与奖酬方案、风险和资本管理等方面提供解决之道。该顾问公司的数据范围跨6大洲的近百个国家，在美国、加拿大、欧洲、亚太与拉丁美洲均设有数据中心，每年都会就当地公司和跨国企业的薪酬、福利和雇佣状况提供报告。参见http：//www.towerswatson.com/zh－cn

② NYSE Listed Companies Manual，Section 303A.05

2011年3月，美国SEC依据国会颁布的《Dodd－Frank法案》中第952条款要求“报告公司①（Reporting Company）的薪酬委员会必须具有完全的独立性”，规定了薪酬委员会具体监督职责并提出针对薪酬委员会的上市标准。经过公众意见征询期后，SEC于2012年6月20日发布了“增加有关薪酬委员会新规范的上市标准”②。此外，Dodd－Frank法案第952条的相关的内容已写入到美国《1934证券法》第10C条（Section 10C）中，该条款要求董事会既应该考虑薪酬委员会成员的包括任何由公司支付的咨询、顾问或其他补偿董事费用的报酬来源，又要考虑委员会成员与该公司及公司的关联公司、子公司以及子公司的关联公司等的关联关系，以防止薪酬委员会成员的独立性受到损害，进而影响其对公司高管薪酬做出独立判断的能力。未来，美国NYSE与NASDAQ都需要遵循SEC的要求，对已有的上市要求进行修改。NYSE上市的标准要求上市公司需要对薪酬委员会的章程做出修订，以反映新要求下薪酬委员会有关决定保留、补偿薪酬顾问的委任、补偿及监督的责任与权力。在NASDAQ上市的公司则必须要设立一个独立的薪酬委员会。并且，NYSE和NASDAQ都要求上市公司编制薪酬委员会章程，以规范委员会的结构、权力和责任等，每年，薪酬委员会还应该审查和评估委员会章程的充分性。在NYSE或NASDAQ上市的小型公司不需要遵守新的薪酬委员会独立性标准或考虑顾问的独立性，但其必须有一个具备书面章程指引的独立的薪酬委员会。

在当前美国上市的公司治理实践中，薪酬委员会已几乎成为了所有上市公司的标准配置，一系列监管要求正不断推动美国上市公司薪酬委员会实现更强的独立性。美国对上市公司如此高度强调薪酬委员会独立性主要原因是

---

① 在美国，公众公司是指必须履行公开信息披露义务的公司，又称“报告公司”（Reporting Company）。出现以下两种情况之一，法律要求公司必须成为“报告公司”：其一，公司按《1933年证券法》要求向美国证券交易委员（SEC）注册生效，向社会公众公开发行股票；其二，根据《1934年证券交易法》要求，当公司股东人数超过500人，且总资产超过1000万美元时，或公司股票在证券交易所或NASDAQ上市交易时，必须向SEC注册成为“报告公司”。

② 见http：//www.sec.gov/news/press/2011/2012－115.htm

期望由独立董事组成的薪酬委员会能够有效地对薪酬政策进行监督，防止经理人薪酬问题上出现内部人控制。并期望没有利益冲突的薪酬委员会能够得到公正的咨询建议，建立适当的激励机制，保证其符合董事会最大化股东价值的职责。

4.1.2　薪酬委员会在英国上市公司中的治理角色

作为全球公司治理运动的发起者，英国公司治理体系的发展受到了世界各国的广泛关注。20 世纪 80 年代，英国的公司治理像 21 世纪初的美国一样，面临着巨大的信任危机。当时英国的镜报集团、BCCI、Polly Peck 等一连串知名公司爆发了严重的财务舞弊案，英国有不少著名的公司相继倒闭，引发了英国的理论和实务界对公司治理问题的高度关注和激烈讨论。对这些破产企业的深入研究发现，大量企业的破产是由于公司的经理人员行事丑陋、不尽职尽责；作为股东代表的董事也违背股东的利益，未能履行他们对公司应尽的职责。为了稳定社会经济和保障投资人的权益，英国成立了以安德仁·卡德博瑞（Adrian Cadbury）爵士为首的委员会进行调查，其目的是检查英国上市公司治理结构的财务特征，考虑与公司财务报告及其责任有关的问题，并推荐有关的最佳实践①。经长达 1 年半时间的广泛深入调研，1992 年 12 月委员会发表了题为《公司治理结构的财务表征》报告，即 Cadbury 报告。这个报告在英国掀起了公司治理运动，英国也因为这个报告成为公司治理运动的发源地。

特有的问题导向使 Cadbury 报告委员会深信，“一个有效的内部控制系统，是公司高效率管理的一个基本部分”。为了建立有效的内控机制，植根于英国传统，Cadbury 报告明确提出了公司治理的“外部人模式”，强调外部非执行董事在公司内部治理中的关键角色，突出董事会的开放性、透明度、

① 最佳实践包括：a. 执行董事和非执行董事向股东及财务上有关的其他当事人检讨和报告业绩的责任，以及信息提供的频率、明晰性和形式；b. 董事会的审计委员会，包括它的构成与作用；c. 审计人员的主要责任，审计的范围及其评价；d. 股东、董事会、审计人员之间的关系；e. 其他相关的问题。

公正与责任。Cadbury 报告（1992）规定："董事会薪酬委员会应完全或主要由非执行董事组成；薪酬委员会主席由非执行董事担任；执行董事就薪酬向董事会提出建议并借鉴外界的意见；执行董事不应参与决定自己的薪酬。"Cadbury 委员会报告提出的一系列相应的原则和理念，不仅在英国被吸收到上市规则中去，而且在其他国家也作为衡量公司治理标准的基本尺度，成为今天各种不同"版本"公司治理最佳做法中核心内容的一部分。Cadbury 委员会的活动也由此成为现代公司治理运动大潮勃兴的起点和里程碑。由权威学者带领的特别委员会针对公司治理中的某一问题进行调查、取证、讨论、分析和研究，最后出具报告并监督执行的过程，奠定了英国一系列公司治理改革的基础，并形成了独具特色的公司治理调查模式。

由于 Cadbury 报告在薪酬委员会方面所建议的准则不足以保证确定适当的董事报酬水平，根据英国工商业联合会（Confederation of British Industry）的提议，1995 年初成立了以理查德·格林伯瑞（Richard Greenbury）爵士为首的董事薪酬研究小组。对英国一千多家知名公司所做的有关调研结果显示，从 1984 年到 1994 年，这些公司高层管理人员的报酬以每年 10.5% 的速度上涨，既远远超过这些公司员工同期 3.1% 的水平，也几乎与这些公司的业绩不存在什么相关性。公众和股东对公司管理层报酬的这种增长大为不满。1995 年 2 月 28 日，英国首相梅杰在回答工党对公司管理人员报酬支付上升提出的质询时扔出的这句话，即清楚地反映了这一点："我和你们一样发现这种报酬支付令人厌恶，我敢说其他人也将同样如此。"人们纷纷要求改革公司管理层的报酬确定机制和有关的公司治理机制。正是在这样的背景下，按照 Cadbury 报告这一模式，为敦促英国上市公司施行独立的薪酬委员会制度，1995 年 7 月 15 日，Greenbury 委员会（1995）专门针对上市公司高管薪酬改革及薪酬委员会的规范发布了 Greenbury 报告，又被称为《董事报酬最佳做法准则》。该报告就薪酬委员会提出了一系列完整的建议，其核心是关于公司董事报酬的决定和相应说明的《最佳做法准则》。Greenbury 报告提议，上市公司应施行完全由非执行董事（外部）董事组成薪酬委员会；公司的非执行董事主席不应该任薪酬委员会主席，原因是其参与公司的运营，并且其自身的薪酬协议可能会引起利益冲突；薪酬委员会应至少由3名非执行董事组成（对于小公司，应至少为2人）；知识和经验对履行薪酬委员会的职能很重要，因此薪酬委员会成员应同正常的董事选任期一致，至少任期3年；委员的薪酬应该在公司章程的限定下确定为固定费用，以反映出他们在公司事务中花费的时间。特别地，Greenbury报告认为，公司的CEO不应该参与薪酬委员会，薪酬委员会成员不应是连锁董事，但应该对公司及执行董事在公司的工作有较好的了解，以能够正确地评估业绩，如果独立董事仅与公司因薪酬委员会而存在关系，则该成员是不胜任该职能的。Greenbury报告建议所有注册在英国的上市公司应该尽最大可能地遵守这些准则，并在向股东提交的年度报告中加入薪酬委员会对这些准则遵守情况的陈述，若有未遵守之处须言之有理地予以说明。

Greenbury报告是有史以来对薪酬委员会实践最全面的指导原则，其中不但涵盖了对薪酬委员会的董事构成、运作、职责及信息获取的有益建议，还提出了可操作性的指南，并强调了薪酬委员会应以股东的利益为利益出发点制定高管薪酬。而后大部分国家公司治理原则中都可以找到对Greenbury薪酬委员会治理指引的借鉴。此后，英国在后期的治理实践中，通过针对某一问题的观察取证和分析，制定了一系列经典的公司治理报告，如针对董事薪酬报告准则（The Directors Remuneration Report Regulations，2002）、关注内部治理的Hampel报告（1998）、关注内部控制的Turnbull报告（1999）、强调非执行董事职能的Higgs报告（2003）和审计人员独立性的Smith报告（2003）等。在辩证吸收这些报告成果的基础上，英国财务报告理事会（Financial Reporting Council，简称FRC）于1998年发布了英国公司治理联合准则（the Combined Code，以下简称联合准则），并在2003年、2006年、2008年进行了修订联合准则的全面性和权威性，使其成为英国上市准则（the Listing Rules）的重要补充文件，形成了以该文件为核心的英国公司治理体系。美国次贷危机发生后，英国发布了两份重要报告：一是2009年3月发布的Turner Review，这是英国政府对金融监管做出的声明；二是2009年11月发布的Walker Review，该报告对英国银行业的公司治理进行了全面审查，并提出治理意见。随后，英国根据这两份报告的建议，全面修订了联合准则，并更名为《英国公司治理准则》，成为目前英国公司治理实践的总纲领。

最新的《英国公司治理准则（2012）》延续了 Greenbury 报告对薪酬委员会的制度安排，并进一步详尽地规定：董事长在独立的情形下可以任薪酬委员会委员，但不能担任委员会主席；薪酬委员会的工作目标是为高管制定足以吸引、挽留及激励其达到成功地经营公司质量要求的薪酬水平，但公司应避免以此为目的过多地支付薪酬；高管薪酬结构安排中，绝大部分薪酬应与企业奖励及个人绩效联系起来；高管薪酬中应考虑并设计更多与业绩相关的因素，旨在促进公司的长期成功。此外，准则中还为薪酬委员会应如何为执行董事设计与绩效挂钩的薪酬做出了具体规范①。

与美国的公司治理结构具有很大的相似性，英国的公司治理结构中董事会是由执行董事和非执行董事所构成的，分别相当于美国的内部董事和外部董事。英国董事会的平均规模为11人，其中，非执行董事占董事会的比重在40%左右。1988年，有54%的英国大公司设立了薪酬委员会，而到了1992年这个比率则上升为94%。由于非执行董事独立于公司现任的管理者团队，具有为股东的利益而监督管理者的职责，因此薪酬委员会成员主要由非执行董事构成。英国公司薪酬委员会治理着重强调了公司治理的核心议题是股东利益，所有的制度设计都应围绕股东利益最大化展开。英国公司治理体系的演进体现出长期性平衡性和责任性的特征，折射出全球公司治理发展的新趋势，具体到董事薪酬制度安排、递延薪酬比率指标披露和董事长报告等措施，保证了英国公司董事激励机制的有效性和可持续性，对我国公司治理体系和确保薪酬委员会制度的完善具有一定指导意义。

4.1.3 薪酬委员会在澳大利亚上市公司中的治理角色

澳大利亚在公司治理准则国际趋同的进程上，一直走在世界的前列。近年来，澳大利亚更是加大力度进行一系列有关公司治理框架的变革。澳大利

① 见 The UK Corporate Governance Code，2012，Financial Reporting Council。

亚公司治理的模式偏向于英美模式，但由于地理位置等环境因素的影响，澳大利亚的公司治理也有其鲜明的特点。澳大利亚证券交易所（ASX）下属公司治理委员会于 2003 年 3 月首次颁布《公司治理原则及最佳操作规范》（以下简称“治理原则”）。该治理框架是由一系列立法、会计准则（有法律效力）、澳大利亚证券交易所（ASX）上市规则及实践中公司自愿遵守一些自律规则组成。澳大利亚上市公司规则规定：所有上市公司必须在其年报中披露遵守“治理原则”的情况；如未遵守，必须说明未遵守哪一项及其原因；如果上市公司仅在一段时间遵守，还必须披露遵守的期间。“治理原则”提出了 10 个必要的公司治理原则及其最佳操作规范：公司的管理及监控的基础建设方面的披露；董事会的结构及组成；提高决策者的道德水平和责任意识；保证财务报告质量方面的措施；确保及时准确披露信息措施；鼓励提高公司业绩，披露公司董事会成员及公司高级管理人员的业绩评价程序；披露公平合理的报酬；附录 A：会议摘要；附录 B：信息传播渠道的建立。这 10 条原则详细规定了企业公司治理方面应做的努力。其中对上市公司薪酬委员会的设立提出了建议。2007 年该委员会修订并发布了《公司治理原则与建议》指导手册第二版。目前最新版本于 2010 年修订。

澳大利亚公司治理对薪酬委员会的重视出于防止高管借股市让上市公司成为个人的“摇钱树”的目的。对于薪酬委员会的有效性，准则建议，在规模较大的公司中，薪酬委员会可以成为一个有效的机制，但对于较小的公司，正式的委员会结构所带来的效率可能会不明显。这是因为，澳大利亚“公司治理原则与建议（2010）”建议公司董事会应该以独立董事①为主。根据 2009－2010 财年数据，上市公司 200 强中，有大约 88% 的公司的董事长由独立董事担任。但这一比例与公司规模有关系，越是大型上市公司，独立董

① 澳大利亚公司治理原则与建议对独立董事给出了定义，覆盖的方面包括：是否是实质性股东，或股东员工，或与股东有关联；是否是公司雇员，或曾经被雇佣/进入董事会但冷却期少于 3 年；是否在过去 3 年期间给公司提供过专业咨询服务机构的合伙人或雇员；是否是该公司主要供应商或客户，或该供应商或客户之雇员，或与供应商或客户有关联；除了董事关系之外是否还与公司有重要合同关系。

事担任董事长的比例越高，越是小型公司，这一比例越低。主要原因是小型公司董事会规模比较小，把董事长和 CEO 分开比较有难度，或者会有较大的资源支出①。因而，要求较小公司的薪酬委员会具有正式的结构则会不合情理。

“公司治理原则与建议（2010）”对上市公司在董事会下设立薪酬委员会仍然采取建议性原则，要求薪酬委员会至少由三名成员组成，独立董事占大多数，委员会主席应由独立董事担任。在职责上，准则要求薪酬委员会应审核及向董事会建议公司高级管理人员的薪酬、选聘、保留和终止政策及程序、高级管理人员的薪酬与激励机制、养老金安排、董事的薪酬架构以及依性别划分的薪酬。对于高级管理人员薪酬的具体项目，“公司治理原则与建议（2010）”指出，薪酬体系应该包括固定工资和绩效收入。具体来说包括 4 部分：第一，固定工资部分，应该反映公司规模，如资产、销售额、雇员人数、公司市值等；第二，短期业绩收入；第三，股权为基础的奖励，主要是期权；第四，合同终止薪酬安排，如果因失职而被解雇，应该无薪酬。原则建议薪酬委员会设计的薪酬政策应该能够激励高级管理人员追求公司的长期增长和成功的动机，展示高级管理人员的业绩及薪酬之间的明确关系。薪酬委员会可以征求高级管理人员对薪酬政策的意见，但高级管理人员不应当直接参与决定自己的薪酬。在信息披露方面，准则建议公司在年度报告的公司治理部分披露薪酬委员会成员姓名和出席委员会会议的情况②。2011 年 7 月 1 日开始，澳大利亚证券交易所要求属于 S&P ASX 300 指数的上市公司必须建立仅由非执行董事构成的薪酬委员会③，ASX 300 指数外的上市公司并不需要强制符合该规则。

① 见刘振华．澳大利亚式公司治理．董事会，2011 年第 08 期。

② 见 Corporate Governance Principles and Recommendations with 2010 Amendments，2nd Edition，ASX Corporate Governance Council。

③ 见 ASX Listing Rule 12. 8。

澳大利亚上市公司处于一个完善的资本市场之中①，证券市场以机构投资者为主，由于持股比例较大，大型机构投资者一般都进入所投资公司的董事会，在公司治理中发挥着重要的作用。澳大利亚对上市公司的薪酬委员会的规定强调了薪酬委员会规模的灵活性和独立性以行使其职责，并要求上市公司应该限制高级管理人员在薪酬委员会中担任职务以防止其借此牟取自身利益。这在薪酬委员会结构上限制了高级管理人员薪酬方案可能产生的不合理之处，有效地保护了广大小股民的利益。

4.1.4　薪酬委员会在外部监控型公司治理模式下的角色解析

英美模式下的上市公司股权分散，绝大多数美国公司没有控股股东，无论是个人还是金融机构等法人，都不能对经营者决策产生决定性的影响，依赖作为股东代理人的经理控制公司（Dignam 和 Galanis，2004）。上市公司董事会与经理人有着千丝万缕的联系，经理人通常通过老交情、赞助、签订咨询契约、支付咨询费等手段把公司的董事变成“自己人”，甚至独立董事也不例外，导致很多公司的董事会监管形同虚设。

上述国家新推出的薪酬委员会治理原则都较明晰地规定了执行董事在参与经理人薪酬制定中的限制条件，并对薪酬委员会提出了较高的独立性要求，并通过立法的不断完善来保证薪酬委员会的独立性（李维安等，2003），以防止经理人薪酬制定中产生利益冲突。可见，外部监控型公司治理模式下的薪酬委员会治理角色是限制经理人权力，保护广大投资者利益，设计有效的诱因契约，帮助经理人克服短视行为，促进企业长期发展。

① 1987 年 4 月 1 日成立的澳大利亚证券交易所（简称：ASX）是一个具有相当深度、流通性和透明性较高的金融市场，提供包括股票、债券、基金在内的一整套金融产品和服务，拥有高技能的员工、一流的科技通信设备和完善的政策法规。因此，澳大利亚逐渐被认为是仅次于东京的第二大股票和期权交易市场。ASX 制定了一系列行为和程序规则，对其成员的活动进行监控，任何上市公司都必须遵循《澳大利亚证券交易所上市规则》。

4.2 薪酬委员会在内部监控型公司治理模式下的角色

内部监控型公司治理模式是在实行大陆法系的国家中所采用的治理结构模式，又称为网络导向型公司治理模式，因股东（法人股东）和内部经理人员的流动在公司治理中起着主要作用而得名。内部监控型公司治理模式以股权的相对集中和主银行（或全能银行）在公司监控方面的实质性参与为存在基础与基本特征。德国和日本是内部监控型治理模式的典型代表。

4.2.1 薪酬委员会在德国上市公司中的治理角色

德国现行股份法对经营机关采取监事会与董事会上下隶属的二元制制度。二元制公司经营机关的设计是实行监事会与董事会上下隶属的双层结构，其中董事会为业务执行机关，监事会则为内部监控机关。由股东会选举产生监事会成员，再由监事会选任董事会成员负责公司之经营管理；董事会须对监事会负责，监事会再对股东会负责。由于此一关系形成上下隶属关系。

成立专门委员会之法源则是在德国股份法第一〇七条第三项①。其规定监事会得由其中一人或多人组成委员会，对其行为或决议作准备，或监督其决议的执行。德国公司治理法典亦有关于监事会中成立各专门委员会的建议。德国公司治理法典5.3.1条款规定，“基于企业的特性及其成员的数目，监事会应当建置数个具备专业能力的委员会，借此提升监事会工作的效率及复杂议题之处理效率。各委员会的主席则需定期向监事会报告委员会的工作内容”。德国公司治理法典5.1.2规定，“监事会任命及解任董事会的成员。监事会应当与董事会共同确保有一个长期性选任继任者的计划。监事会得将准备提名董事会成员的工作委派给一个委员会，该委员会也决定包含报酬在

---

① 见Vgl. Huffer, a. a. O. (Fn. 34), § 107 Rn. 12 ff.。

内的任用契约条件”。故德国公司的薪酬委员会系设置于监事会之下，称为提名委员会，而明定于德国公司治理法典5.1.2第三条，其职权亦包括报酬规划报酬职能，并处理董事会契约（Vorstandvertrag）的相关细节及长期性继任计划，以符合实际需求。

与法典一致，德国公司治理准则（2010）也未要求上市公司设立薪酬委员会，只是提出“上市公司董事的薪酬由监事会来决定，每个管理层董事的薪酬总额由监事会整体决定，薪酬提案可以不授予薪酬委员会”①。在德国公司治理实践中，上市公司监事会下设立薪酬委员会很常见，但薪酬委员会不具有提案权。由于德国的监事会奉行“共同决定”制度，根据法院裁决，共同决定公司的监事会委员会包括薪酬委员会应当有至少一名工人代表（Vitols，2010）。在德国，上市公司监事会通常一个季度召开一次会议，监事会成员较多，彼此缺乏必要的交流，因此，监事会内部下设薪酬委员会实际为解决高管薪酬问题的有效途径。

尽管德国施行过加强股东利益考虑的改革②，但是仍然以实现利益相关者的价值为主要目标（Yoshimori和Masaru，1995）③。所有权集中和内部人控制仍然是德国公司治理体系的最显著特征。除了管理层以外，内部人还包括大股东贷款人和雇员。大股东的重要性源自所有权的高度集中（Enriques和Volpin，2007）④，尽管2002年资本收益税改革后，德国上市公司交叉持

① 见sec. 107 para. 3 sent. 2 AktG，no. 4. 2. 2 GCGC，2010。

② 改革措施主要分为两个方面，一方面是确立了鼓励资本市场发展的基本制度和规章，包括禁止内部人交易的法规（1994），建立了联邦证券监管办公室（1995），要求公开多数投票权背后的利益（1995），1998年的反托拉斯法，以及要求母公司采用国际会计准则或美国通用会计原则（1998）；另一方面是采取了一些改革措施以促进现有公司治理体系的运作，其中一个重要的里程碑是1998年的加强控制和透明度法案，该法案旨在加强监事会（SB）对管理委员会（MB）的控制。

③ 公司治理目标的不同对管理行为具有深刻的影响，根据Yoshimori（1995）所作的被广为引证的调查研究，利益相关者导向公司中的管理者不太重视向股东提供多少股息，而更重视确保职位的安全性。

④ Enriques和Volpin利用一系列指标说明了欧洲企业相对较高的所有权集中程度，包括德国企业在内，其中尤其值得注意的是，在1999年，某个控股集团控制着德国至少57%的公司。

股显著减少，但所有权的金字塔结构仍然盛行，控股股东往往能够通过对某个公司的所有权而对另一公司实施控制。贷款人的较高地位反映了公司继续严重依赖银行融资而不是资本市场融资，因而，德国资本市场对公司控制一直较弱。劳工的代表权则来自德国法律的授权。

解决管理者与所有者目标偏离这种固有的利益冲突是任何有效的公司治理体系的核心任务。德国企业所有权的高度集中和内部人的实际控制增加了管理者行为偏离所有者目标的风险。德国企业的高管薪酬从1968年的452，000德国马克上升到了1994年的613，000德国马克，年平均增长速度为1.36%，薪酬对业绩的弹性为0.071，相比之下，英国企业的高管薪酬从1969年的157，160英镑上升到了1994年的391，900英镑，年平均增长速度为7.5%，薪酬对业绩的弹性为0.67（Conyon等，2000）。以上数据揭示了两种不同治理模式下高管薪酬变化趋势及薪酬对业绩的弹性在数值上的差异，也从侧面体现出德国二元制公司治理体系下薪酬委员会制度缺失而导致在高管薪酬这一问题上没能与股东的利益很好地联结。

4.2.2 薪酬委员会在日本上市公司中的治理角色

日本上市公司是法人间相互持股，董事会成员主要来自公司内部，公司决策与执行都由内部人员承担，经理人员多为大股东选派，其变动更多地受该大股东的影响，而不是市场，相对较为稳定，公司经营的目标在于更着眼于公司的长远利益，综合考虑各方利益相关者，强调协调、合作。在此公司治理模式下，执行董事、监事会是公司治理的双重核心。外部的监督与约束主要来自两个方面：持股法人和主银行。多表现为一个企业集团内部公司相互持股，主银行虽不直接持股，但对公司有实际的控制权。

日本上市公司薪酬委员会治理原则发展经过了三个阶段。

（1）立法阶段

2002年5月22日，日本通常国会第154次特别会议提案通过了日本商法的修改，赋予日本大公司选择美国型公司治理模式的权力。至此，日本公司正式引入了董事会委员会制度。具体而言，修改生效之后，采用委员会型治理模式的公司要在董事会建立三个委员会，其中包括“薪酬委员会”。这类公司同时设立业务执行经理，但不能再设置监察人。规定，三个委员会的一半以上的成员都为外部董事。在委员会型公司，董事会可以将重大的经营管理权委托给业务执行经理。

（2）纳入《公司治理准则（2001）》阶段

2001 年，日本出台《公司治理准则（2001）》，其中第 9 款“董事的职能”中建议，为了有效地履行董事的任务，更可取的是将这些董事会的功能授权给委员会如监督委员会、薪酬委员会和任命委员会。准则的第二章对董事会建立委员会的任务和角色提出了建议：a. 董事会应成立提名委员会、薪酬委员会及审核委员会。b. 各委员会应包括 3 个或更多的董事。c. 提名委员会和薪酬委员会中的大多数董事应是外部董事，并且应该有一个或多个独立董事。审计委员会的大部分成员应为独立董事。d. 外部董事应获委任为各委员会的主席。

准则中的第 7 个原则规定了薪酬委员会的作用：薪酬委员会应根据预先设定的补偿原则审查每名董事和高管的薪酬方案。薪酬方案的目标是，鼓励董事和高管努力工作，因此，薪酬委员会应恭敬地审查激励计划，并设计一个公平、合理的方式。如果 CEO 决定采纳员工激励计划，应该获得薪酬委员会的批准。原则 8 明确规定：CEO 不应该是提名、薪酬委员会或审计委员会中的成员。

（3）发展阶段

2004 年，日本上市公司治理准则进行了更新，《上市公司治理准则（2004）》继承了《商法特例法》的规定。准则在附录中介绍了日本的公司治理机制。在日本，法律框架，规定了两种类型的公司治理机制，适用于大多数上市公司：一种是由股东大会、董事会的董事、代表董事、执行董事、监事和董事会公司的审查师构成的公司审察制度（叫作“审察制公司”），另一种是委员会制度①，由股东大会、董事会、董事构成的委员会（提名委员会、审计委员会与薪酬委员会成员组成的委员会）以及有代表性的高级管理人员和高级管理人员构成（叫作“委员会制公司”）。选择权由公司决定。在委员会制公司下，公司必须成立三个委员：提名委员会，审计委员会和薪酬委员会（各委员会应有三个或更多的董事组成，各委员会至少有一半的委员应为外部董事②）。薪酬委员会被授权决定每个董事和高管的薪酬。此外，日本《公司法》（2005）亦对采取委员会制的上市公司薪酬委员会职权及高管薪酬确定方法做出了立法规定③。由于法律确定了薪酬委员会作为监督机构必须行使薪酬决定权利，如若薪酬委员会做出了不合理的薪酬决定，则薪酬委员会成员可能被追究任务懈怠责任。

与英美国家的企业不同，在日本大公司中，不但股东对企业高管的约束力很弱，董事会、年度股东大会以及资本市场等也都无法有效地监督管理者，这使得内部人控制比较严重，经理人在公司中居于主导地位。这是日本公司高管薪酬制度的特殊性和日本公司的股权性质的特殊性决定的。一方面，日本公司的高管薪酬存在“年功序列制度”④，将高级管理层的激励薪酬与其贡献挂钩，因而，晋升是日本公司高管主要的激励方式。另一方面，在日本的公司中，法人持股比例较高，且法人之间，法人与金融机构间相互交叉持股，金融机构持股比例要占总股份的46%左右。由于非财团或主银行系统控制的企业缺乏比较有效的监督工具，公司相互持股、甚至循环持股的

---

① 该委员会制度是2003年3月公司法修正中正式建立的。在修正公司法之前，仅存在公司审计师制度。

② 其中，外部董事仅限于那些不在公司或公司的任何附属公司任董事或雇员的董事。外部董事不应为公司目前或过去的执行董事、高级管理人员或附属公司目前或过去的执行董事、高级管理人员，也不应是公司或附属公司的雇员。

③ 见附录B。其对外部董事的定义与美国NYSE《上市公司手册》对独立董事的定义相比，缺少了与公司的商业关系及其他关系。

④ 雇员的工资在其年轻的时候少于其对公司所做的贡献，但是他的工资会随着资历的增加而以更快的速度增长。因此，当年龄超过某一界限的时候，他的工资又开始超过其对公司的贡献。换句话说，他获得了其隐性投资在企业中的“资本”的回报。就是这个隐性投资，使得雇员被认为是公司隐性权益的持有者。

结果形成了一个经营者集团，这就给管理者的“寻租行为”提供了更大的可能性，提高了企业高级管理人员“偷懒”的机会成本，容易导致对其支付较高数额的薪酬。由此看来，薪酬委员会在日本上市公司中的治理角色重在监督与制衡经理人的权力，成为股东尤其是利益相关者的监督工具。

4.2.3　薪酬委员会在内部监控型公司治理模式下的角色解析

德日模式下公司治理的关注焦点是利益相关者。该模式的特点是持股集中、上市公司的股东和债权人高度参与公司治理并对公司施有较强的控制（Dignam 和 Galanis，2004）。虽然德、日有发达的股票市场，但对于公司筹资以及监控而言，发挥的作用极其有限。公司的资本负债率较高，股权相对集中，特别是法人之间相互稳定持股，以及银行对公司的持股和干预，使公司内部的各相关利益主体监控公司成为可能。因而，薪酬委员会治理机制薄弱，在经理人薪酬问题上以损失股东利益而兼顾利益相关者利益是该治理模式的特点。

然而，两国的治理模式也有各自的优势所在。在德国二元治理模式下，监事会享有对管理层的监督权，由于监事会有来自股东、员工的代表。虽然德国上市公司治理准则并未要求设立薪酬委员会，但在实践中，员工参与薪酬委员会，通过薪酬委员会“共同决策”来平衡各方面利益关系，强化了内部治理机制。此外，让员工参与薪酬制定，能够较好地兼顾社会公正，也利于建立稳定的劳资关系，缓解劳资矛盾，减少了工人与管理层之间的矛盾和冲突，而且能让资方更多地考虑企业的长期发展，避免短期行为。不足之处在于德国的上市公司薪酬委员会制度还未法制化，薪酬委员会的职责目标不能准确定位，不利于薪酬委员会发挥应有的作用。

日本不但引入了美国的独立董事以及专门委员会制度，还通过立法强化了委员会制公司中薪酬委员会的决策权，公司治理结构得到了明显的改善。在设置委员会公司的董事会制度模式中，由董事会从董事会中选任成员组成薪酬委员会，其中的外部董事应当过半数。委员会设执行官主持委员会工作，执行官由董事会决议选任。虽然董事的报酬由章程或股东大会决议规定，但薪酬委员会必须制定关于执行官等个人报酬相关内容的决定方针，确定执行官等个人的报酬分配方式。在日本公司治理中，一般情况下由董事具体行使相关职权，但在设置委员会的公司，公司的相关事务主要由各专门委员会执行，董事个人不得执行。虽然日本公司的委员会制度已经比较完善，但仅有少数公司采用了委员会制结构，很多传统审察制公司也引进了执行官制度，以求将董事会监督职能和高管执行职能分开。截至2009年底，东京证券交易所仅占2.3%（55家）的上市公司采用了委员会制，因而薪酬委员会在日本上市公司中的治理作用还十分有限。

4.3 薪酬委员会在东亚家族控制公司治理模式下的角色

在大部分东亚国家（地区），公司股权集中在家族手中，公司的主控制权在家族成员中进行配置，被称为家族监控型公司治理模式。此治理模式的基础与基本特征为企业所有权与经营权合一（李维安，2002）。控制性家族一般普遍地参与公司的经营管理和投资决策。这一问题也是这一地区公司治理的核心问题。韩国、马来西亚、新加坡和印度尼西亚等东南亚国家是这种治理模式的典型代表。在韩国，家族操控了企业总数的48.2%，台湾是61.6%，马来西亚则是67.2%。

4.3.1 薪酬委员会在韩国上市公司中的治理角色

1997年亚洲金融危机过后，韩国政府加强了上市公司的监管环境，为提高有效的公司治理结构和积极的公司控制市场进行了一系列改革。1998年韩国证券交易所的有价证券上市规定（48条之5），上市公司应选任相当于全体董事人数1/4以上的外部董事。这一举措使韩国成为最早将独立董事制度法典化的东亚国家，也为韩国上市公司施行董事会委员会制度奠定了基础。1998年韩国商法典（KCC）修订后规定，董事会可以按照公司章程的规定设立1个或者几个委员会，也可以将部分职能委托给董事小组委员会。外部董事组成的委员会应当独立于 CEO 考虑问题。比如，委员会可以对影响到 1 个或者多个董事个人利益的公司交易进行调查。这些委员会可以由 2 个或者多个董事组成，行使董事会委托的权力①。韩国公司治理最佳实践准则（2003）② 中对董事会专门委员会的设立并不具有强制性，准则仅要求大型上市公司应设立薪酬委员会，薪酬委员会必须全部由外部董事组成。薪酬委员会应无偏地依据管理目标审核和评价管理层的业绩，并基于业绩评价设定合适的薪酬水平。此外，准则还建议，公司应尽量避免外部董事在一个以上的委员会任职；年报公司治理实践中应披露委员会的组成、权力及活动。

4.3.2　薪酬委员会在马来西亚上市公司中的治理角色

马来西亚在 1997 年东南亚金融危机中受到重创，其中有多方面的原因，有宏观政策上的，也有微观公司层面的，在微观上，国际货币基金组织和世界银行都认为公司治理的不健全是金融危机的重要原因。正是认识到了这一点，马来西亚从 1998 年开始进行了公司治理改革，目的是改善国内的公司治理，以增强企业竞争力和应付各种风险的能力。目前，与印尼、菲律宾和泰国等其他东南亚国家相比，马来西亚的公司治理水平要明显高出一筹。2000 年 3 月，马来西亚首次颁布公司治理准则（MCCG），这是在马来西亚公司治理改革中具有里程碑式的一个事件。准则的第二部分最佳实践里提出上市公司应该建立由全部或大部分非执行董事构成的薪酬委员会。准则在 2007 和 2012 年经过两次完善。最新的公司治理准则（2012）中，仍未强制要求上市公司设立薪酬委员会。在薪酬委员会组成上，也未增强薪酬委员会的独立性，与准则对提名和审计委员会应完全由非执行董事组成的规定有所不同，仅要求薪酬委员会大部分非执行董事应该是独立的。在职责上，准则增加了

---

① 但是不包括 KCC 第 393 条之 2 规定的情形，这些除外情形包括：①对需要由股东大会批准的特别事项提出议案；②任命和撤换代表董事；③创设委员会，任命和撤换委员会成员；④公司章程中规定的其他事项。

② 见 Code of Best Practices for Corporate Governance，Committee on Corporate Governance，February 2003。

薪酬委员会的职责目标，建议薪酬委员会以公正的报酬为重要标准，吸引、保留和激励董事；薪酬政策应与公司的业务战略和长期目标相符，并能反映出董事会的责任、专业知识以及公司活动的复杂性。

4.3.3 薪酬委员会在新加坡上市公司中的治理角色

自2001年新加坡财政部发布公司治理准则起，至今已作二次完善。新加坡公司治理准则非常重视董事会成员的核心胜任能力，其要求董事具有会计或财务、商业或管理、行业、战略计划以及顾客方面的知识经验。2012年，更新的公司治理准则加强了薪酬委员会的独立性及信息披露要求。准则要求董事会应建立至少由三名董事组成的薪酬委员会；与2005年的准则相比，薪酬委员会“应由独立于管理层的非执行董事占多数”修改为“所有成员都应是非执行董事”，进一步降低了潜在的利益冲突。准则还要求“大多数成员，包括主席，应该是独立董事”；“应至少有一名成员具有高管薪酬方面的知识，在不影响独立性的情况下，不具备该条件的委员会应该获得公司内、外部专家的建议”；“薪酬委员会成员的名单应该在年报中披露”。准则建议，薪酬委员会“应当为董事会提供一个薪酬框架、为董事及主要高管制定一套详细而明确的薪酬计划；薪酬委员会在制定薪酬政策时应使薪酬水平与结构符合公司的长期利益与风险政策，并且应该适当地吸引、保留和激励（a）董事为公司提供管家身份，（b）主要管理层成功地管理公司。准则建议薪酬委员会在遵循上述规范的同时，应避免奖励较差的业绩和过度地给付，并审核执行董事或关键管理层的服务契约终止时公司的义务，以确保契约的公正和合理性”。

4.3.4 薪酬委员会在印度尼西亚上市公司公司治理中的角色

印度尼西亚国家公司治理委员会（National Committee on Corporate Governance，NCCG）在1999年首次发布公司治理准则，至今经历2001和2006年的两次修订。在此期间，还专门发布了针对银行业和保险业的公司治理准则。《印度尼西亚的良好公司治理准则（2006）》的规范对象不仅仅为上市公司，其适用对象还包括国有企业、省及地区所有的公司、筹集并管理公众基金的公司以及对环境有重大影响的公司。准则建议上述类型的公司设立“提名与薪酬委员会”，以辅助董事会确定专员（commissioner）候选人选择标准以及制定薪酬系统；提案董事会专员的薪酬水平。委员会主席由独立的专员担任，其他成员由董事会专员以及或公司外部专业人士担任。准则要求公司在年报中披露薪酬委员会的人员、功能及工作机制、年度召开会议次数及会议出席情况、委员会的绩效评估机制和标准。

4.3.5　薪酬委员会在东亚家族治理模式下的角色解析

总体看来，处于新兴资本市场、股权集中的东亚家族控制型治理模式的国家，公司股权一般都集中在创业者家族手中，控股家族通常普遍地参与公司的经营管理和投资决策，公司的主要高级经营职位也主要由控股家族的成员担任，主要股东与经理层是合一的。这种公司治理模式下主要股东与经理层的利益是一致的，部分地消除了欧美公司由于所有权与经营权分离所产生的委托代理问题，因此并不十分强调薪酬委员会的独立性，而是更加注重要求薪酬委员会设计符合企业长远发展利益的诱因契约，以吸引、保留和激励公司董事实现管家身份、公司管理层实现成功管理。然而，这种公司治理模式普遍存在的问题是主控股股东和经理层侵害公司其他股东的利益，因此，薪酬委员会治理的核心应从协调管理层和股东之间的利益冲突转变为协调控股大股东与经理层和广大中小股东之间的利益冲突。

4.4　薪酬委员会在中国经济转型时期上市公司中的治理角色

我国现有公司治理模式的特点是，董事会与管理层的职能设置仿效了英美国家的模式，监事会的设立借鉴了德日的双层体制，公司治理结构采用“三会四层”，即股东会、监事会、董事会和经理层，并形成四个层级；公司治理机制采用“三权分立”制度，即决策权、监督权和经营管理权分属于股东会、监事会和董事会，通过权力的制衡，“三会”各司其职，又相互制约。在中国经济转型过程中，上市公司面临的外部环境不断变化，政府职能从全能型向有限型转变、会计准则不断修订、完善并与国际接轨、证券监管机构监管力度日益加大、股权分置改革后上市公司股份全流通使上市公司内部治理机制发生了深刻的变化。上市公司薪酬委员会的公司治理角色也正面临着新的挑战。

4.4.1 中国上市公司薪酬委员会相关规制

中国上市公司薪酬委员会制度始于21世纪初期。2001年8月，我国证监会发布了《关于在上市公司建立独立董事制度的指导意见》（以下称《指导意见》），其中第五条意见中表明，如果上市公司董事会下设薪酬、审计、提名等委员会的，独立董事应当在委员会成员中占有二分之一以上的比例。2002年，我国证监会和国家经贸委联合发布《上市公司治理准则》（证监字[2002] 1号）（以下称《准则》），建议上市公司可依股东大会决议，设置由独立董事占多数并担任召集人的审计、提名及薪酬委员会。我国《准则》规定薪酬与考核委员会的主要职责：（1）研究董事与经理人员考核的标准，进行考核并提出建议；（2）研究和审查董事、高级管理人员的薪酬政策与方案。具体条款包括：“上市公司应建立公正透明的董事、监事和经理人员的绩效评价标准和程序。”“董事和经理人员的绩效评价由董事会或其下设的薪酬与考核委员会负责组织。”“董事报酬的数额和方式由董事会提出方案报请股东大会决定。在董事会或薪酬与考核委员会对董事个人进行评价或讨论其报酬时，该董事应当回避。”“董事会、监事会应当向股东大会报告董事、监事履行职责的情况、绩效评价结果及其薪酬情况，并予以披露。”“上市公司应建立经理人员的薪酬与公司绩效和个人业绩相联系的激励机制，以吸引人才，保持经理人员的稳定。”“上市公司对经理人员的绩效评价应当成为确定经理人员薪酬以及其他激励方式的依据。”“经理人员的薪酬分配方案应获得董事会的批准，向股东大会说明，并予以披露。”

《准则》同样适用于国有资本控股和参股的上市公司。2002 年《准则》发布后，上海上市公司董事会秘书协会和国泰君安联合课题组拟订了《董事会专门委员会实施细则》。其中，《董事会薪酬与考核委员会实施细则指引》（以下称“薪酬委员会指引”）中规定：“薪酬与考核委员会成员由三至七名董事组成，独立董事占多数并担任召集人。”薪酬与考核委员会委员由董事长、二分之一以上独立董事或者全体董事的三分之一提名，并由董事会选举产生；第六条规定，薪酬与考核委员会设主任委员（召集人）一名，由独立董事委员担任，负责主持委员会工作；主任委员在委员内选举，并报请董事会批准产生；第八条规定，薪酬与考核委员会下设工作组，专门负责提供公司有关经营方面的资料及被考评人员的有关资料，负责筹备薪酬与考核委员会会议并执行薪酬与考核委员会的有关决议。

根据《公司法》（2006）的规定，我国“上市公司由非职工代表担任的董事、监事的薪酬由股东大会决定，而总经理、副总经理及财务负责人等的薪酬则由董事会决定”。“董事会对股东会负责，决定聘任或者解聘公司经理及其报酬事项，并根据经理的提名决定聘任或者解聘公司副经理、财务负责人及其报酬事项。”以上分析表明，我国上市公司董事会具有经理人薪酬的决定权，经理人薪酬的绩效考核、薪酬制定及设计由董事会薪酬委员会履行。

2006 年 9 月底国务院国资委正式颁布实施《国有控股上市公司（境内）实施股权激励试行办法》（以下简称《试行办法》），要求实施股权激励的国有控股上市公司应做到“公司治理结构规范，股东会、董事会、经理层组织健全，职责明确；外部董事（含独立董事）占董事会成员半数以上；薪酬委员会由外部董事构成，且薪酬委员会制度健全，议事规则完善，运行规范”。这意味着国有控股上市公司股权激励实施过程中，薪酬委员会担负着重要的职责：（1）薪酬委员会人员构成必须全部由外部董事构成；（2）股权激励计划必须由薪酬委员会提出，报董事会批准，并经股东大会审议通过后方可实施；（3）计划实施过程中，薪酬委员会需要审查、监督激励对象履行职责，并对其进行年度绩效考评。可以看出，我国国有控股上市公司薪酬委员会制度相对比较完善。

2011年12月，中国证监会发布了“关于就《公开发行证券的公司信息披露内容与格式准则第2号——年度报告的内容与格式（2011年修订）（征求意见稿）》公开征求意见的通知”（简称“通知”），要求上市公司年报就有关独立董事在专门委员会的职责履行情况进行披露①。该要求对于规范我国上市公司薪酬委员会运作具有重要意义。

4.4.2 中国经济转型时期上市公司薪酬委员会的利益协调角色

在我国特殊的二元制公司治理模式下，监事会在股东大会领导下，与董事会并列设置，代表股东会监督董事会和高级管理层履行职责的情况以及公司的财务状况和经营活动。监事会一般由股东监事代表、职工监事代表以及代表外部中小股东利益的独立监事组成。因而，从公司治理结构上看，监事会在我国上市公司经理人薪酬制定中拥有股东话语权。在我国上市公司监督、经营管理和决策“三权分立”状态下，薪酬委员会的利益协调角色尤为重要。

为适应中国经济发展与改革的需要，2006年，我国财政部发布了与国际财务报告准则趋同的新会计准则。新会计准则的实施不仅强化了对我国上市公司财务信息质量的约束，也对上市公司的治理和内控提出了新的要求。新准则体系所带来的很多理念和做法，如公允价值判断在一些准则中的推行提高了会计信息的相关性，能够更好地反映企业的实际价值，但同时也为上市公司利润操纵提供了空间。这对我国上市公司基于企业绩效指标，尤其是基

① “通知”第六节公司治理第二十七条指出：公司应在披露年度报告的同时单独披露报告期内每位独立董事履行职责的情况，包括但不限于：独立董事出席董事会的参会次数、参会方式，独立董事曾提出异议的有关事项的内容，独立董事的姓名及其独立意见；列席股东大会的次数；独立董事对公司有关建议是否被采纳的说明；提议召开董事会、提议聘用或解聘会计师事务所、独立聘请外部审计机构和咨询机构、进行现场了解和检查等的情况；独立董事到公司现场办公的情况；独立董事在公司董事会各专门委员会的工作情况；独立董事与公司董事、监事、高级管理人员、内审部门、会计师等的沟通情况。报告期内独立董事发表独立意见的时间、事项以及意见类型列表。

于企业财务指标进行经理人薪酬契约设计的薪酬委员会提出了更高的要求，需要薪酬委员会具备专业胜任能力从而能够意识到并且能够降低易受经理人盈余操纵影响的企业财务指标在经理人薪酬契约中的权重。

在我国后股权分置改革时期，上市公司股票已基本实现全流通，上市公司的股权结构趋于分散，使控股股东关注公司股票价格的市场表现，更多的维护上市公司利益，在一定程度上防止了中小股东的利益被大股东肆意侵占。但资本市场上的兼并、收购变得越来越容易，此时，公司的经理人可能会过分担心来自市场的威胁，有可能过分强调企业的短期业绩，而忽视企业的长远发展，导致经营者的短期行为，较少从事有利于企业长远发展的研发活动。这就需要上市公司薪酬委员会在薪酬契约设计中更多地考虑能够促进经理人从事有利于企业长远发展的业绩指标，以维护股东的长远利益。

后股权分置改革的国有控股上市公司中，国有股权虽然下降但仍有相当的控股或相对控股地位，政府国有资产管理和监督部门（国资委、财政部等）对企业经营者的任免及其薪酬的确定具有决定性的作用。由此，决定了国有企业中经营者并不是职业经理人，他们的经营决策大都取决于政府监督管理部门的政策目标，而不是股东价值最大化的企业经营目标。由此，我国国有控制上市公司薪酬委员会肩负着协调国家利益、股东利益与经理人利益的重要职责。

与国有控制上市公司普遍存在的“所有者角色缺位”现象相比，我国民营控股上市公司具有产权清晰、政府直接干预少等优势，股东监督和内部治理机制比较完善。然而，民营上市公司容易存在“一股独大”问题，若控股股东滥用多数股东表决支付经理人薪酬则有害于中小股东利益，公司的薪酬安排可能成为大股东攫取公司利益的工具。目前我国一些民营上市公司还存在公司治理结构约束与激励机制失衡、职业经理人不成熟甚至存在“道德缺陷”的问题①，若对职业经理人的激励工具运用不当，而会让职业经理人过度激进，叛离公司所有者的利益。我国民营上市公司家族控股比例较高，相

① 如2010年由股权激励引发的“黄、陈”国美控制权之争。

当一部分为绝对控股，家族成员担任公司的董事长、总经理的现象比较普遍，将这类上市公司经理人薪酬问题完全视为一个“公众公司”的经理人薪酬问题来理解是不恰当的，薪酬委员会更可能承担的角色是经理人薪酬管理以及协调控股股东与中小股东利益。

4.5 薪酬委员会在不同治理模式下的治理角色差异分析

外部监控型治理模式下，薪酬委员会是中小股东与经理人的利益协调者。由于股权分散和“内部人”控制问题，股东主要通过选任和监督独立董事来保证董事薪酬委员会的独立性，避免经理人薪酬受到“手臂长度”的干扰，并对薪酬委员会成员的职责、权力、有关薪酬委员会成员和运作的信息披露进行了较详细的规定，并为薪酬委员会提出了制定有利于企业长远发展的经理人薪酬政策标准。薪酬委员会的职责为合理设计经理薪酬合约，以实现经理人个人利益与公司目标之间的激励兼容。

采取内部监控型治理模式的国家中，薪酬委员会是上市公司经理人薪酬的监督控制者。在这类国家中，由于企业内部监督机制较强，经理人内部晋升激励机制比较完善，薪酬委员会的薪酬设计治理角色被弱化，薪酬委员会在经理人薪酬契约监督职能方面的作用大于薪酬契约设计职能。

东亚家族控制模式下，家族创业者或家族成员即为企业的经理人，因而这类企业并不是完全意义的现代企业。通常，家族类上市公司控股家族会利用控股权的优势给自己定薪酬，从而使得作为解决代理问题的监管替代机制的薪酬激励制度失效，甚至成为控股家族掠夺其他中小投资者利益的隐蔽手段。在这一模式下，薪酬委员会是防止家族内部人利益与广大中小投资者利益冲突的工具。

在我国转型经济时期，上市公司股权结构的特殊性决定了薪酬委员会承载着协调大股东与中小股东、国有控股股东与经理人、民营家族控股股东与经理人的利益协调职能。

薪酬委员会治理角色的差异主要体现在各国对上市公司薪酬委员会的治理原则中，由此，本节整理了各国上市公司对薪酬委员会的组成、职责、权力安排、职能目标及信息披露要求（见表4－1），以便我们更好地理解薪酬委员会在各国公司治理中的角色以及差异。

表4－1 上市公司薪酬委员治理角色国际比较

序号	规制＼国家		美国	英国	澳大利亚	德国	日本	韩国	马来西亚	新加坡	印度尼西亚	中国
(一)	组成及董事选任资格											
1	设立	强制	√	×	√	–	√	√	×	×	×	×
2	规模	至少3名董事	√	√	√	–	×	×	×	√	×	×
		3—5人	×	×	×	–	×	×	×	×	×	×
		3—7人	×	×	×	–	×	×	×	×	×	√
3	全部为独立非执行董事		√	×	√*	–	×	×	×	×	×	×
4	全部为外部董事		×	×	×	–	×	√	×	×	×	×
5	独立非执行董事占多数		×	√	×	–	×	×	√	√	×	×
6	独立董事占多数		×	×	√	–	×	×	×	×	×	√
7	外部董事占多数		×	×	×	–	√	×	×	×	×	×
8	主席	独立性	√	√	√	–	×	√	×	√	×	√
9	CEO	限制CEO加入	√	√	√	–	√	×	×	√	×	×
10	相关知识经验		√	√	×	–	×	×	√	√	×	×
(二)	职责											
1	制定考核标准		√	√	√	–	√	√	√	√	√	√
2	实施绩效评估		√	√	√	–	√	√	√	√	√	√
3	设计薪酬与激励机制并监督		√	√	√	–	√	√	√	√	√	√
4	设计养老金计划		√	√	√	–	×	×	×	×	×	×
5	设计离职补偿方案		×	×	√	–	√	×	×	×	×	×
6	编制薪酬委员会报告		√	×	×	–	×	×	×	×	√	×

续表

序号	国家 规制	美国	英国	澳大利亚	德国	日本	韩国	马来西亚	新加坡	印度尼西亚	中国
7	年度自我评估	√	×	×	-	×	×	×	×	√	×
(三)	权力										
1	董事薪酬提案权	×	√	√	-	√	√	√	√	√	×
2	CEO及高管薪酬提案权	√	√	√	-	√	√	√	√	√	√
3	薪酬方案核准权	×	√	×	-	√	√[b]	×	×	×	×
4	薪酬顾问聘用及留任权	√	×	×	-	×	×	×	√	×	√
(四)	薪酬政策制定原则										
1	吸引与保留人才	×	√	√	-	√	×	√	√	×	√
2	水平适度	√	√	√	-	√	√	×	√	√	√
3	结构合理	√	√	√	-	√	√	×	√	×	√
4	注重公司长远利益	×	√	√	-	×	×	×	√	×	×
5	考虑公司风险	×	√	×	-	×	×	×	√	×	×
(五)	年报信息披露内容										
1	参与该年度工作的成员姓名	√	√	√	-	×	√	×	√	√	√
2	薪酬顾问的聘用及与公司的关系	√	√	×	-	×	×	×	×	×	×
3	履职情况及会议	√	√	√	-	×	√	√	√	√	×
4	考核标准	√	√	×	-	×	√	×	×	√	×

注：日本《上市公司治理准则（2004）》、韩国《公司治理最佳实践准则（2003）》中使用“外部董事”一词。b表示在股东大会核准的数额范围内决定薪酬水平。比较内容为作者根据各国最新上市公司治理准则、上市标准及上市公司信息披露法规整理。√表示有相关规定；×表示没有对此项进行规定或限制；-表示无薪酬委员会的相关要求。

第5章

中国上市公司薪酬委员会组成与成员资格分析

一个有效的薪酬委员会不仅需要一个正确的组织结构（如推选独立董事为薪酬委员会主席，成员中独立董事占多数），因为结构只是助推器，它并不能保证薪酬委员会工作的有效，薪酬委员会作为决策制定团体，是薪酬委员会成员为这一结构带来了“一线生机”，因此，选择董事，选择正确的人是更重要的。在上市公司中，经理人薪酬是最重要的契约，薪酬委员会在其中发挥着重要的作用。Kesner（1988）、Bilimoria 和 Piderit（1994）以及 Vafeas（2000）发现薪酬委员会董事履行多样化职责并取得成功存在一些特定的特征：性别、年龄、职业背景、董事会任期、董事类型、董事会的内部活动和外部活动。这些特征着重强调薪酬委员会的多重公司治理任务，包括内部政策框架、控制的议程以及对外关系的处理。研究表明，薪酬委员会中的外部董事居多（Kesner，1988；Bilimoria 和 Piderit，1994；Vafeas，2000）、有商业职业背景的董事较多（Kesner，1988；Bilimoria 和 Piderit，1994），薪酬委员会中大都是经验丰富、任期较长的董事（Kesner，1988；Bilimoria 和 Piderit，1994；Vafeas，2000），并且具有多家其他公司董事兼职经验（Bilimoria 和 Piderit，1994；Vafeas，2000）。对于薪酬委员会董事的特征，已有研究并未得到一致结论。Kesner（1988）观测到薪酬委员会中男性董事与女性董事比例不存在显著差异；女性董事大都来自企业外的组织，不具有商业经验、董事任期较短（Kesner，1988）。而 Bilimoria 与 Piderit（1994）却发现薪酬委员会更倾向于选择男性董事，但他们并未发现薪酬委员会在选择经验类似的董事上会考虑性别的差异。此外，Vafeas（2000）表明，薪酬委员会任职的可能性还与董事年龄、拥有其他公司的委员会职务有关，持有公司权益最高的内部董事的进入薪酬委员会的可能性较大，薪酬委员会成员大都是拥有良好的声誉资本的经验丰富的独立董事。现有文献虽然较全面地从薪酬委员会的董事类型、职业、任期、性别和内外部活动等方面考察了薪酬委员会成员的特征，但鲜有研究探究薪酬委员会成员的教育水平特征是否是薪酬委员会成员的决定因素之一。而且，已有薪酬委员会成员及构成特征的结论是混合的，尚缺少盎格鲁-撒克逊经济体之外的证据，这为薪酬委员会的设立及构成目的是保护股东利益提供了微弱的证据。由此，本文基于上述研究，对中国上市公司薪酬委员会成员特征及资格进行了考察，目的是探究我国上市公司薪酬委员会在结构及人员上的有效性。

从既有研究看，国际主流文献大多都基于这样一种假定，那就是：在构筑分析薪酬委员会与代理成本之间关系的理论框架、进而提出明确的研究假设过程中，认定公司的所有权和控制权是高度分散的，或者说，其用以分析薪酬委员会有效性的理论基础仍是奠基于传统公司治理理论的产权分析框架(吴清华，2007)。但是我国的上市公司整体上并不符合 Berle 和 Means (1932) 所描述的股权分散特征，而是普遍存在着股权结构高度集中的控股大股东、且是政府控制的典型特征，导致我国上市公司代理问题的产生与解决并非传统公司治理模式下那么简单。控股大股东的存在使得管理当局与全体股东的代理冲突进一步演化出大股东与中小股东的代理冲突，从而共同导致代理关系与代理成本的产生与变化。为此从上市公司控制人性质角度去分析我国上市公司的特殊代理关系与代理问题进而分析不同控制权特征下的薪酬委员会所表现出的成员特征与资格将是一种合理的思路。由此本文对我国上市公司薪酬委员会组成特征与成员资格问题从股权集中和政府控制两个视角，采用多元 Logistic 回归分析方法考察了中国上市公司薪酬委员会成员资格特征，包括董事类型、性别、职业、任期、持股和内、外部活动以及董事的教育水平与非成员是否具有显著差异，并检验了薪酬委员会董事任职资格的交互特征。在现有上市公司监管部门并未对薪酬委员会成员资格做出具体要求的情况下，本文的研究有助于探究现有中国上市公司对薪酬委员会成员任职资格的内源性需求特征，验证我国上市公司薪酬委员会成员构成与股东利益的融合性与合理性。

5.1　理论分析与假设提出

根据 Jensen 和 Meckling（1990）的观点，薪酬委员会成员具有与经理人薪酬决策的相关知识，经理人薪酬决策权或建议权才会转移到薪酬委员会这一组织结构中，而向有与决策相关知识和能力的人分配决策权会增加效率，并可以解决组织中权力的分配和控制问题。董事对经理人薪酬制定政策和公司所在的行业有深入的了解才能够使薪酬委员会更有效。

5.1.1　中国上市公司董事类型与成为薪酬委员会成员的可能性分析

董事类型是研究者考察的较普遍的组成特征。董事类型的资格代表董事会成员与管理层的关联关系。董事通常分为两类：内部董事和外部董事。内部董事是指高管团队成员（Bilimoria 和 Piderit，1994）。他们对公司的日常运营非常熟悉，并以他们在公司运营方面的知识为 CEO 提供策略支持与咨询建议。此外，内部董事还为外部董事提供信息服务以使他们能够对 CEO 进行其他基于绩效的监督（Kesner，1988；Worthy 和 Neuschel，1984）。在英美国家，薪酬委员会成员往往限制为外部董事和不在薪酬计划内的内部董事，其主要的作用是监督和评价内部董事的表现和决定内部董事的薪酬（Jensen 和 Smith，1985）。外部董事是不在公司高管层或非高管的亲属的董事会成员（Bilimoria 和 Piderit，1994）。这类董事会给公司带来了外界有关公司治理和控制的观点。他们的独立性为薪酬委员会决策提供了合规性，他们与从事日常运营的管理层的距离使外部董事对管理层的监督更为客观。外部董事能够确保适当地对利益相关者的关注，为 CEO 提供独立的咨询建议，并且通过经验和与其他公司及行业的接触提高了董事会专业性和资源（Lorsch，1989；Louden，1982；Mace，1971；Pfeffer 和 Salancik，1978；Waldo，1985；Worthy 和 Neuschel，1984）。考虑到这些重要的职能，一些监管机构和交易所（如美国的 SEC，NYSE，我国的证监会）都制定上市规则或准则以规定某些特定的董事会委员会要有一定比例的外部董事。考察薪酬委员会内、外部董事比例的缘由是，尽管董事会可以预期企业的经理人可以提供专业知识和经验，然而，经理人有可能是有意或无意地排除关键信息。在一种情况中，经理人由于要受到基于公司整体表现的评估，他们可能会试图呈现最好的一面，掩饰消极方面，并给予外部董事一种假象。另一种情况下，经理人可能会歪曲他们的公司表现，仅仅是因为外部董事们无法充分了解该公司的每一个领域的某些方面。在这种情况下，内部董事可以帮助确保所呈现信息和服务的准确性，并作为经理人和董事会其他成员之间一个重要的沟通通道。相比之下，对外部董事的重视是因为他们具有更宽广的经验和知识，他们与公司外界的接触，以及他们独立于经理人和其他高层管理人员。外部董事通常会带来更广泛的经验，因为他们接触不同的企业和行业，与其他公司的管理团队存在互动（Mace，1971；Vance，1983；Waldo，1985；Williams 和 Shapiro，1979），从而制定更加合理和具有竞争性的薪酬计划。此外，由于外部董事具有相对较高的独立性，其能够比内部董事更好地保持适当的制衡（Anshen，1980；Mace，1971；Vance，1983；Waldo，1985；Williams 和 Shapiro，1979）。如果薪酬委员会仅由少部分外部董事构成则可能会对股东不利，相反，不足的内部董事代表则可能会影响管理层代表作用的发挥（Kesner，1988）。

研究者们往往认为，控制显得尤为重要的原因有两个：在大多数大型企业中，总经理也是董事会主席（Berg 和 Smith，1978；Heidrick&Struggles，Inc.，1986；National Association of Corporate Directors，1982），并且，内部董事每天在为总经理工作（Securities and Exchange Commission，1980；Williams 和 Shapiro，1979）。这两点导致许多评论家认为大多数董事会存在利益冲突（Fortune，1984；Williams 和 Shapiro，1979）。问题经常出现于内部董事，尤其是总经理是否可以适当地履行其监督高层管理人员的表现的职能，因为他们监督的正是他们自己。这一点也凸显出为什么薪酬委员会的组成是一个关键的问题。如果薪酬委员会中有许多内部董事，这可能会导致设置高管补偿的董事会成员方面的独立性问题。

因此，世界各国的上市公司监管机构——美国证券交易委员会（SEC），纽约证券交易所（NYSE），美国证券交易所（ASE），全国证券交易商协会（NASD）和 NACD——为薪酬委员会的组成问题提供具体的指导方针。例如，NYSE 要求，所有在交易所上市的公司有一个完全由独立的，外部的成员组成的薪酬委员会。我国《上市公司治理准则》也保持了类似的立场。根据这些建议，董事的类型可能影响薪酬委员会的成员资格。由此，本文提出如下假设：

假设 1：外部董事有较大可能成为薪酬委员会成员。

5.1.2　中国上市公司董事性别与成为薪酬委员会成员的可能性分析

近年来，对女性董事会成员的研究逐渐增多（Stultz，1979；Schwartz，1980；Elgart，1983；Harrigan，1981；Carter 等，2003；Zelechowski 和 Bilimoria，2004；Farrell 和 Hersch，2005；Jurkus，Park 和 Woodward，2008；Adams 和 Ferreira，2009；Nielsen 和 Huse，2010；Ahern 和 Dittmar，2011；刘绪光和李维安，2010；况学文和陈俊，2011；祝继高等，2012）。我国上市公司女性董事在增加（张娜和关忠良，2010）。女性董事增加是女性的角色在转型为高管的信号，但一些人则并不乐观，指出尽管女性董事的数量增加了，但整体比重仍然很低且增长缓慢（张娜和关忠良，2010）。2007—2009 年度，我国上市公司中平均有 37.98% 的公司董事会中没有女性成员；尽管有 62.02% 的公司董事会中拥有女性董事，但女性董事的数量较少，54.92% 的董事会中只有一名或两名女性董事，只有 7.10% 的公司董事会中有 3 名以上的女性成员（张娜和关忠良，2010）。根据张娜和关忠良（2010）的数据，与女性董事比例相比，女性独立董事、女性监事的比例要高一些，且女性监事比例已超过了 15%，但监事会在我国上市公司治理中的作用甚微，说明女性董事在很多企业中只不过是形式而已。此外，女性董事长的比例也是非常低的，平均只有 4.04%，说明“玻璃天花板”效应在我国上市公司中较为显著，女性进入高层决策、管理部门的难度仍然较大。对女性进入董事会下设各委员会情况的调查显示，2008 年，与女性董事所占席位比例这一总体指标相比，女性在提名或治理委员会所占比例为略高一些，为 15.6%。同年，她们在审计委员会比例为 12.6%，在薪酬委员会的比例最低，为 11%（高玥和张晓明，2011）。Bilimoria 与 Piderit（1994）发现薪酬委员会更倾向于选择男性董事。根据以上分析，本文提出假设以检验中国上市公司薪酬委员会装点门面的这种类型是否存在：

假设 2：中国上市公司中，男性董事比女性董事更有可能成为薪酬委员会成员。

尽管假设 2 为检验女性在公司治理中的角色提供了一种方式，然而，该结论需要小心地进行解释。预测方向的差异可能导致女性董事不会被给予与男性相同的职责与义务。然而这种结论的得出还为时尚早。因为这可能是女性董事与男性董事不同类型、任职期间和职业的差异所致，而不是性别导致的，这将使主要专门委员会成员的女性比例较低。我们可以推测，因为妇女往往集中在企业金字塔的下半部分，很少有女性在他们的组织中作为内部董事服务资格上升得很高。Harrigan（1981）发现，女性与总经理的比例与一家公司至少选出一名女董事的概率正相关，这支持了上述观点。因此，考虑性别和董事类型之间的关系是很重要的：

假设 3：中国上市公司中，男性董事比女性董事更有可能成为薪酬委员会内部董事。

根据 Harrigan（1981），在 20 世纪 70 年代后期妇女赢得的美国公司的行政职务相对较少，因此，男性董事通常来自法律、教育、非营利性组织，而不是从企业的行列内。Stultz 表示同意，他指出“不像男性董事，女性的职业生涯更加多样化和较少具有商业导向”（1979），最近人才管理解决方案全球供应商光辉国际（Korn/Ferry International，2012）① 的报告支持上述两位

① 见 http：//www. kornferryinstitute. com/about_ us/thought_ leadership_ library/publication/3188/diversity_ scorecard。

作者的立场，报告指出，女董事更可能拥有法律或会计教育背景，更可能在公共部门或非营利机构工作。Kesner（1988）观测到，女性董事大都来自企业外的组织，较少有商业经验。由此，本文提出如下假设：

假设4：在同样具有商业背景的董事中，男性董事比女性董事更有可能成为薪酬委员会成员。

5.1.3　中国上市公司董事年龄与成为薪酬委员会成员的可能性分析

年龄特征反映了董事的总体商业经验，成熟度和背景。随着年龄的增长，董事有更多的机会来运用和强化他们的治理技能。较年长的董事对核心治理问题的授信协同解决更具有吸引力，他们的年龄就是在指导商业的总体经验和成熟度方面的证据。随着董事年龄的增长，他们积累更多的经验和对运营环境变得更加了如指掌，从而更能够制定商业决策，如确定高管薪酬。因此，董事担任薪酬委员会的可能性随着董事的年龄上升。此外，董事的年龄可能与董事类型、任期、董事外部活动有关联，因此，年龄是测量薪酬委员会成员的其他董事属性边际效应的一个重要控制变量。由此，本文提出如下假设：

假设5：中国上市公司中，年龄越大的董事越有可能成为薪酬委员会成员。

在尊老尚老的东方文化中，人们一般认为年龄较长的人经验较为丰富。上市公司中，年龄较长的内部董事通常地位较高，具有更多的决策经验，尤其参与经理人薪酬制定更容易获得董事会的信赖，由此，本文提出如下假设：

假设6：中国上市公司中，年龄越大的内部董事越有可能成为薪酬委员会内部董事。

5.1.4　中国上市公司董事教育水平与成为薪酬委员会成员的可能性分析

从已有的研究成果可以看出，教育水平与个人能力与价值观是相关的，进而与薪酬政策的偏好与政策的执行密切相关。董事多年的较高的教育水平可能表明其具有与战略决策相匹配的知识，这可能会影响其潜在的做出贡献的能力。较高的教育水平表明其有较强的学习和适应变化的能力，使得董事能够在变化激烈、复杂的环境中保持清晰的思路，有能力进行准确定位，快速做出适合企业自身的薪酬政策。同时由于正确的薪酬政策有赖于董事对前期信息的处理过程，需要个体具有必要的机会识别和认知能力，这与董事所接受的教育和学习锻炼密不可分。基于以上认知本文提出如下假设：

假设7：教育水平越高的董事越有可能成为薪酬委员会成员。

魏刚等（2007）在2002年关于我国独立董事个人背景的研究显示，27%的独立董事具有博士学位，28%的具有硕士学位，41%的获得了学士学位，4%为本科水平以下。2013年的一项研究表明，我国上市公司25.59%的独立董事获得学士学位，26.07%获得硕士学位，45.02%获得博士及以上级学历，本科以下学历的独立董事仅占3.32%（李婧茹，2013）。可以看出，近几年我国独立董事的教育背景较2002年有了一定程度的提高。整体来看，我国独立董事整体的教育程度比较高，拥有良好的教育背景。综合上述分析，本文提出如下假设：

假设8：教育水平越高的外部董事越有可能成为薪酬委员会外部董事。

5.1.5 中国上市公司董事职业与成为薪酬委员会成员的可能性分析

薪酬委员会董事特征调查的重要方面往往是职业（Bacon 和 Brown，1973；Heidrick & Struggles，Inc.，1981；Korn/Ferry International，1983；Vance，1983；Kesner，1988；Bilimoria 和 Piderit，1994；Vafeas，2000）。海德思哲国际咨询公司（Heidrick & Struggles，Inc.，1981）发现，对美国1，300家最大公司的一项调查显示，大多数董事过去曾是企业高管（64.9%）。在余下的职业中，6.0%的董事是律师，8.9%是教师或教育管理者，4.5%为顾问。该报告与其他一些研究表明的董事会倾向于选择有商业经验的人选作为董事的结果是一致的（Bacon 和 Brown，1973；Korn/Ferry International，1987；Vance，1983）。此外，职业可能对薪酬委员会成员的资格有更大的影响力，例如，薪酬委员会的服务可能需要董事有更丰富的商业工作、理念和实践经验。基于上述分析，提出如下假设：

假设9：有商业高管经历的董事更有可能成为薪酬委员会成员。

外部董事通常会带来更广泛的经验，因为他们接触不同的企业和行业，与其他公司的管理团队存在互动（Mace，1971；Vance，1983；Waldo，1985；Williams 和 Shapiro，1979），从而制定更加合理和具有竞争性的薪酬计划。由此，本文提出如下假设：

假设10：有商业高管经历的外部董事更有可能成为薪酬委员会外部董事。

5.1.6 中国上市公司董事任期与成为薪酬委员会成员的可能性分析

另一个可以区分薪酬委员会成员与非成员的重要特征为董事任期，也是指董事曾在董事会任职的时间长度。先前的研究认为，董事至少需要三到五年的时间充分了解企业以及其运作方式（Bacon 和 Brown，1973），许多人则认为更透彻的了解需要更长的时间。如果董事任期是一个重要因素，它在委员会任务分配中更重要，其中解决公司问题的丰富经验很可能是一个非常有价值的特性。董事的任期资格反映了董事对公司的特定知识和经验。随着董事会成长，董事更有能力应对公司的特定治理及运营问题（Kesner，1988）。有丰富董事会任职经验的董事还在与经营团队打交道方面更有经验，由此有充分的准备应对监督职责的履行和公司战略的指导。由此，提出如下假设：

假设11：任期越长的董事越有可能成为薪酬委员会成员。

在我国，外部董事的任期受到相关法规的限制。如证监会在2001年《关于在上市公司建立独立董事制度的指导意见》中对独立董事任期规定："独立董事每届任期与该上市公司其他董事任期相同，任期届满，连选可以连任，但是连任时间不得超过六年。"因而，内部董事在董事会的任职时间越长，对薪酬委员会带来的经验越多，越有利于薪酬委员会履行职责。由此，本文提出如下假设：

假设12：任期越长的内部董事越有可能成为薪酬委员会内部董事。

5.1.7 中国上市公司董事持股与成为薪酬委员会成员的可能性分析

成为薪酬委员会成员的另一个决定因素是董事在公司的股权投资。随着董事股东权益的增加，他们会变得倾向于保护股东权益（Jensen 和 Meckling，1976）。已经有实证研究支持该论点。Elson（1993）记录了薪酬委员会成员拥有较多的公司权益的公司较不易过度给付高管薪酬。Vafeas（2000）也表明拥有较多公司股份的内部董事更易成为薪酬委员会成员。由此，本文提出如下假设：

假设 13：持股越多的董事越有可能成为薪酬委员会成员

5.1.8 中国上市公司董事内部活动与成为薪酬委员会成员的可能性分析

在多个董事会委员会任职的董事有更多的机会了解公司的具体问题和策略，有更多的机会在董事会内部关系网络中获得信息，有更多机会在多元任务中发挥重要作用。多重委员会成员身份也表明董事有能力与其他委员会有效地合作，因为只有能够有效地进行人际沟通的人，才有可能被任命到若干个委员会。因此，多重委员会身份意味着能够有效处理多元任务和责任的能力，以及在多元任务中构建稳固工作关系的能力（Bilimoria 和 Piderit，1994）。基于上述分析，本文提出如下假设：

假设 14：委员会成员身份越多的董事越有可能成为薪酬委员会成员。

5.1.9 中国上市公司董事外部活动与成为薪酬委员会成员的可能性分析

在其他公司董事会任职的董事提供了与公司和行业相关的视角，这种视角是通过与若干个管理团队的沟通获得。董事外部领域的中心可以通过董事任职的公司和机构的数量来反映。在几个董事会任职的董事在较大的商业和社会组织中是有影响力的。另外，连锁董事为董事会提供资源和声誉，并且为组织业绩提供贡献，因此有外部关系的董事为有效的公司环境关系治理提供了重要的补充。根据上述分析，本文提出如下假设：

假设 15：在公司外部兼职董事越多的董事越有可能成为薪酬委员会

成员。

5.2　样本选择与研究设计

5.2.1　样本选取与数据来源

本文从国泰安“中国上市公司治理结构”数据库获得2011年我国上市公司薪酬委员会成员的相关数据，为了确保信息的准确性，作者通过“百度”搜索2011年上市公司董事会公告及独立董事履职报告等信息渠道对薪酬委员会规模及人员进行了手工核对。2011年沪深两市共披露1946家A股上市公司的薪酬委员会。其中，剔除非正常上市公司94家，删除董事、高管简历信息缺失的公司167家，删除有董事年龄缺失的公司16家，删除有董事学历信息缺失的公司986家，删除董事任期不全的公司330家，删除企业实际控制人缺失的公司9家，删除薪酬委员会成员经手工核对后信息披露不全的公司41家，最后获得606家A股上市公司的5，204名薪酬委员会董事作为研究样本。样本筛选过程列示于表5－1。

表5－1　研究样本筛选过程汇总表

2011年A股披露薪酬委员会成员的上市公司总数		1946
减	非正常上市公司	(96)
	董事、高管简历信息缺失的公司	(167)
	董事年龄缺失的公司	(16)
	董事学历信息缺失的公司	(986)
	董事任期不全的公司	(330)
	企业实际控制人信息缺失的公司	(9)
	薪酬委员会成员信息披露不全的公司	(41)
最后纳入分析的样本		606

5.2.2 变量操作性定义

根据 Kesner（1988）、Bilimoria 和 Piderit（1994）以及 Vafeas（2000）的研究，本文将变量定义如下：

（1）被解释变量

1）薪酬委员会董事（RCMember）：二值变量，薪酬委员会成员取值为1，否则为0。

2）薪酬委员会外部董事（OutsiderInCC）：二值变量，外部董事包括独立董事与外部非执行董事。属于薪酬委员会外部董事取值为1，否则为0。

3）薪酬委员会内部董事（InsiderInCC）：二值变量，指兼任高管团队的公司董事会成员，属于薪酬委员会内部董事取值为1，否则为0。

（2）解释变量

1）董事类型（Outsider）：二值变量，1 代表外部董事，0 代表内部董事，其中，外部董事包括独立董事与外部非执行董事。

2）董事任期（DirTenure）：董事在本公司董事会任职的年数。

3）董事年龄（LnAge）：以年为单位，取年龄的自然对数。

4）董事教育水平（Edu）：1 为中专，2 为大专，3 为本科，4 为硕士，5 为博士。运算中，每一教育水平均转化为虚拟变量。

5）董事持股（Sharehold）：为董事持自然对数，其中，Ownership 为薪酬委员会董事持公司发行在外的流通股股份数。

6）董事在董事会的内部活动（SqInnerAc）：为避免多重共线性，以董事在本公司薪酬委员会之外任职的专门委员会个数除以公司设立的专门委员会个数之后开根号得出。

7）董事在董事会的外部活动（DirPartTimeNo）：董事在其他公司兼职董事的数量。具体分薪酬委员会内部董事在其他公司兼职董事的数量（InsiderDirPartTimeNo）和薪酬委员会外部董事在其他公司兼职董事的数量（OutsiderDirPartTimeNo）。

8）董事性别（Sex）：薪酬委员会中男性董事 Sex 取值为1，女性董事

Sex 取值为 0。具体又分为 SexTenure、SexBusBG、SexInnerAc、SexDirPartTime、SexOwnership 五个性别与董事任期、职业背景、内部活动、外部活动及持股的交互项。

9）董事的商业背景（BusBG）：依据 Brickley、Coles 和 Terry（1994）、谭劲松（2003）、魏刚等（2007）以及周繁（2010）对董事职业背景的分类，本文将有实业公司和金融机构的经理、行长和董事长职业经历作为商业背景，有相关经历的董事 BusBG 取值为 1，否则为 0。

5.2.3 模型设计

本文使用线性 Logistic 回归模型考察中国上市公司董事会成员成为薪酬委员会成员的可能性。Logistic 模型适用于本研究的原因在于，其因变量为二值变量，变量的取值只有两个状况，是或否，允许我们估计董事会成员的某些特征是否是薪酬委员会成员的特征。并且，Logistic 回归模型允许自变量可以为分类变量，也可以为连续变量，这使我们可以考虑不同类型的变量。此外，logistic 回归采用的是最大似然估计，需要较多的样本量，本研究的样本量较大，能够符合 Logistic 回归的样本量要求。最后，使用 Logistic 回归模型使我们能够控制董事的特征和测试性别偏见效果的增量影响。基于如上考虑，本文将模型设定如下：

$$\text{Log}(p \mid (1-p)) = \beta_0 + \beta_1 X_2 + \cdots + \beta_k X_k + \varepsilon \qquad (1)$$

模型（5.1）中，P 代表董事成为薪酬委员会成员的可能性。X_1 到 X_k 为董事会成员的 K 个特征。ε 为模型的误差项。回归前，本文查看了每个连续自变量的正态性，对不符合正态性的连续变量进行了正态性转化。此外，在回归后，我们对回归模型进行了 linktest 检定，确保模型无设定误差（specification error）。

5.3 实证结果分析

5.3.1 描述性统计

本文采用Stata12.0统计软件进行数据分析。本部分运用多元Hotelling's T2检验和单变量F统计量检验依薪酬委员会董事性别对董事的特征进行差异分析。Hotelling's多元T2统计量是多元方差分析（MANOVA）中运用的最简单的统计量，它是单变量t检验的更一般化的形式，用来同时检验组间几个自变量的差异（Stevens，1986）。运用多元T2检验是因为所考察的董事特征在理论上相互关联。与T2统计量相关联的F值的显著性水平表明组间所有变量同时存在差异。尽管经观察，几个特征变量的数据偏离正态形式，但这并不对本研究构成威胁，因为Hotelling's T2统计量在数据偏离的情形下是稳健的（Harris，1985；Olson，1974；Steven，1986）。再者，因为数据不满足协方差矩阵的同质性，本文检验了相对组的样本量和期望的显著性水平以确定是否需要进行方差稳定性调整。

表5-2 变量的描述性统计

变量	均值	标准差	中位数	最小值	最大值
Sex	0.856	0.351	1.000	0.00	1.00
Age	50.939	8.966	49.00	26.00	78.00
Edu	3.822	0.936	4.00	1.00	5.00
DirTenure	3.467	2.297	3.090	0.00	13.947
BusBG	0.398	0.490	0.00	0.000	1.00
RCIND	0.627	0.139	0.667	0.000	1.000
CommNo	2.475	0.892	2.000	1.000	5.000

续表

变量	均值	标准差	中位数	最小值	最大值
DirPartTime	1.200	2.296	0.000	0.000	38.000
Sharehold	3，114，419.46	16，784，801.13	0.000	0.000	282，100，000

表 5 - 2 显示了 606 家样本公司中 5，204 位董事特征的描述统计结果。董事的平均年龄为 50 岁，年龄跨度较大，最大相差 54 岁，说明薪酬委员会成员年龄比较多样化。薪酬委员会独立董事比例的均值为 0.627，最大值为 1，最小值为 0，表明我国薪酬委员会中独立董事的比例还有提升空间，企业之间相差较为悬殊，说明我国上市公司对薪酬委员会在各个企业中存在很大的异质性。

薪酬委员会董事在其他公司兼职董事家数的均值为 1.21，最大值和最小值相差 38①，一方面说明上市公司一些董事身兼多职，情况参差不齐，表明薪酬委员会董事较高的职业声望，另一方面也体现出个别薪酬委员会董事可能会因过于忙碌而无法有效履行职责。薪酬委员会董事持股数量的均值为 3，114，419.464 股，持股最多和最少的董事相差 282，100，000，董事持股数量差别较大，持股数量中位数为 0，表明大多数薪酬委员会董事未持有公司股票。

（1）中国上市公司薪酬委员会董事性别特征分析

从表 5 - 3 可以看出，606 家上市公司的 2，104 名薪酬委员会董事中，女性董事占 14.35%，男性董事占 85.65%，薪酬委员会中男性董事比女性董事高出 71.3 个百分点。男性董事的年龄、学历、任期、商业背景、董事会内部的活动、在其他公司兼职董事的职位数量以及持股数都显著高于女性董事。

① 董事兼职家数数据来源于国泰安“上市公司治理结构数据库”，作者对董事兼职家数较多的董事手工查找了上市公司年报进行了核对。

表 5-3 薪酬委员会董事性别特征分析

变量		女性董事（Sex=0）		男性董事（Sex=1）		T—检验
		N	均值	*N*	均值	T 值（P-值）
Age		302	48.609	1，802	51.329	-4.9054 (0.0000)
Edu	1	3	3.682	9	3.845	-2.8064 (0.0025)
	2	29		121		
	3	91		529		
	4	117		624		
	5	62		519		
		302		1802		
DirTenure			3.078		3.532	-3.1901 (0.0007)
BusBG		90	0.298	748	0.415	-3.8581 (0.0001)
RCIND			0.632		0.627	0.6194 0.2679
CommNo			2.344		2.497	-2.7507 (0.0030)
DirPartTimeNo			0.897		1.250	-2.4751 (0.0067)
Sharehold			1.1e+06		3.4e+06	-2.2354 (0.0127)

(2) 中国上市公司薪酬委员会独立性分析

本部分分析了薪酬委员会独立董事数量在绝对数和相对数上的分布特征。如表 5-3 所示，在 606 家样本公司中，超过 90% 的公司薪酬委员会有两个以上的独立董事，其中薪酬委员会含有 2 个独立董事的公司占 68%。除了有 37 家公司的薪酬委员会独立董事比例超过 75%，其余公司的薪酬委员会独立董事大部分在 50% 至 75% 之间，说明大部分上市公司都能符合我国《上市公司治理准则》（2001）的要求，组建了独立董事占多数的薪酬委员会。另一方面，薪酬委员会独立董事人数基本都在2—5人，基本上满足了准则对薪酬委员会独立董事人数的规定。在606个公司中，薪酬委员会主席由独立董事担任的有586家，占96.7%。说明薪酬委员会独立性较强。

表5-4　薪酬委员会独立董事分布

薪酬委员会独立董事数量			薪酬委员会独立董事比例		
独立董事人数	公司家数	公司比例	独立董事比例	公司家数	公司比例
0	1	0.17	0%—25%	8	1.32
1	54	8.91	25%—50%	79	13.04
2	414	68.32	50%—75%	482	79.54
3	122	20.13	75%—100%	37	6.10
4	12	1.98			
5	3	0.50			
总计	606	100.00	总计	606	100.00

表5-4列示了样本公司经理人是否是薪酬委员会成员的情况。薪酬委员会在上市公司中的设立，就是为了防止自利的经理人以“手臂的长度”参与自身薪酬的制定。然而，这些数据表明，目前我国上市公司薪酬委员会存在经理人自定薪酬的情形，这类公司比重大约为27%。薪酬委员会独立董事比例在25%—50%这组中，经理人是薪酬委员会成员的公司比重较经理人不是薪酬委员会成员的公司比重高出6.24个百分点，薪酬委员会没有经理人参与且薪酬委员会独立董事比例占50%—75%的公司比经理人在薪酬委员会情形下的公司高出2.69个百分点，薪酬委员会独立董事比例在75%—100%水平的一组，经理人不是薪酬委员会成员的公司比重高出经理人是薪酬委员会成员的公司比重5.06个百分点。上述数据表明，经理人不是薪酬委员会成员的情形下，薪酬委员会独立董事比例高的公司较多。

（3）依实际控制人性质分组的中国上市公司薪酬委员会董事特征分析

通过按实际控制人性质将上市公司分为国有控制上市公司与非国有控制上市公司薪酬委员会董事特征的分组考察得知（见表5-5），国有控制上市公司薪酬委员会中男性董事较多，董事的年龄和教育程度显著较高，任期较长且大都具有商业背景，表明国有控股上市公司薪酬委员会董事任职资格较高，经验丰富。

表5-5 经理人是否是薪酬委员会成员

经理人是薪酬委员会成员			经理人不是薪酬委员会成员		
独立董事比例	公司家数	公司比例	独立董事比例	公司家数	公司比例
0%—25%	4	2.42	0%—25%	4	0.91
25%—50%	29	17.58	25%—50%	50	11.34
50%—75%	128	77.58	50%—75%	354	80.27
75%—100%	4	2.42	75%—100%	33	7.48
总计	165	100.00	总计	441	100.00

这可能与近年来我国国有资产监督管理部门出台的一系列法律法规对国有控股上市公司董事要求较高有关。例如，《关于规范国有控股上市公司实施股权激励有关问题的补充通知（征求意见稿）》（2006）中第一条意见要求“上市公司在达到……薪酬委员会全部由外部董事组成的要求之后，还应优化董事会的结构，健全通过股东大会选举和更换董事的制度，按专业化、职业化、市场化的原则确定董事会成员人选”。《董事会试点中央企业董事会规范运作暂行办法》（2009）中第二十六条规定“各董事应当具有不同业务专长和经验。公司大部分外部董事应当具有大企业经营管理决策的经历和经验；至少1名外部董事具有企业财务负责人的工作经历或者是企业财务会计方面的专家；至少1名外部董事具有企业高级管理人员的选聘、业绩考核和薪酬管理经验”。因而，本文认为国有控股上市公司董事会制度的完善是国有控股上市公司薪酬委员会董事任职水平较高、任职经验丰富的主要原因。

非国有控制上市公司薪酬委员会的董事比国有控制上市公司薪酬委员会董事有更多其他公司的董事兼职职务，董事持股比例也较大。原因可能在于非国有控制上市公司特别是家族企业中，董事来自家族成员，因而大多持有公司股份。且非国有上市公司大多以奖励等形式向高管人员发行股份，使其个人收益与公司收益挂钩，借以吸引人才，稳定管理团队，调动董事积极性，促进董事与企业利益一致性。因此，在非国有企业中董事持股现象显著高于国有企业。

（4）依股权集中度分组的中国上市公司薪酬委员会董事特征分析

在我国当前公司治理框架下，股权结构的安排是决定公司治理效率、影响公司绩效的主要因素之一。因此，本文按照股权集中度的25分位点，把样本分为股权集中度低、中和高三大类，分组考察了上市公司薪酬委员会的董事特征。

表5-6　实际控制人性质与薪酬委员会董事特征

变量	非国有控股（SOEs=0）			国有控股（SOEs=1）			T—检验	Wilcoxon-Mann-Whitney 秩和检验
	标准差	均值	中位数	标准差	均值	中位数	T值（P-值）	Z值（P-值）
Sex	0.37	0.84	1.00	0.32	0.88	1.00	-3.03（0.001）	1.20（0.232）
Age	9.19	50.14	48.00	8.55	52.00	50.00	-4.73（0.000）	-5.43（0.000）
Edu	0.97	3.74	4.00	0.87	3.93	4.00	-4.51（0.000）	-4.15（0.000）
DirTenure	1.97	3.20	2.71	2.63	3.83	3.47	-6.29（0.000）	-4.76（0.000）
BusBG	0.49	0.39	0.00	0.49	0.41	0.00	-0.62（0.266）	-0.62（0.532）
Outsider	0.48	0.65	1.00	0.47	0.66	1.00	-0.65（0.257）	-0.65（0.513）
CommNo	0.89	2.47	2.00	0.91	2.49	2.00	-0.45（0.326）	-0.37（0.711）
DirPartTimeNo	2.49	1.30	0.00	2.00	1.06	0.00	2.41（0.008）	1.86（0.064）
Sharehold	2.2e+07	5.4e+06	0.00	6.4e+05	5.0e+04	0.00	7.32（0.000）	9.14（0.000）

从表5-6中可以看出，三类公司中薪酬委员会董事任期和董事在其他公司兼职董事职位的数量存在显著差异。从整体上看，股权集中度越高的上市公司薪酬委员会中，董事任期越短，董事外部兼职家数较多。

5.3.2 相关性分析

表5-7为所有变量之间的Spearman相关系数。

表5-7 股权集中度与薪酬委员会董事特征

变量	股权集中度			F值（p值）
	低	中	高	
Sex	.85	.87	.85	0.56（0.572）
Age	50.65	50.80	51.48	1.41（0.244）
Edu	3.89	3.80	3.80	1.71（0.180）
DirTenure	3.65	3.48	3.28	3.54**（0.029）
BusBG	.4051	.40	.40	0.07（0.936）
Outsider	.66	.65	.66	0.24（0.786）
CommNo	2.46	2.51	2.42	1.84（0.158）
DirPartTimeNo	1.06	1.17	1.39	2.91*（0.055）
Sharehold	3，200，285	2，989，283	3，269，877	0.06（0.943）
N	511	1，039	554	
Hotelling's T^2（18，4184）=1.69**0.0336				

注：P<0.01的F值报告为显著的*表示P<0.1，**表示P<0.05，***表示P<0.01。

董事年龄（LnAge）、教育水平（Edu）、外部董事（Outsider）以及薪酬委员会董事在董事会的内部活动（SqInnerAc）与是否为薪酬委员会董事

(RCMember) 之间有显著的正相关关系，董事性别与成为薪酬委员会董事显著负相关，初步支持薪酬委员会董事特征与成为薪酬委员会董事的假设。董事任期及董事持股与成为薪酬委员会成员显著负相关，表明我国上市公司薪酬委员会在选择董事时可能较少考虑股东利益。从自变量及控制变量相关系数中，系数最大是董事商业背景和外部董事之间的相关系数 (-0.6)，其次是外部董事 (Outsider) 与薪酬委员会董事在董事会的内部活动 (SqInnerAc) 之间相关系数 (0.412)，其余均较小。本文对所有自变量进行了 collin 共线性检验，检验结果显示平均 VIF 为 1.33，因此变量之间无严重共线性问题。

5.3.3　回归结果分析

对于董事特征与成为薪酬委员会成员可能性的关系，本文采用 Logistic 回归分析方法。因为该方法特别适合于预测二值状态的因变量，并允许自变量为混合的连续变量（任期）和分类变量（董事类型、职业和性别）。我们估计每个变量对每个人成为薪酬委员会成员可能性的影响，胜算的概率定义为在薪酬委员会任职的概率除以不在薪酬委员会任职的概率。

每个董事特征变量纳入回归方程进行迭代，这样我们就可以逐一检查每个变量的增量贡献。性别变量纳入方程之后，再检验性别和各董事特性之间的相互作用。我们进行了单独的 Logistic 回归分析，以这种方式来检查这些变量对成为薪酬委员会成员的可能性的影响。输入变量在每个方程相同的顺序，试图重新调整的变量，这样我们就可以在不同委员会的结果进行比较。然而，在少数情况下，涉及董事类型的一阶交互作用未进入方程，因为某些极端异常分布中产生的数据组中的委员会内部缺乏女性董事。

表 5-8 变量的相关性分析

	1	2	3	4	5	6	7	8	9	10
1 RCMember	1									
2 Sex	-0.047***	1								
3 LnAge	0.080***	0.083***	1							
4 Edu	0.170***	0.070***	-0.075***	1						
5 DirTenure	-0.073***	0.061***	0.105***	-0.045***	1.000					
6 BusBG	-0.285***	0.106***	-0.128***	-0.259***	0.201***	1.000				
7 Outsider	0.456***	-0.060***	0.250***	0.326***	-0.261***	-0.600***	1			
8 SqInnerAc	0.227***	0.017	0.189***	0.175***	-0.001	-0.232***	0.412***	1		
9 DirPartTimeNo	-0.004	0.052***	0.027*	0.009	0.066***	0.133***	-0.126***	0.035***	1	
10 Sharehold	-0.166***	0.013	-0.096***	-0.205***	0.123***	0.262***	-0.406***	-0.101***	0.099***	1

注：***表示 0.01 显著性水平；**表示 0.05 显著性水平；*表示 0.1 显著性水平。

表5－8列示了成为薪酬委员会成员的可能性与薪酬委员会董事特征之间的回归分析结果。由于性别在第一部分的描述统计中显示，薪酬委员会男性董事和女性董事无论是在年龄还是学历等各个方面都存在较大的差异，因此我们在回归中加入了年龄与董事任期、商业背景、兼职董事家数和持股数之间的交互项。结果显示模型中的卡方检验是显著的，说明模型设定是合适的，结果可以是有意义且可信的。回归结果还提供了似然比指数，或者pseudo－R^2，该指标显示了模型的拟合程度，类似于回归模型中的R^2（Judge，Griffiths，Hill，Lutkepohl和Lee，1985）。我们通过计算1－（La/L0）来得到pseudo－R^2，这里La是假设模型的似然对数，L0是零假设模型，即假设所有的参数为零的模型的似然对数。表5－6报告的pseudo－R^2即是在零假设模型基础上提高到0.17。表中的系数显示了每一个薪酬委员会成员的特征变量对成为薪酬委员会董事可能性的影响。外部董事有较大可能性成为薪酬委员会成员（β＝2.073，P＝0.000），验证了假设1。在薪酬委员会之外任职的委员会个数较多的董事成为薪酬委员会成员的可能性较高（β＝0.390，P＝0.003）验证了假设14。董事的年龄对于成为薪酬委员会成员也是一个重要的条件，越年轻的董事越有可能成为薪酬委员会成员（β＝－0.714，P＝0.000），这与假设5相反。

表5－9　薪酬委员会特征变量与是否成为薪酬委员会成员回归分析

RCMember	系数	标准误	Z值	P值
_ cons	0.839	0.868	0.97	0.334
Sex	－0.239	0.189	－1.26	0.207
LnAge	－0.714	0.204	－3.5	0.000
Edu_ 2	0.499	0.336	1.48	0.138
Edu_ 3	0.461	0.326	1.41	0.157
Edu_ 4	0.515	0.326	1.58	0.114
Edu_ 5	0.487	0.334	1.46	0.145
DirTenure	0.011	0.041	0.27	0.789

续表

RCMember	系数	标准误	Z 值	P 值
BusBG	-0.018	0.195	-0.09	0.927
Outsider	2.073	0.100	20.81	0.000
SqInnerAc	0.390	0.133	2.93	0.003
DirPartTimeNo	0.044	0.049	0.91	0.362
Sharehold	0.020	0.016	1.24	0.215
SexTenure	0.050	0.043	1.15	0.252
SexBusBG	-0.119	0.205	-0.58	0.563
SexDirPartTimeNo	0.013	0.051	0.25	0.800
SexOwnership	-0.014	0.017	-0.81	0.418
N	5204			
LR chi2 (16)	1170.60			
Prob > chi2	0.000			
Pseudo R^2	0.167			

表5-9列示了薪酬委员会董事特征与成为薪酬委员会内部董事成员可能性之间的回归分析结果。董事的年龄、商业背景和董事持股数对于成为薪酬委员会内部董事有显著影响。即年轻的董事、有实业公司和金融机构的经理、行长和董事长职业经历的董事，以及持股越多的董事越有可能成为薪酬委员会内部董事。

表5-10 薪酬委员会特征变量与成为薪酬委员会内部董事的可能性回归分析

InsiderInCC	系数	标准误	Z 值	P 值
_ cons	2.130	1.137	1.87	0.061
Sex	-0.122	0.289	-0.42	0.673
LnAge	-1.340	0.272	-4.93	0.000
Edu_ 2	0.476	0.362	1.31	0.189

续表

InsiderInCC	系数	标准误	Z 值	P 值
Edu_ 3	0. 330	0. 352	0. 94	0. 348
Edu_ 4	0. 396	0. 352	1. 12	0. 261
Edu_ 5	-0. 331	0. 378	-0. 87	0. 382
DirTenure	0. 078	0. 050	1. 56	0. 120
BusBG	0. 839	0. 258	3. 25	0. 001
SqInnerAc	-0. 215	0. 153	-1. 41	0. 160
InsiderDirPartTimeNo	0. 069	0. 057	1. 23	0. 220
Sharehold	0. 051	0. 017	2. 93	0. 003
SexTenure	0. 027	0. 052	0. 52	0. 606
SexBusBG	-0. 125	0. 281	-0. 45	0. 656
SexInsiderPartTimeNo	0. 051	0. 059	0. 86	0. 392
SexOwnership	-0. 021	0. 019	-1. 15	0. 250
N	5204			
LR chi2 (15)	409. 90			
Prob > chi2	0. 000			
Pseudo R^2	0. 097			

表 5 -10 列示了薪酬委员会董事特征与成为薪酬委员会外部董事成员可能性之间的回归分析结果。董事的年龄、教育水平、商业背景、内部活动、外部活动和持股数特征对于成为薪酬委员会内部董事有显著影响。即年龄大的董事、教育水平高的董事、有实业公司和金融机构的经理、行长和董事长职业经历的董事，在本公司专门委员会任职较多的董事和公司外部兼职董事职位较多的董事，以及持股越多的董事越有可能成为薪酬委员会内部董事。

5.4 基于股权结构的进一步分析

5.4.1 依实际控制人性质分组回归分析

在我国，由于不同所有权性质公司的经理人薪酬制定程序和政策存在较大的差异，因此，根据 Duncan（1975）的方法①，本文按实际控制人类型将上市公司分为国有控制和非国有控制两类分别进行了检验，考察分组回归分析中董事成员特征变量非标准化系数变化，即斜率改变的显著性，验证两组样本董事成为薪酬委员会成员、成为薪酬委员会内部董事和成为薪酬委员会独立董事可能性是否存在显著差异。附录 C 表 5－11 中的模型（1）、(3）和（5）为国有控制上市公司中成为薪酬委员会成员、薪酬委员会内部董事和外部董事的可能性与薪酬委员会董事特征之间的回归分析。模型（2）、(4）和（6）为非国有控制上市公司中成为薪酬委员会成员、薪酬委员会内部董事和外部董事的可能性与薪酬委员会董事特征之间的回归分析。

通过考察附录 C 中表 5－11 分组回归结果中各组成员特征变量非标准化系数改变的显著性发现，国有控制上市公司与非国有控制上市公司仅在薪酬委员会内部董事的选任上存在差异。有商业背景的内部董事容易成为国有控制上市公司薪酬委员会内部董事（$z = 2.23$)，而非国有控制上市公司则不存在这一特征。国有控制与非国有控制在独立董事的选任上不存在差异。

5.4.2 依股权集中度分组回归分析

我国上市公司股权相对集中，股权集中度越高，大股东权利越集中，越可能影响薪酬委员会的董事选任，容易使中小股东的利益得不到保证。因此

① 根据 Duncan（1975），分组回归变量系数改变的显著性依该公式进行计算：z =，其中，b 为分组回归方程中变量的非标准化系数，se 为标准误。如 z 值大于，则表明变量系数改变在 0.05 水平上显著。

本文按照样本公司股权集中度上下1/4分位数进行分类，分别进行了检验。附录C表5－12中的模型（1）、（3）和（5）分析了股权集中度较低的企业中成为薪酬委员会成员、薪酬委员会内部董事和外部董事的可能性与薪酬委员会董事特征之间的回归分析。模型（2）、（4）和（6）分析了股权集中度较高企业中成为薪酬委员会成员、薪酬委员会内部董事和外部董事的可能性与薪酬委员会董事特征之间的回归分析。

通过考察附录C中表5－12分组回归结果中各组成员特征变量非标准化系数变化的显著性发现，股权集中度高于股权集中度低的上市公司，仅内部董事任职董事会委员会的数目存在显著差异，股权集中度低的上市公司，在董事会中任职专门委员会较少的内部董事容易成为薪酬委员会的内部董事（$z = -2.12$）。由于任职多个专门委员会的董事的监督能力较强，因而，本文认为，我国股权分散的上市公司中，董事会受“内部人”的影响较大，从而会降低薪酬委员会对经理人的监督强度。

5.5　本章小节

本章分析了中国上市公司薪酬委员会成员的选择是否考虑了股东利益。考察的特征包括董事性别、年龄、学历、职业、任期、类型、内部活动和外部活动。根据描述性统计结果，薪酬委员会成员存在一些显著特征。首先，在男性与女性董事的差异方面，男性董事年龄显著大于女性董事。女性董事教育程度显著低于男性董事的教育程度。女性董事的任期显著少于男性董事的任期。其次，在薪酬委员会的独立性方面，薪酬委员会中独立董事为2人的上市公司占全部样本公司的75%。基本上满足了准则对薪酬委员会独立董事人数的规定。84%的上市公司中薪酬委员会独立董事比例在50%以上，说明大部分上市公司薪酬委员会独立性较高。但仍约有27%的上市公司经理人也是薪酬委员会委员，存在自定薪酬的现象，并且这类上市公司薪酬委员会独立董事比例较低，可能影响到薪酬委员会独立董事作用的发挥。再次，本文进一步根据企业实际控制人类型和股权集中度对薪酬委员会董事的特征进行了T检验和秩和检验，研究发现，国有控制上市公司薪酬委员会董事任职水平较高、任职经验丰富。非国有控制上市公司薪酬委员会的董事比国有控制上市公司薪酬委员会董事有更多其他公司的董事兼职职务，董事持股比例也较大。股权集中度越高的上市公司薪酬委员会中，董事任期较短，董事外部兼职家数较多。

最后，本文根据董事的上述特征对成为薪酬委员会成员、薪酬委员会内部董事和薪酬委员会外部董事的可能性进行了 Logistic 回归分析，并进一步根据股权结构特征分别进行了分组回归检验。研究发现，我国上市公司薪酬委员会的组成和成员资格现状在一定程度上支持薪酬委员会的人员安排是符合股东利益的观点。在监管部门的要求下，我国上市公司独立董事有更大的可能成为薪酬委员会成员，能够确保薪酬委员会一定程度的独立性；此外，董事会内部活动较多的董事成为薪酬委员会成员的可能性较高，表明我国上市公司在薪酬委员会任职的董事大都有更多的机会了解董事会的具体问题和策略，容易在董事会内部关系网络中获得信息，有能力与其他委员会有效地合作，胜任多元任务；越年轻的董事越有可能成为薪酬委员会成员，表明上市公司董事会并未重视年龄经验提高薪酬委员会的决策。上述证据能够在一定程度上支持薪酬委员会的人员安排符合股东的利益。此外，从内部董事任职薪酬委员会的可能特征来看，内部董事大都较年轻、有商业背景和持股较多。对于内部董事而言，这些特征有助于给薪酬委员会带来薪酬制定经验，并使薪酬委员会的利益与股东的利益更加融合。能够成为薪酬委员会成员的独立董事特征为：年龄较大、教育水平较高、没有商业背景、新进入公司、不持股的董事以及外部兼职公司较多的女性独立董事。对于独立董事而言，这些特征可以为薪酬委员会带来经验、专业知识以及多元化的决策。

国有控制上市公司更倾向于选择有商业背景的内部董事进入薪酬委员会。股权集中度低的上市公司薪酬委员会更倾向于选择内部活动较少内部董事。上述特征在一定程度上说明我国国有控制上市公司在薪酬委员会的成员安排更有助于薪酬委员会成员履职。

第 6 章

中国上市公司薪酬委员会有效性：理论分析与实证检验

一个有效的薪酬委员会应该能够行使适度的监督与激励计划，降低与经理人薪酬有关的代理问题，增强代理人行为与股东利益目标的一致性，而适度的监督与激励计划则取决于薪酬委员会在特定的公司治理环境下的结构、人员、权利及职责的一系列制度安排。本章基于三层委托代理理论下的最优契约模型，分析在中国上市公司薪酬委员会存在的代表薪酬委员会结构、人员、权利及职责制度安排的共性特征如何影响经理人薪酬水平、激励强度及薪酬契约的设计。

6.1 理论分析与假设提出

现代企业以所有权和控制权分离为特征（Berle 和 Means，1932）。这种分离带来的好处是所有者有能力雇佣具备专业知识和管理能力的代理人并授权其经营公司。此时，冲突产生于信息不对称，委托人没有能力直接监督和评价代理人所采取的所有行动，无法防止代理人在最大化自身效用的同时存在降低公司价值的行为。缓解这种冲突，即降低代理或道德风险问题的方式，可以通过直接监控代理人，或者通过有效的激励补偿合约调整代理人与委托人的利益①。然而，信息不对称和道德风险使得委托人和代理人签订的激励补偿合约具有不完备性。根据薪酬委员会的监督控制职能（Jensen 和 Meckling，1990），薪酬委员会是上市公司中缓解与经理人薪酬有关的代理问题最直接和最有效的方法。股东选出董事组成董事会作为他们的代理人，董事会中合适的人选组成薪酬委员会对经理人的活动进行监督，以保护股东对公司的投资。

根据三层委托代理框架（Tirole，1986），本文视股东、薪酬委员会和经理人之间的关系为垂直的委托人—监督者—代理人三个层次。薪酬委员会作为专门的监督者，代理委托人观察和评估经理人的行为，获取外部利益相关者无法获得的专有信息，使他们能够知情并评估经理人的行为。这解决了股东由于缺乏监督所需要的充足时间和必要的专业知识，而无法对经理人实施有效监控的问题。由具有专门知识和经验的薪酬委员会设计激励补充合同，有助于正确地评估代理人的努力程度、科学地设计能够有效激励和约束代理人行为的薪酬契约，协调委托人与代理人的利益，降低代理成本（Jensen 和 Meckling，1976；Jensen 和 Murphy，1990）。在这一分析框架下，薪酬委员会在给定的激励水平下，施加努力，观测经理人努力行为的信息，经理人的报酬由薪酬委员会观测到的经理人努力程度的信息和企业实际的产出结果决定。由于信息不对称，经理人的行为往往无法观察，薪酬委员会可能观测到了经理人的真实努力，也可能观测不到。因而，股东及薪酬委员会不可能完全依赖于直接监控，更多的是，股东授权薪酬委员会设计诱因契约来激励经理人采取企业价值最大化的行动，然后通过会计指标和以市场为基础的股票指标评估经理人对公司绩效和预定战略目标的实现。但不能忽视的是，薪酬委员会也是另一类代理人，因而也可能偏离委托人的利益和目标。如果经理人和薪酬委员会成员能够达成单边合同，薪酬委员会也可能歪曲、隐匿和忽视他所观测到的信息。从上述分析可知，经理人的薪酬水平及诱因契约会受

① 更具体地说，道德风险产生于代理人签署合同后（但在采取行动前）有信息不对称的被和努力，他的努力水平是不可验证的（因此，不能签于合同之中）。而委托人不得不被迫写一份以可观测的代理人产出或绩效为措施的合同（Holmstrom，1979）。

到薪酬委员会的信息获取以及监督诱因的影响。

本文对薪酬委员会有效性的界定已经指出，一个有效的薪酬委员会是在特定的公司治理环境下的结构、人员、权利及职责的一系列制度安排，这一制度安排能够使其行使适度的监督与激励计划，降低与经理人薪酬有关的代理问题，增强代理人行为与股东利益目标的一致性。在特定的公司治理环境下，上市公司薪酬委员会的制度安排存在一些共性的特征，这些特征被假定认为能够使薪酬委员会有效地监督经理人并设计为经理人的努力和股东利益最大化提供较强联系的诱因契约。Main 和 Johnston（1993）指出“薪酬委员会将对经理人薪酬施加影响，而这种影响应该是符合所有者，即股东的利益”。因此，本文视那些能够代表薪酬委员会信息获取以及监督诱因的特征可以作为薪酬委员会与股东利益一致性的代理变量①，并以此分析薪酬委员会的有效性。本文认为，代表薪酬委员会信息获取以及监督诱因的特征与股东诱因融合度等同于薪酬委员会有效性，即薪酬委员会特征与股东利益越融合，越能够基于股东的利益制定与设计经理人薪酬契约，促使经理人的行为更加符合股东利益，制约经理人用权力寻租，不与经理人合谋。

在中国上市公司中，尽管存在法律义务，董事的提名和选举过程可能会导致选举出与公司经理人利益联系比股东利益的联系更紧密的董事②。此外，一些企业经理人也任职于薪酬委员会，使“手臂长度”的议价存在可能，从而影响经理人薪酬制定过程的完整性和独立性。因而，虽然可能受到管理者权力的影响，本文认为与股东利益融合的薪酬委员会能够降低经理人与之串谋的可能性，最小化经理人以权力寻租。

根据上述论点，本文将结合中国上市公司制度背景，逐一分析代表薪酬委员会信息获取以及监督诱因的特征与股东诱因融合的程度，以及这些薪酬委员会特征在制衡经理人权力租金、制定经理人诱因契约及评估经理人行为

① Milliron（2000）董事会降低代理问题的程度是“董事会诱因（board incentives）”与“股东目标”融合程度（degree of alignments）的函数。本文借鉴了这一观点。

② 例如，现任董事批准所提名的董事连任。

中的作用，以验证中国上市公司薪酬委员会有效性。

6.1.1 薪酬委员会特征与经理人薪酬水平

在三层委托代理框架下，经理人的薪酬水平是由企业的产出和监督者的报告决定的（Tirole，1986），监督者的努力程度、报告信息的真实程度都会影响经理人的薪酬水平。能够代表或增强监督者努力程度以及提高报告信息真实程度的薪酬委员会特征都是与委托人利益融合的特征。

(1) 薪酬委员会独立性

薪酬委员会在协助董事会均衡委托人与代理人利益方面扮演着关键的角色，因此，薪酬委员会独立性至关重要。根据三层委托代理理论，薪酬委员会成员大多选择独立董事，是认为内部董事直接受制于公司控股股东和公司高级管理阶层，而与企业利益关系较少的独立董事能更客观地监督代理人的行为、制衡经理人的权力，使薪酬契约的设计更公正，以缓解经理人薪酬制定中的利益冲突。即，薪酬委员会中独立董事能够在一定程度上制衡企业董事会中内部人对经理人薪酬水平的影响。Fama（1980）、Fama 和 Jensen（1983）研究认为，即使没有显性激励，独立董事也有动力积极努力地工作，因为这样可以改进他们在职业市场上的声誉，从而提高他们未来的收入。我国上市公司独立董事大多是社会知名人士（唐清泉，2003；范宏博，2010），受到职业市场中声誉的激励，出于对个人声誉的考虑，独立董事有动机表现出他们是决策控制专家，因而，薪酬委员会独立董事越多，薪酬委员会职责履行更客观、控制能力越强。此前的研究表明，较弱的公司治理会使经理人获得较多的报酬（Core 等，1999；Brick 等，2006；Sun 和 Cahan，2009）。这表明，独立的薪酬委员会会对经理人的薪酬做出更优的决策。据此，本文提出如下假设：

假设 1：其他条件不变的情形下，薪酬委员会独立性较强的上市公司，经理人货币薪酬较低。

股权（equity ownership）、股票期权（stock option）、限制性股票或股权（restricted stock 或 share ownership）是解决代理问题的重要手段（Finkelstein，

Hambrick和Cannella，2009；Murphy，1999）。其中，股权是指经理人持有公司的普通股，代表了经理人持有公司的所有权份额。经理人持有公司发行在外的股份对于促使经理人目标与股东利益一致有重要作用，因为经理人希望增加自己投资的价值（Jensen和Warner，1988）。薪酬委员会的职能目标就是协调经理人与股东的利益，因而，基于股东利益设置的独立董事占薪酬委员会比例越高，与股东的诱因融合度越高，越有动机促进经理人持有公司的股份，以使经理人的行为更加符合股东的利益。由此，本文提出如下假设：

假设2：其他条件不变的情形下，薪酬委员会独立董事比例与经理人持股正相关。

薪酬委员会独立董事比例代表了薪酬委员会的监督质量（Sun和Cahan，2009）。独立董事占多数的薪酬委员会能提高董事会的效率，改善潜在的代理成本（Conyon和Peck，1998）。代理理论预测，激励性薪酬与监督之间是替代机制（Rediker和Seth，1995；Lippert和Moore，1995），共同有助于缓解代理问题（Core和Guay，1999；Holmstrom，1979；Holmstrom和Milgrom，1991）。因此，激励性薪酬的强度受到企业内部治理机制质量，即薪酬委员会董事和股东监督的影响。特别是，公司薪酬委员会或股东监督有效的情形下将较少依赖激励性薪酬，反之亦然（Beatty和Zajac，1994；Boyd，1994；Eisenhardt，1989）。因而，本文认为，薪酬委员会独立董事比例高，薪酬委员会的监督诱因较强，从而与经理人激励性薪酬存在替代作用。综上所述，本文提出如下预测：

假设3：其他条件不变下，薪酬委员会独立董事比例与经理人股权激励负相关。

金融媒体、上市公司监管部门中广泛倡导的观点是独立的薪酬委员会有益于维护股东的利益，薪酬委员会有经理人参与显然是不符合股东利益的。经理人是薪酬委员会成员就如同Williamson（1985）所描述的，仿佛经理人左手写他自己的薪酬合约，用右手来签署一样，经理人很可能为自己争取较高的工资和奖金，而损害股东的利益。根据一般的公司治理原则，要求上市公司经理人不得成为薪酬委员会成员的目的就是防止经理人权利滥用。因而，本文认为，那些没有经理人参与薪酬委员会的上市公司，经理人的机会主义行为较少，经理人货币薪酬较低，此外，经理人不任职于薪酬委员会，经理人讨价还价的能力较低，因而获得股票薪酬和权益薪酬的可能性较小，由此，提出如下假设：

假设4：其他条件不变的情形下，经理人不在薪酬委员会，经理人货币薪酬较低，会较少获得股票薪酬和权益薪酬。

（2）薪酬委员会董事持股

薪酬委员会成员持股是薪酬委员会与股东利益保持一致的一个有效机制。拥有公司发行在外股份中较多的股权将促成个别董事较强烈的激励，以促进其增加公司价值的活动，从而增加他们自身投资的价值（Jensen 和 Warner，1988）。但是，拥有公司股票所有权比例较少的董事会成员，可能没有动力去执行他们的任务，因为公司价值的减少对他们的个人财富只会产生微不足道的影响。因而，薪酬委员会成员中的公司股东越多，薪酬委员会与股东利益越加一致。Shivadasani（1993）和 Core 等（1999）推测，外部董事持股及其他外部股东将减轻潜在的经理人壕沟并且是经理人报酬的递减函数。由此，我们预测薪酬委员会成员的股权会减轻潜在的经理人壕沟，增强经理人与股东的利益一致性。薪酬委员会中持有公司股份的董事越多，越有动机监督抑制经理人获取权力租金，越倾向于为经理人发放股票薪酬增强经理人与股东利益的一致性。因此，本文提出如下假设：

假设5：其他条件不变下，公司的薪酬委员会有比例较高的持股董事将有较低的经理人货币薪酬，并增加企业为经理人发放股票薪酬可能性。

公司的股东可以自己作为薪酬委员会成员也可以委托其他董事会成员设置薪酬任务。股东在薪酬委员会的比例衡量了委托人对监督者委派任务的多少。假设股东在董事会没有享受控制权的私人利益并且与第三方的监督者相比有较强的动机实施更有力的监督。（Baker 和 Gompers，2003；Engel 等，2002；Hellmann 和 Puri，2002）。Core 等（1999）和 Shivadasani（1993）推测，外部董事及其他外部股东的持股将减轻潜在的经理人壕沟。同样的道理，我们预测监督者的股权（即薪酬委员会成员）在三层委托代理框架中也能减轻潜在的经理人壕沟。如果壕沟意味着经理人可以有效地讨价还价以得到较低的激励降低风险，持股董事较多的薪酬委员会，将会提高经理人激励的机会以限制经理人壕沟。由此，本文预测：

假设6：其他条件不变下，公司的薪酬委员会有比例较高的持股董事会增加经理人权益薪酬的授予。

（3）薪酬委员会董事薪酬

薪酬委员会成员的经济利益会受到他们作为董事会及委员会成员报酬的影响。有些公司报销出席会议成员的开支，但没有提供额外的补偿。一些公司支付其董事及委员会成员统一的年度现金聘金和会议费。除了现金补偿之外，在某些情况下还提供给委员会成员限制性股票或股票期权。有人认为，董事薪酬高可能是董事会无效的直接原因，因为它促使董事为了保护他们的董事会位置和与它相关联的财富，这又可能会诱使他们感到对提议他们董事会职务的经理人有一种强烈的义务感（Kosnik，1990；Vance，1983）。结果，这些董事的反应可能是为CEO提供一个慷慨的补偿方案。因此，我们使用薪酬委员会成员的支付作为经理人与薪酬委员会成员之间的隐蔽货币转让（Tirole，1986）①。上述分析会推出以下假设：

假设7：其他条件不变下，公司支付薪酬委员会成员的薪酬较多将使经理人货币薪酬更高，并较不可能进行经理人股权激励。

（4）薪酬委员会董事性别

公司治理的良好表现之一是能够在决策中集思广益以便形成科学决策（Fondas和Sassalos，2000）。近来有观点表明，女性董事可以提高董事会的有效性，女性董事能够为董事会决策提供不同的建议（Zelechowski和Bilimoria，2004），减少董事之间的个人冲突（Nielsen和Huse，2010）。这是因为，受共同价值规范的约束，同质的董事会成员往往很难意识到彼此思想的趋同

① 代理人（CEO）和监督者（薪酬委员会成员）之间的秘密传输可能还包括非货币性转移，如互惠和社会交换关系（Tirole，1986）。

性。而女性董事对工作场所、市场定位以及公共社区能够做出不同于男性的领悟和解读，女性董事的人力资本和社会资本可以为董事会决策提供异质化视角，使董事会更能够对决策项目做出全面、彻底的评估，提升公司决策的多元化思想、经验以及创新理念，从而提高公司绩效（Carter 等，2003；Catalyst，2004；Zelechowski 和 Bilimoria，2004）。此外，女性往往会采取一个更加民主和参与式管理的风格，表明女性管理者在理解别人的感情和意图方面具有更加娴熟的人际行为，并允许更多的合作型决策（Eagly 和 John，1990）。还有证据表明，女性董事比男性董事有更好的考勤记录，董事会性别多样化的公司，女性董事更容易加入监督型委员会（Adams 和 Ferreira，2004）。Joy，Carter，Wagner 和 Narayanan 提供的一项研究表明，如果按董事会女性数量多寡为财富 500 强排名，前四分之一的公司的销售回报率比其余公司高出 42%，股本回报率高出 53%。至少需要三名女性董事才能不断为董事会注入新的活力。FTSE 上市委员会发现，如果公司董事会成员 20% 以上为女性，那么公司的运营表现和股价要比其他公司强很多（Arguden，2012）。以上结果表明，女性董事对公司治理及企业绩效都存在正面的影响，提升了董事会决策的科学合理性，接纳女性的董事会能够分配更多的精力进行监督，从而能够促进管理层的努力，增进企业绩效。根据以上研究，本文认为，女性董事有助于薪酬委员会更全面地了解经理人薪酬制定需要的信息，使经理人薪酬绩效考核更加全面、科学和合理，女性董事的努力也会增强薪酬委员会的专业性，使薪酬委员会有能力制定复杂的薪酬政策，提升薪酬委员会的专业胜任能力和监督能力。因而，女性董事比例越大越能够增进薪酬委员会的有效性。

目前，中国上市公司年报披露的经理人年度报酬主要为工资、奖金及津贴组成的货币报酬，正是许多公司经理人这种形式的报酬较高，吸引了人们的眼球，引发了人们对相关公司的热议与负面报道，使高管薪酬成为公司市场价值的威胁①，成为公司董事会专门委员会不得不关注的公司风险（Earnst 和 Young，2010）。由于女性与男性相比更加厌恶风险（Harris 和 Jenkins，2006），对风险和决策环境敏感性更强（Croson 和 Gneezy，2009；Ertac 和 Szentes，2011），因而当女性在薪酬委员会中能够影响经理人薪酬决策时，结果可能会有所不同。在与薪酬激励直接相关的研究中，Adams 和 Ferreira（2004）观测到，女性董事比例较高的公司提供给董事较多份额的股票激励，公司会降低固定薪金在薪酬契约中的比重而保持股票期权的相对稳定性。根据以上分析，本文认为，女性董事在薪酬委员会比例越高，薪酬委员会监督职能越能有效发挥，薪酬委员会与股东诱因融合度越强，越倾向于设计有利于股东的诱因契约。基于中国目前经理人薪酬现状与公司外部环境因素的考虑，女性在薪酬委员会比例会抑制经理人固定形式的工资，而更倾向于以股权激励的形式，激励经理人，促使经理人目标与股东利益的一致性。由此，提出如下假设：

假设 8：其他条件不变的情形下，薪酬委员会女性董事比例较大的公司，经理人货币薪酬较低，经理人持有公司股权的可能性较大，被授予权益性薪酬的可能性较高。

（5）薪酬委员会董事任期

根据专长假说，董事任期代表了董事的履职经验、履职承诺和能力，这些都能够为董事提供有关公司和营商环境的重要知识。根据此观点，较长的任期会使董事拥有更多的公司知识和行业知识。由此，任期长的董事是有优势的监督者。专长假说意味着，较长的任期与较好的董事表现相关，任期长、专业知识更多的董事更能够以挑剔的眼光审视 CEO。但该假说也隐含，如果任期长的董事能更有效地进行监测，那么，那些代表股东利益工作的

---

① 2008 年 3 月 20 日，中国平安保险股份有限公司发布了 2007 年度财报显示，中国平安有 3 名董事及高管 2007 年的税前薪酬超过了 4000 万元，其中董事长兼首席执行官马明哲税前报酬为 6616.1 万元，比 2006 年增长了 394%，刷新 A 股上市公司高管薪酬的最高纪录。而中国平安 A 股价格则从 2007 年 10 月的最高 149.28 元暴跌至当时的 40 余元，无数股民的资产蒸发殆尽。

CEO 可能会保留较长任期的董事会成员。英国 Greenbury 报告（1995）针对薪酬委员会董事的任期问题指出："知识和经验对履行薪酬委员会的职能很重要，因此薪酬委员会成员最好至少任期 3 年。"表明任期过短的薪酬委员会董事经验不足，不利于履职。Byrd 与 Cooperman（2010）的研究发现薪酬委员会董事任期对 CEO 薪酬负相关，支持了专长假说。

一个新的董事会成员可能会对 CEO 过于恭敬，与董事会任期较长成员相比，不太可能是批判者，也难以全面知悉公司董事或经理执行业务的细节和过程，从而很难有效发挥监督作用（Bebchuket 等，2002）。根据三层委托代理理论，为了能够更好地监督经理人，股东会选聘有专长经验的董事任职于薪酬委员会，董事任期较长，才能够有经验应对上市公司经理人薪酬计划的实施与监控，与对于薪酬委员会的监督角色而言，股东更期望薪酬委员会的董事是有经验的监督者。我国《公司法》第四十六条对董事任期提出了说明："董事任期由公司章程规定，但每届任期不得超过三年。董事任期届满，连选可以连任。"证监会在 2001 年《关于在上市公司建立独立董事制度的指导意见》中对独立董事任期规定："独立董事每届任期与该上市公司其他董事任期相同，任期届满，连选可以连任，但是连任时间不得超过六年。"上市公司监管部门对独立董事任期的限制在一定程度上限制了因独立董事任职过久而与经理人的关系变得密切的可能性。因而，薪酬委员会董事任期长将更多地助长了薪酬委员会的专业能力，提高了薪酬委员会监督与观测经理人的经营活动及盈余操纵活动的能力，有利于抑制经理人权力租金。在薪酬委员会监督能力较强、任职经验丰富的情形下，薪酬委员会更可能增加经理人持股的可能性，使之行为与股东的利益联系更紧密。并且，有力的监督使经理人激励变得不再重要，从而降低了经理人被授予权益薪酬的可能性。根据以上分析，本文提出如下假设：

假设 9：其他条件不变下，薪酬委员会的董事任期与经理人货币薪酬负相关，经理人被授予股票薪酬的可能性较高，受到权益激励的可能性较低。

（6）薪酬委员会董事内部活动

对于董事个人而言，多重的委员会成员身份表明董事拥有与其他委员会有效合作的能力。因为只有能够有效地进行人际沟通的人，才有可能被任命到若干个委员会。因此，多重委员会身份体现了董事能够有效处理委员会任务以及在多元任务中构建稳固工作关系的能力（Bilmoria 和 Piderit，1994）。与此同时，对于专门委员会而言，在多个董事会委员会任职的董事有更多的机会在董事会内部关系网络中获得信息，更加了解公司的具体问题和策略，有助于其在多元任务中发挥重要作用。薪酬委员会任职于公司其他委员会的数量较多时，对经理人努力程度的信息掌握得较全面，对经理人的监督质量较高，能够制衡经理人的自利行为，从而限制经理人的权力租金。此时，由于监督与经理人激励的替代关系，使得企业较不可能实施经理人股权激励。已有实证研究表明，薪酬与审计委员会董事重叠程度较高的公司，CEO 的激励性薪酬较低（Zhang 和 Cullinan，2010）证实了上述观点。由此，提出如下假设：

假设 10：其他条件不变下，随着薪酬委员会董事内部活动的增加，经理人货币薪酬水平下降，经理人获得股权激励的可能性随着薪酬委员会董事内部活动增多而变小。

（7）薪酬委员会董事外部活动

在其他上市公司任职董事能够与若干个管理团队沟通，这为董事任职薪酬委员会带来了多元化的经验，因而通常认为较多的董事会任命代表了董事的质量（Gilson，1990；Kaplan 和 Reishus，1990；Vafeas，1999）。实证研究也观测到，在多个董事会服务的董事比只有一个或两个董事身份的董事任职机率更大（Ferri，2002），说明薪酬委员会对声誉高的董事存在需求，有足够丰富外界经验的董事才能有效地履行制定与监督经理人薪酬计划的职责。“声誉假说”表明，在支撑股份公司的外部声誉市场高度发达的情形下，由董事职业市场激发的声誉机制能够促进外部董事的监督能力，外部董事及其提供的服务会受到职业市场的高度约束，其行为表现将决定其今后的事业发展机会，并成为决定其薪酬高低的基准（Fama，1980；Fama 和 Jensen，1983；Zajac 和 Westphal，1996）。同样，内部董事也存在维护他们作为决策者声誉的动机，与经理人合谋则会减损他们的声誉（Vafeas，2003a）。由此看来，薪酬委员会董事声誉越高，越会尽力形成与股东利益一致的动机来监督管理层，以维护自身的良好声誉，提高其在人力资本市场的价值（Fama，1980；Fama 和 Jensen，1983；Yermack，2004）。即使在物质报酬较少的情况下，声誉机制也能够有效地激励薪酬委员会的董事保持其独立性，自觉执行监督职责，不会同公司的管理层合谋（Fama 和 Jensen，1983；Yermack，2004）。根据以上分析，本文认为，薪酬委员会董事的外部活动多，表明薪酬委员会董事声誉较高，薪酬委员会的监督能力较强，此种薪酬委员会既有能力又有动机实施并监控经理人薪酬计划，能够有效降低经理人薪酬契约中的机会主义行为，与股东利益融合，由此提出如下假设：

假设 11：其他条件不变下，薪酬委员会董事外部活动越多，经理人货币薪酬较少，经理人被授予权益性薪酬的可能性较大。

6.1.2 薪酬委员会特征与经理人薪酬契约有效性

薪酬委员会负责制定和监控经理人薪酬，为经理人量身定制一个符合股东利益最大化的最优薪酬契约，最小化代理成本并且提高公司价值。经理人薪酬对公司业绩敏感度越高，则他们与股东的利益越趋于一致（Jensen 与 Zimmerman，1985；Murphy，1986）。在三层委托代理框架下，薪酬委员会与股东利益越融合，越有动机为经理人提供较强的激励诱因，使经理人的努力符合股东利益。本文认为，薪酬委员会与股东利益越融合，努力的动机越强，越能防止薪酬委员会与经理人串通合谋，制定有效的诱因契约。

根据三层委托代理理论，薪酬委员会以独立董事为主，是为了更好地履行监督与控制职能，制衡经理人对权力的滥用，缓解委托代理问题。独立董事的专业知识和技能有助于广泛地搜集构成代理人薪酬的各种信息，科学地评价经理绩效，减少薪酬契约中的信息不对称，降低代理成本。独立性强的薪酬委员会能够强化企业内部监督机制，增强薪酬契约设计的科学性，因此，会综合考虑构成经理人薪酬的信息，设计更合理的、基于企业绩效的薪酬。有研究表明，独立的薪酬委员会能确保经理人的薪酬安排与公司业绩更有效地联系（Newman 和 Wright，1995；Conyon 和 Peck，1998）。因而，本文认为，作为监督与控制专家的独立董事在薪酬委员会的比例越高，与股东利益越融合，越能制定有效的诱因契约，增强经理人与股东的利益一致性。

经理人任薪酬委员会成员的情形被认为可能制定出有损于股东利益的诱因契约，因而，美国、英国等上市公司监管部门对此进行了禁止，即使在早期，也很少存在经理人在薪酬委员会的情况，例如，Klein（1998），Newman 和 Mozes（1999），Anderson 和 Bizjak（2003）以及 Vafeas（2003）都报告了美国上市公司的 CEO 大都不在薪酬委员会。并且，上述研究表明，有内部人的薪酬委员会 CEO 薪酬与绩效不存在关联性，而薪酬委员会独立性加强后，CEO 薪酬与绩效的关联性加强了（Vafeas，2003）。由此，本文认为，经理人不在薪酬委员会的上市公司，经理人薪酬—绩效敏感度较高。根据上述分析，由此，提出如下假设：

假设 12：其他条件不变的情形下，薪酬委员会独立性越强，经理人薪酬—绩效敏感度越高。

公司的股东作为薪酬委员会成员将使薪酬委员会与股东利益更加一致，利益一致的程度将随着薪酬委员会成员拥有公司股票所有权的比例而增强。与股东利益一致的薪酬委员会将加大经理人契约的诱因强度，增强经理人与股东的利益一致性。由此本文提出如下假设：

假设 13：其他条件不变的情形下，薪酬委员会持股董事越多，经理人薪酬—绩效敏感度越高。

薪酬委员会董事薪酬是股东激励其努力工作的货币给付，也是防止薪酬委员会董事与经理人串谋的手段之一。根据三层委托代理理论，薪酬委员会董事的报酬越多，越有动机设计符合股东利益的诱因契约，增强经理人的行为与股东利益的一致性，降低代理成本。如果薪酬委员会董事有较高的收益，却没有改变公司治理现状的意愿，不能提出有益于公司发展的建议，甚至造成经理人背离损害公司利益，则股东对董事激励无效；如果薪酬委员会董事薪酬与经理人趋同，同时提升了经理人薪酬支付与股东财富变化的联系，我们认为股东对董事及经理人的共同激励是有效的。由此，本文提出如下假设：

假设14：其他条件不变的情形下，薪酬委员会董事薪酬与经理人薪酬—绩效敏感度正相关。

已有研究表明，女性是更加勤奋努力的监督者（Adams 和 Ferreira, 2004），女性增强了经理人更迭与企业绩效的敏感度（Adams 和 Ferria, 2009）。里查德－埃伯施特恩教授所率领的耶路撒冷大学科研小组的研究发现，女性较之男性更大公无私，同时，女性体内的无私基因较男性多，这些证据表明，无论是从职业角色还是从社会角色来看，女性给予别人的关怀都多于男性。由于女性能够代表公司利益相关者的利益，更能够改进薪酬委员会的监督职能。因此，女性董事更可能会促使薪酬委员会制定联系经理人与股东利益的薪酬计划。由此，本文提出如下假设：

假设15：其他条件不变的情形下，薪酬委员会女性董事比例与经理人薪酬—绩效敏感度正相关。

根据三层委托代理理论及董事的“专长假说”，薪酬委员会是信息中介，薪酬委员会董事任期越长，任职经验越丰富，越有能力辨别哪些绩效是经理人努力的结果，那些绩效不受经理人控制，从而能够依绩效设计经理人薪酬计划，使经理人财富与股东财富更紧密地联系起来。由此，本文提出如下假设：

假设16：其他条件不变的情形下，薪酬委员会董事任期与经理人薪酬—绩效敏感度正相关。

根据三层委托代理理论，监督者的报告取决于其所观察到的信息。薪酬委员会董事适度参与公司其他委员会的事务，有益于薪酬委员会在专注于自身委员会职能目标的同时掌握经理人努力程度的信息，从而能够更客观地评价经理人的努力，更好地协调经理人与股东利益的一致性。当薪酬委员会董事过多地参与其他委员会活动时，则会使薪酬委员会综合地考虑董事会的各项职能。由此，提出如下假设：

假设17：其他条件不变的情形下，薪酬委员会董事内部活动与经理人薪酬—绩效敏感度呈非线性关系。

薪酬委员会董事声誉越高，与股东利益的诱因融合度越高，越会形成与股东一致的动机来监督管理层，努力协调经理人与股东的利益。由此，提出如下假设：

假设 18：其他条件不变的情形下，薪酬委员会董事外部活动能够增强经理人薪酬—绩效敏感度。

6.1.3　薪酬委员会特征与经理人薪酬契约设计有效性

财务指标，尤其是盈利指标被广泛应用于经理人薪酬契约中（Lamber 和 Larcker，1987；Sloan，1993；Baber，Janakiraman 和 Kang，1996；Ittner，Larcker 和 Rajan，1997；Murphy，1999；Bushman 和 Smith，2001；杜兴强和王丽华，2007）。业绩指标是监督、评价和激励经理人的重要工具。业绩指标应具有敏感性和精确性，即业绩指标的期望值应随着代理人的行动而变化且不具有噪音（Banker 与 Datar，1989）。在最优契约环境下，合适的业绩指标可以使经理人在激励与风险中达到均衡，使得经理人与股东达到激励相容（Murphy 和 Oyer，2001），尽可能敏感、精确地反映经理人的努力（Bushman 和 Smith，2001）。Ball，Kothari 和 Robin（2000）提出会计盈余时效性（Timeliness），表示当期盈余包含当期经营成果或价值相关信息的程度。在薪酬契约中考虑盈余的时效性有助于体现经理人的努力获得的市场认可，提高薪酬契约的诱因强度，弥补仅就会计盈余判断经营者业绩而导致绩效指标敏感度低、精确性差的缺陷。从业绩评价的角度，反映会计盈余的数字容易受到操纵，缺乏可靠性。并且，会计业绩不能完全反映经理人当期的努力程度。这是因为经理人的一些决策可能减少当期利润，增加未来收益。如果仅就会计指标本身判断经营者的业绩，往往会在薪酬契约中遗漏经理人业绩中大于企业业绩的部分，导致经理人过于短视、忽略有价值的活动（Duru，Iyengar 和 Thevaranjan，2002）。时效性强说明经理人的努力在市场上得到较多体现，关注盈余的时效性有助于提高经理人薪酬契约的激励性。依 Jensen 和 Meckling（1992）的观点，薪酬委员会具有专业知识和能力判断公司盈余是否能够反映经理人有关企业长期价值创造的决策。例如，如果盈余降低的原因在于经理人投资了较多的员工培训、客户维护费以及研发支出，则其薪酬水平不应受到盈余降低的影响。有研究未发现反映盈余时效性的指标与经理人薪酬存在显著相关关系（Hallock 和 Oyer，1999；毕晓方，2006），而 Bushman 等（2006）却发现基于权益的经理人薪酬与公司董事质量以及时效性盈余存在相关性。

薪酬委员会特征的诱因与股东利益越融合，此种薪酬委员会对经理人行动与效能的评估越有效，越能制衡经理人的自利行为，进而更能够根据当期会计盈余捕获相关信息。因此，本文预期薪酬委员会特征与股东的诱因融合程度越高，薪酬委员会治理有效性越高，其设计的诱因契约中，经理人薪酬—绩效敏感度与盈余时效性的关联性越强。据此，结合前述分析，提出如下假设：

假设 19：其他条件不变的情形下，薪酬委员会特征与股东的诱因融合度越高，经理人薪酬—绩效敏感度与会计盈余时效性的关联性越强。

6.2 样本选择与研究设计

6.2.1 样本选取与数据来源

本文的经理人薪酬数据、董事会和薪酬委员会层面的公司治理数据以及股权结构数据来自国泰安数据库。国泰安数据库相对于其他研究数据库（如色诺芬）的优势在于它提供了最新的高管个人层面的权益激励信息，如限制性股权票、股票期权和股票增值权等。本部分研究以国泰安“上市公司治理结构”数据库中“委员会成员信息”作为薪酬委员会层面的数据来源，由于本文要计算的会计盈余时效性指标需要采用公司前续 5 年的数据用模型进行估计，因而将研究期间定为 2010 年与 2011 年两年。根据国泰安数据库中 A 股主板沪深两市上市公司薪酬委员会的披露情况，共获得 2010 年 1592 家和 2011 年 1788 家共 3380 个观测值作为初始样本。本文初始研究样本的选取覆盖了大部分 A 股上市公司公司，有助于减轻样本选择偏差问题。其中，剔除非正常上市219个观测值；剔除金融、保险业66个观测值。研究期间内发生并购、重组事件可能会对经理人薪酬与业绩的相关性造成干扰，因此将此类公司剔除，共44个观测值；剔除总经理未连续两年在位481个观测值；剔除总经理、总裁及首席执行官年度报酬信息披露不全及未领薪酬90个观测值；删除了452个有缺失的观测值；删除计算股票报酬反回归分析时资料不全的样本1001个观测值；删除薪酬委员会董事性别、兼职、薪酬及任期信息不全的140个观测值；余900个观测值。最后，本文对主要连续变量进行了上下1%的Winsorize处理，以避免离群值的影响。此外，本文对薪酬委员会结构通过手工查询上市公司年报进行了核对。薪酬委员会成员以外的其他数据主要来源于国泰安数据库和锐思数据库。

表6-1列示了样本公司的区域及年度分布情况。表6-1中可以看出各年度东部地区上市公司所占比重最高，主要是东部地区经济发达，上市公司家数较多所致。由于其他地区上市公司家数与东部地区差异较大，因此，支持本文在回归分析中考虑区域和年度效果的必要性，以捕获固定的区域和时间因素。

表6-1　样本公司区域年分布表

年度 区域	东北	东部	西部	中部	总计
2010	13	240	90	74	417
比例	3.12	57.55	21.58	17.75	100
2011	19	283	103	87	492
比例	3.86	57.52	20.93	17.68	100
总计	32	523	193	161	909

6.2.2　变量操作性定义

(1) 经理人货币薪酬（LnCEOPay）

前文已经说明，已有对中国上市公司薪酬委员会与经理人薪酬关系的研究大都以薪酬最高的前三名高管薪酬作为替代变量，而不是总经理的薪酬。

本文的经理人货币薪酬是个人层面的。其中，经理人是指上市公司的CEO、总经理、总裁或首席执行官。在本文中，我们以上市公司年报中披露的经理人基本工资、奖金及津贴（stipends）的总和，即年度报酬总额衡量经理人货币薪酬，没有包括权益性补偿（如股票期权）或特权（perquisites）① 的市场价值及其他递延性补偿（例如，退休金福利），与以往文献的研究保持一致。运算中，取上市公司年报中披露的薪酬总额的自然对数。

（2）经理人股票薪酬（CEOStock）

经理人股票薪酬，又称为业绩股票，是指公司事先确定一个合理的年度业绩目标，并根据年度业绩目标的完成情况，从公司净利润中按一定比例提取专项激励基金，用以购买公司股票作为业绩股票，并将这些股票奖励给经理人员。根据Conyon和He（2012），本文定义如果经理人在年末持有公司股份，则该值为1，否则为0。

（3）经理人股权激励（CEOEquity）

2006年，中国证监会发布了《上市公司股权激励管理办法（试行）》。该办法明确规定了上市公司可以对高级管理人员进行长期性激励。该文件规定，长期股权激励的形式包括限制性股票、股票期权及法律、行政法规允许的其他方式实行股权激励计划。据此，本文的经理人股权激励是指上市公司通过股权激励政策使经理人持有的股票期权、限制性股票和股票增值权。目前，国内尚未有研究涉及薪酬委员会特征在经理人股权激励方面的作用。根据Conyon和He（2012），本文定义如果经理人在年末持有公司股票期权、限制性股票或股票增值权，则该值为1，否则为0。

（4）经理人薪酬—绩效敏感度（CES）

Lippert和Porter（1997）指出，以回归模型估计薪酬—绩效敏感度需要

① Kato和Long（2006）估计，中国上市公司高管非货币性的津贴（perks）可能占高管总收入的15%至32%，相关研究还有Adithipyangkul，Alon和Zhang，2011、Cai，Fang和Xu，2011。由于从上市公司年报中无法获得经理人非货币性的津贴，而采用已有对高管非货币性津贴的估计方法衡量经理人非货币性津贴又存在较大的测量误差，因此本文并未将经理人非货币性津贴纳入研究范围。

8—15 年的长期资料，并且所得的回归结果未必精确。而以近期披露的信息直接衡量薪酬—绩效敏感度可以观察到公司当时所面临的薪酬与绩效之间必须关联的压力。本文参考 Lippert 和 Porter（1997）的做法，以当期经理人财富变化除以当期股东财富变化，来衡量经理人薪酬—绩效敏感度。经理人财富以总经理现金薪酬与总经理所持股票价值之和衡量，股东财富以公司市值衡量。

（5）会计盈余时效性（ETIDX）

Ball 等（2000）提出会计盈余时效性（timeliness）的定义，指当期盈余包含当期经营成果或价值相关信息的程度。由于公司的真实权益价值难以取得，本文使用股价作为权益价值的估计，以盈余与股价的关系作为盈余时效性的替代变量。Bushma 等（2006）指出，单一变量无法充分衡量盈余时效性，因而，本文参考 Basu（1997）、Ball 等（2000）及 Bushman 等（2004）的研究，计算模型（1）中盈余与股票报酬反回归式中的股票报酬（$RET_{i,t}$）的估计系数（又称反回归斜率，以 REV_ B 表示）以及模型（1）的判定系数 R^2（以 REV_ $R2$ 表示）。之后，分别计算每一家公司的 REV_ B 以及 REV_ $R2$ 在样本中的百分位等级分数。最后，用两个数值之和合成会计盈余时效性综合指标（ETIDX）作为盈余时效性的替代变量，以避免单一时效性因素的潜在衡量误差（Greene，2003）。该指标数值越高，盈余的时效性越高，表明当期盈余中所含当期所有公司价值变动的程度越高。

对于反回归模型，本文要求公司至少有连续 5 年的股票报酬及盈余信息，因此采用 2005 至 2010 年的数据进行了估计。估计模型如下：

$$\frac{EPS_{i,t}}{P_{i,t-1}} = \alpha_0 + \alpha_1 DR_{i,t} + \beta_0 RET_{i,t} + \beta_1 RET_{i,t} \times DR_{i,t} + \mu_{i,t} \qquad (2)$$

其中，

$EPS_{i,t} = i$ 公司 t 期的每股收益；

$P_{i,t-1} = i$ 公司 $t-1$ 期末的股票收盘价；

$RET_{i,t}$ = 从 t 年的第 5 月至 $t+1$ 年的第 4 月，共计 12 个月的 i 公司 t 期经市场调整后的股票年度累积报酬率；

$DR_{i,t}$ = 虚拟变量，若 RET 为负，则其值为 1，否则为 0；

$\mu_{i,t}$ = 残差项。

（2）式中股票报酬估计系数（REV_ B）及判定系数 R^2（REV_ $R2$）均是衡量公司当期会计盈余捕获当期权益价值改变程度的替代变量。若盈余反映经理人从事的创造公司价值活动越快，则预期 REV_ B 越高，反之越低。$RET_{i,t} = \prod^{4}(1 + R_{i,j}) - 1 - \overline{R}_t$，$R_{i,j}$ 表示 i 公司第 j 个月的考虑现金红利再投资的月个股报酬率，表示 t 年度所有股票累积年度报酬率的均值。本文用期初股票价格作为平减因子对每股收益进行修正，消除异方差性的影响（Christie，1987）。为避免当年股票收益中包含以前年度盈余信息，模型采用了前一年度报告公告次月初（即 t 年度的 5 月初）至当年报告公告期末（即 $t+1$ 年度的 4 月末）购买并持有的股票年度收益率作为当期相关信息对会计盈余影响的替代变量。此外，为了剔除宏观因素及政策因素等市场整体因素的影响，模型采用了经市场均值调整后的股票累积年度报酬率。另外，本文对 $EPS_{i,t}/P_{i,t-1}$ 和 $RET_{i,t}$ 的观测值进行上下 1% 的 Winsorize 处理，以消除极端值的影响。

（6）薪酬委员会特征（RCALIGN）

一个有效的薪酬委员会是在特定的公司治理环境下的结构、人员、权利及职责的一系列制度安排。这一制度安排能够使其行使适度的监督与激励计划，降低与经理人薪酬有关的代理问题，增强代理人行为与股东利益目标的一致性。本文认为，代表薪酬委员会信息获取以及监督诱因的特征与股东诱因融合度等同于薪酬委员会有效性。因此，将那些在不同上市公司都存在的一些能够代表薪酬委员会信息获取以及监督诱因的特征作为有效的薪酬委员会的代理变量。其中包括薪酬委员会独立性、薪酬委员会董事持股、薪酬委员会董事薪酬、薪酬委员会董事性别、薪酬委员会董事任期及薪酬委员会董事的内、外部活动。为了体现薪酬委员会的整体特征，本文借鉴 Sun，Cahan 和 Emanuel（2009）对代表薪酬委员会质量变量的衡量方式。即，将有均值的变量转化为拥有该特征的成员占整个薪酬委员会的比例表示。

1）薪酬委员会独立性：薪酬委员会独立董事比例越高，薪酬委员会独立性越强。薪酬委员会的薪酬决策不由经理人的投票权决定，薪酬委员会的独立性越强。由此，本文以薪酬委员会独立董事比例 RCIND（Conyon 和 Peck，1998）与经理人不是薪酬委员会成员 CEONRC（Boyle 和 Roberts，2012）衡量薪酬委员会独立性。

2）薪酬委员会董事持股：薪酬委员会董事持股能够增强薪酬委员会与股东利益的一致性。薪酬委员会持股的董事越多，执行监督与激励任务的动机越强，薪酬委员会与股东利益越加一致。持有公司股份的薪酬委员会成员占薪酬委员会的比例 RCStock。

3）薪酬委员会董事薪酬：RCPay，参考 Conyon 和 He（2004），本文将薪酬委员会每个董事的薪酬求和，再除以薪酬委员会董事人数得出。其中，薪酬委员会每个董事的薪酬为该董事在上市公司的年度报酬，包括工资、奖金和津贴。

4）薪酬委员会董事任期：RCTenure，根据 Kesner（1988），本文将薪酬委员会董事在董事会的任期求和后除以薪酬委员会的规模取平均值。

5）薪酬委员会女性董事比例：RCFemale%，为薪酬委员会女性董事人数除以薪酬委员会董事人数。

6）薪酬委员会董事内部活动：RCInact，以薪酬委员会董事参与的董事会专门委员会个数之和除以薪酬委员会董事人数表示。

7）薪酬委员会董事外部活动：RCExact，以薪酬委员会董事在其他公司兼职的董事家数之和除以薪酬委员会董事人数表示。

（7）控制变量

在有关经理人薪酬影响因素的实证研究中，学者们证实了一些影响经理人薪酬的重要变量。因此本文在模型中加入了如 Conyon 与 He（2004；2011；2012）、Firth 等（2006，2007）考虑的一些对经理人薪酬有影响的公司治理变量及公司特征变量进行控制。由于本文考察的是经理人个人层面的薪酬，这使得我们可以控制经理人个人的人力资本特征，根据 Conyon 和 He（2012），本文控制了经理人的性别、年龄及在职任期。以往文献发现公司成长机会（Bushman 等，2004）、未预期盈余变异性、股票报酬变异性（Lambert 和 Larcker，1987；Sloan，1993）、负债比率（John 和 John，1993）、公司规模（Smith 和 Watts，1992；Jensen 和 Murphy，1990）等都是薪酬—绩效敏感度的决定因素。因而，本文在薪酬委员会特征对经理人薪酬—绩效敏感度的模型中对上述变量加以控制。此外，本文在模型中加入可能影响经理人薪酬水平、薪酬—绩效敏感度的地域、行业和年度固定效应进行控制。表 6 - 2 列示了本文研究所需全体变量的名称及操作性定义。

表 6 - 2　变量操作性定义

<table>
<tr><th colspan="2">变量名称</th><th>变量符号</th><th>计算方法</th></tr>
<tr><td rowspan="3">经理人薪酬
CEOComp</td><td>货币薪酬</td><td>LnCEOPay</td><td>经理人年度总报酬，总报酬为工资、奖金及津贴之和。经理人根据国泰安数据库披露的高管职务名称获得，包括总经理、总裁、首席执行官</td></tr>
<tr><td>股票薪酬</td><td>CEOStock</td><td>如果经理人在年末持有公司股票，赋值为 1，否则为 0</td></tr>
<tr><td>股权激励</td><td>CEOEquity</td><td>如果经理人在年末持有权益性激励（包括股票期权、限制性股票或股票增值权）赋值为 1，否则为 0</td></tr>
<tr><td colspan="2">经理人
薪酬—绩效敏感度</td><td>CES</td><td>当期经理人薪酬总额的变化除以当期公司市值的变化，薪酬总额为现金薪酬与持股价值之和</td></tr>
<tr><td rowspan="4">薪酬委员会
特征
（RCALIGN）</td><td rowspan="2">薪酬委员会
独立性</td><td>RCIND</td><td>薪酬委员会独立董事比例，薪酬委员会中独立董事人数/薪酬委员会人数</td></tr>
<tr><td>CEONRC</td><td>经理人是否是薪酬委员会成员，经理人不是薪酬委员会委员成员为 1，否则为 0</td></tr>
<tr><td>薪酬委员会
董事持股</td><td>RCStock</td><td>持有公司股份的薪酬委员会董事人数/薪酬委员会董事人数</td></tr>
<tr><td>薪酬委员会
董事薪酬</td><td>RCPay</td><td>薪酬委员会董事薪酬之和/薪酬委员会董事人数</td></tr>
</table>

续表

变量名称		变量符号	计算方法
薪酬委员会特征（RCALIGN）	薪酬委员会董事任期	RCTenure	薪酬委员会董事在董事会任期之和/薪酬委员会董事人数
	薪酬委员会女性董事比例	RCFemale%	薪酬委员会女性董事人数/薪酬委员会董事人数
	薪酬委员会董事内部活动	RCInact	薪酬委员会董事任职本公司专门委员会的个数之和/薪酬委员会董事人数
	薪酬委员会董事外部活动	RCExact	薪酬委员会董事外部兼职董事家数/薪酬委员会董事人数
会计盈余时效性		ETIDX	用模型（1）估计得出的 REV_ B 以及 REV_ R^2 计算每一家公司在样本中的百分位等级分数，然后求两个数值之和
财务业绩		ROA	净利润/（资产合计期末余额 + 资产合计期初余额）/2
市场业绩		RET	考虑现金红利再投资的年个股回报率
公司规模		SIZE	公司 t 期末总资产的自然对数
公司风险		RISK	公司前三年平均股票年收益波动率
账面市值比		MB	期末总资产/（股权市值 + 净债务市值），其中，非流通股权市值用净资产替代计算
公司财务风险		LEV	公司负债/公司资产
国有控股		SOEs	虚拟变量，实际控制人为国家为 1，否则为 0
第一大股东持股比例		Top1	公司第一大股东持股数量/公司总股数

续表

变量名称	变量符号	计算方法
两职合一	CEOCHAIR	经理人是董事会主席 =1，否则 =0
董事会规模	LnBSIZE	董事会成员数量，取自然对数
监事会规模	SBSIZE	监事会成员数量
董事会独立性	BDIND	董事会独立董事人数占全部董事人数比例
公司成长性	GROWTH	t 期营业收入增长率
未预期盈余变异性	UESD	t 期前三年未预期盈余的标准差，其中未预期盈余为本期盈余与前期盈余之差
股票报酬变异性	RETSD	t 期前三年股票报酬的标准差
经理人年龄	CEOAge	经理人的年龄，以年为单位
经理人任期	CEOTenure	经理人在位年数
男性经理人	CEOMale	经理人为男性为 1，否则为 0
区域	EAST	i 公司 t 期公司所在地为中国东部为 1，否则为 0；东部地区分别有京、津、冀、辽、沪、江、浙、闽、鲁、粤、琼 11 个省份（王小鲁和樊纲，2004）
行业_ 年度	IND_ YEAR	公司当期所在行业，按公司所在行业与年度分组得出，行业按证监会行业指引（2001）划分

6.2.3　模型设计

本文主要采用以下三个模型来检验薪酬委员会的有效性。

（1）薪酬委员会特征对经理人薪酬的影响

根据 Conyon 和 He（2004）、Conyon 和 He（2012），本文采用面板模型估计薪酬委员会对经理人薪酬的影响。本文报告的 t 统计量是基于修异方差之后的标准误计算的，即稳健的标准误（Huber，1967；White，1980）。构建的面板模型一般形式如下：

$$Y_{it} = f(X_{it};C_{it};\zeta_t) + \varepsilon_{it} \tag{3}$$

其中，当估计薪酬委员会对经理人货币薪酬水平影响时，Y_{it}是变量定义中经理人总现金薪酬的自然对数。由于使用了面板数据，因此，变量下标 i 代表了公司，下标 t 代表时间（以年为单位）。X_{it}表示薪酬委员会的特征，C_{it}代表所有的控制变量。ζ_t表示一组列特定的行业、时间的交互项，以过滤宏观经济因素的影响。Y 是 f（.）的线性函数。ε_{it}是随机扰动项，$\varepsilon_{it} \sim N(0,\ \delta^2)$。

当估计薪酬委员会对经理人持股或股权激励的影响时，本文用 Logistic 回归并使用最大似然法估计参数以验证薪酬委员会的特征对经理人得到激励性薪酬的影响。经理人持股为二值变量（1/0），即经理人在年末是否持有公司股份。经理人的股权激励也为二值变量（1/0），即经理人在本年是否拥有股票期权（stock options）或限制性股票（restricted stock）或股票增值权（share appreciation rights（SARs））。

（2）薪酬委员会特征对经理人薪酬—绩效敏感度的影响

$$\begin{aligned} CES_{i,t} = \alpha &+ \beta_1 RCALIGN_{i,t} + \beta_2 ETIDX_{i,t} + \beta_3 BDSIZE_{i,t} \\ &+ \beta_4 BDIND + \beta_5 GROWTH_{i,t} + \beta_6 UESD_{i,t} + \beta_7 RETSD_{i,t} \\ &+ \beta_8 LEV_{i,t} + \beta_9 SIZE_{i,t} + \beta_{10} Top1_{i,t} + \beta_{11} SOEs_i + \beta_{12} EAST_i \\ &+ \sum b_j IND\_\ YEAR_{j,t} + \varepsilon_{i,t} \end{aligned} \tag{4}$$

模型中变量含义见表 6－2。由于本文采用跨期、跨公司的混合数据进行分析，普通最小二乘（OLS）回归可能存在残差项的序列相关或横截面的相关性而低估系数标准误，进而高估 t 统计量（Smith 和 Watts，1992）。为了确保研究结论的稳健性，本文采用加权最小二乘（WLS）进行回归分析。

（3）薪酬委员会特征对会计盈余时效性与薪酬—绩效敏感度关联性的影响

本部分模型在（3）的基础上，采用分层回归方法，加入与股东利益融合的薪酬委员会（RCALIGN）调节变量，检验了薪酬委员会特征在经理人薪酬—绩效敏感度与会计盈余时效性关系中的调节作用。模型处理方法同(3)。为避免多重共线性，模型中交互项均进行了中心化处理。具体模型如下：

$$
\begin{aligned}
CES_{i,t} = {} & \alpha + \beta_1 RCALIGN_{i,t} + \beta_2 ETIDX_{i,t} + \beta_3 ETIDX_{i,t} \times RCALIGN_{i,t} \\
& + \beta_4 BDSIZE_{i,t} + \beta_5 BDIND + \beta_6 GROWTH_{i,t} + \beta_7 UESD_{i,t} \\
& + \beta_8 RETSD_{i,t} + \beta_9 LEV_{i,t} + \beta_{10} SIZE_{i,t} + \beta_{11} Top1 \\
& + \beta_{12} SOEs_i + \beta_{13} EAST_i + \sum b_j IND\_\ YEAR_{j,t} + \varepsilon_{i,t}
\end{aligned} \tag{5}
$$

6.3 实证结果分析

6.3.1 描述性统计分析

（1）经理人薪酬

表 6 - 3 提供了样本公司 2010 年与 2011 年的经理人薪酬。平均而言，样本期间经理人货币薪酬从 2010 年的约 58 万元上涨到 2011 年的近 70 万元，增长了 15.94%；经理人持股金额下降了 39.64%，经理人持股比例仅下降了 0.01 个百分点，但持有公司股份的经理人比例上升了 2.82 个百分点。从经理人平均持有公司股份的金额来看，经理人货币薪酬仅仅是经理人激励的一小部分。经理人持股，即持有的公司财富是激励经理人和改善代理成本的重要组成部分。经理人每年持股的平均值远大于经理人的平均货币薪酬水平。例如，表 6 - 3A 中表明 2010 年经理人持股与货币薪酬的比值约为 50 : 1，虽

然受 2011 年股市低迷的影响，这一比值下降为 28 ∶ 1，但经理人的持股比例几乎保持不变，持有公司股份的经理人也有所上升。可以看出，经理人的财富（股票价值）远大于他的货币薪酬。2011 年获得公司股权激励的经理人比例比 2010 年下降了 0.97 个百分点。表 6 - 3A 表明，平均而言，28% 的经理人拥有公司的普通股权益。总体而言，不是每个经理人都是公司的权益所有者。

表 6 - 3B 表明，公司用以激励经理人的股权工具存在着一定的差异，我国上市公司偏好于给经理人授予限制性股票和股票期权，并且，2011 年，依靠限制性股票进行经理人激励的公司增加了 8 个百分点，而通过授予股票期权激励经理人的公司却下降了 8 个百分点。但总体看来，股票期权是我国上市公司经理人权益薪酬的主要来源。

表 6 - 3　样本公司经理人薪酬描述性统计

A）经理薪酬与股权激励 a						
年度	观测值	经理货币薪酬（人民币 000s）	经理持股总额（人民币 000s）	经理持股比例（%）	持有公司股份的经理比例（%）	获公司股权激励的经理比例（%）
2010 年	417	582.98	31687.36	0.39	26.86	5.04
2011 年	492	693.51	19126.45	0.38	29.68	4.07
总计	909	642.81	24172.29	0.38	28.38	4.51

B）年度股权激励						
年度	根据授予类型统计					
	授予权益薪酬的公司	限制性股票（R）		股票期权（O）		股票增值权（A）
		公司数	占比（%）	公司数	占比（%）	
2010 年	22	7	31.82	15	68.18	0
2011 年	20	8	40.00	12	60.00	0
总计	42	15	27	0		

数据来源：根据 GTA 公司治理数据库计算。经理人薪酬为工资、奖金及其他货币性薪酬。经理人持股总额为总经理持有的公司总股数乘以公司股票年末收盘价。经理人持股比例为经理人持有公司股份数/公司年末流通在外总股数。注 a：单元格中报告的为均值。

(2) 股权结构

表6-4展示了样本公司所有权的近期变化。2011年，实际控制人为国有的上市公司下降了近27个百分点，已不足1/2，说明中国上市公司所有制格局已发生了重大变化，由国有控制为主到非国有的民营企业控制为主。我国国有控制上市公司的减少，始于2005年开始的上市公司股权分置改革，中投证券数据显示，2010年中国资本市场全年总解禁量为3812亿股，占当时流通A股总量的27.7%，可见，2011年国有实际控股上市公司的大幅减少与非流通股解禁密不可分。

表6-4还表明样本公司的股权集中度也略有下降，大股东持股仍然比较集中。赫芬达尔指数下降了0.4个百分点，第一大股东持股比例下降了0.5个百分点，第一大股东仍然处于控股地位。2010年第一与第二大股东持股比例相差约26个百分点（34.36-7.46），这一差异在2011年略有下降，但几乎持平。总体上，外资控股上市公司增加了0.5个百分点，比例仍然非常低。机构投资者持股略有上升，上升了0.86个百分点。

表6-4 样本公司股权结构

年	实际控制人为国有上市公司比例（%）	第一大股东持股比例（%）	第二大股东持股比例（%）	第三大股东持股比例（%）	赫芬达尔指数（%）	外资控股上市公司（%）	机构投资者持股（%）
2010	67.38	34.36	7.46	2.81	15.21	.72	15.48
2011	40.85	33.82	7.08	2.60	14.78	1.22	16.34
总计	53.03	34.11	7.25	2.69	14.98	.99	15.94

数据来源：数据来源于锐思数据库“公司股东与股本”。根据实际控制人性质，国有控股为虚拟变量（1/0）。第一、二、三大股东持股比例为各自持有的公司权益比例。赫芬达尔指数为前五大股东持股比例的平方和。

由表6-5可以看出，2010年，实际控制人为国有的上市公司经理人平均货币薪酬比非国有控制上市公司低约15万元。2011年，实际控制人为国有的上市公司经理人平均货币薪酬又比非国有控制上市公司经理人平均货币薪酬高出近16万元。2011年，国有实际控股上市公司持有公司股份的经理人仅比2010年多了8人，增长14%。而非国有控制上市公司持有公司股份的经理人增加了26人，增长了46%。当然，这与非国有上市公司数目增加有关。2010年，国有实际控制上市公司与非国有实际控制上市公司公司家数比例约为2∶1。2011年，这一比例约为2∶3。2011年，约有5%的国有控制上市公司对经理人实施了权益性激励，而仅有3%的非国有控制上市公司对经理人实施了权益性激励。2011年，实施权益性激励的国有控制上市公司增长了3.6个百分点，实施权益性激励的非国有控制上市公司却下降了9个百分点。总体上看，2011年，国有控制上市公司加大了对经理人的薪酬激励。

表6-5 实际控制人性质与经理人薪酬

年度	国有实际控股				非国有实际控股			
	公司数	货币薪酬（万元）	持股（家）	权益激励（家）	公司数	货币薪酬（万元）	持股（家）	权益激励（家）
2010（N=417）	281	53.39	56	4	136	68.45	56	17
2011（N=492）	201	78.60	64	10	291	62.96	82	10

注：实际控制人类型数据来源为CCER数据库。

表6-6展示了股权集中度高与低两种情形样本公司的经理人薪酬。可以看出，总体上，样本公司股权集中度高的公司数目相对较少。在2010年与2011年分别占样本量的约42%和40%。并且2011年，股权集中度高的公司数目下降了2个百分点。股权集中度高的样本公司中，经理人货币薪酬略高，2010年，差异为2.7万元。但这一差异在2011年有所缓和，差异为0.53万元。非常明显的是，在经理人的持股与权益性激励方面，股权集中度低的上市公司远高于股权集中度高的上市公司。2010年，股权集中

度低的上市公司中，经理人持股的公司数约为36%。而这一数据在股权集中度高的上市公司中为14%。2011年，这一数据在两类上市公司中均有所增长，股权集中度高的上市公司有经理人持股的公司增长到39%，增长了3个百分点。而股权集中度低的上市公司为15%，仅增长了1个百分点。对经理人实施权益激励的上市公司在两类样本中也有明显不同。2010年，股权集中度高的样本中，对经理人实施权益性激励的公司为1.7%，在股权集中度低的样本中，这一数据为7.5%。这一情况在2011年有所转变。2011年，股权集中度高的样本中，有2.6%的公司对经理人进行了权益激励，比上一年上升了0.9个百分点，股权集中度低的样本中，这一数据为5%，比上一年下降了2.5个百分点。总体上看，股权集中度低的上市公司对经理人的激励强度较高。

表6-6 股权集中度与经理人薪酬

年度	赫芬达尔指数高				赫芬达尔指数低			
	公司数	货币薪酬（万元）	持股（家）	权益激励（家）	公司数	货币薪酬（万元）	持股（家）	权益激励（家）
2010（N=417）	176	59.83	26	3	241	57.18	86	18
2011（N=492）	195	69.67	30	5	297	69.14	116	15

注：赫芬达尔指数来源于CCER数据库。赫芬达尔指数为前五大股东持股比例的平方和，按其均值分组。

（3）公司内部治理

表6-7展示了样本公司2010年与2011年的公司内部治理状况。数据表明，2011年，上市公司董事长与总经理两职合一的状况并未有下降的趋势，存在两职合一的上市公司上升了0.02个百分点。董事会规模呈现缩减迹象，下降了0.09个百分点。相似地，监事会规模也下降了0.03个百分点。但独立董事比例保持未变。样本公司上市时间较早。薪酬委员会中，独立董事比

例略微下降 0. 01 个百分点，而经理人参与薪酬委员会的公司却上升了 0. 03 个百分点，说明样本公司薪酬委员会独立性并不是很高。样本公司薪酬委员会持有公司股份的董事比重均值为 12%，但持股的董事在 2011 年有所减少。女性参与薪酬委员会的比重增加了 0. 01 个百分点。薪酬委员会董事任期出现下降，表明 2011 年一些上市公司选择了任期较短的董事担任薪酬委员会成员。我国《上市公司治理准则》（2001）建议上市公司设立战略、审计、薪酬和提名四大专门委员会，样本公司薪酬委员会的董事大多在 2 个以上的委员会任职，表明薪酬委员会董事对董事会事务参与程度较高，董事会事务比较繁忙。薪酬委员会董事外部兼职家数平均为 0. 89，但 2011 年比 2010 年上升了 0. 11 个百分点，平均而言，薪酬委员会董事在外部公司兼职并不多，应该有精力专注于本公司的事务。

表 6－7　样本公司内部治理

年	两职合一	董事会规模	监事会规模	独立董事比例	公司上市年数	薪酬委员会						
						独立董事比例	经理人是委员	持股董事比例	女性董事比例	董事任期（年）	董事内部活动	董事外部活动
2010	. 12	9. 22	3. 99	. 37	12. 11	. 62	. 25	. 14	. 12	1. 67	2. 68	0. 83
2011	. 14	9. 13	3. 96	. 37	13. 12	. 61	. 28	. 10	. 13	1. 60	2. 46	0. 94
均值	. 13	9. 17	3. 98	. 37	12. 66	. 62	. 27	. 12	. 13	1. 63	2. 56	0. 89

数据来源：国泰安“上市公司治理结构数据库”。

我国国有控股上市公司的股权结构中，政府是第一大股东，政府以控制董事会的方式掌握公司的最终控制权。在此情况下极易造成公司所有者“虚位”的问题。上市公司内部委托代理关系带有明显的政治功利性色彩，而不是完全体现经济利益的契约关系。在我国国有控股上市公司中，内部董事往往属于国家公职人员，一般都要接受党委、纪委和工会的监督。大股东派出的董事可能不代表全体股东利益，但至少会代表国有控股股东自身利益。因而物质激励对其并不一定是必需的。而外部董事很少受到与内部董事类似的监督，其行为可能无所顾忌；而且外部董事可能不代表任何股东的利益，仅代表自己的个人利益。他们很容易与管理层结成利益共同体，共同侵吞股东利益，为管理层的不正当行为进行合法化“背书”。我国大多数民营企业由自然人或家族控制、股权相对集中，“一股独大”现象较为普遍，公司高管一般由所有者自己或其亲属、亲信担任，容易致使企业内部监督机制失效，导致大股东或内部人自定薪酬；家族成员之间的利他主义又容易引起互惠行为，导致高管激励不当。因而，本文进一步依实际控制人类型考察了样本公司内部治理，特别是薪酬委员会治理情况。

表6-8展示了实际控制人类型为国有及非国有的上市公司内部治理状况。可以看出，受到《公司法》（2006）的影响，实际控制为国有的上市公司中两职合一现象较少。但2011年这一现象有所抬头。国有实际控制上市公司与非国有实际控制上市公司的董事会规模和监事会规模并无太大差别，两者在不同年份呈现出此消彼长的态势。非国有实际控制上市公司独立董事比例有所提高。2011年，这一比例上升了0.01个百分点。并且，非国有控制上市公司上市年数稍短。国有与非国有控制上市公司薪酬委员会的独立董事比例都呈现了提升。而对于经理人参与薪酬委员会的情况，国有控制上市公司这一现象有所增多，2011年比2010年增加了0.06个百分点。而非国有控制上市公司的这一现象却有所好转，2011年比2010年下降了0.05个百分点。预料之外的是，国有控制上市公司薪酬委员会女性董比例出现了上升。从2011年的数据来看，薪酬委员会董事任期在不同控制类型的公司中并无差异。并且，非国有控制上市公司薪酬委员会董事内部活动较多，而国有控制上市公司薪酬委员会董事的外部事务较为繁忙。这表明国有控制上市公司薪酬委员会的董事可能无更充沛的精力料理薪酬委员会事务。但同时，他们也可能会给公司带来更丰富的任职经验。

表 6－8　实际控制人类型与样本公司内部治理

年	两职合一	董事会规模	监事会规模	独立董事比例	公司上市年数	薪酬委员会						
						独立董事比例	经理人是委员	持股董事比例	女性董事比例	董事任期（年）	董事内部活动	董事外部活动
实际控制人为国有（N＝482）												
2010	.09	9.44	4.21	.37	12.47	.63	.21	.12	.12	3.69	2.69	.77
2011	.16	9.09	3.85	.37	13.36	.64	.27	.11	.14	4.28	2.41	1.04
实际控制人为非国有（N＝427）												
2010	.18	8.75	3.55	.36	11.34	.59	.35	.18	.13	3.98	2.67	.93
2011	.16	9.17	4.03	.37	12.96	.60	.30	.09	.13	4.28	2.50	.88

数据来源：根据国泰安“上市公司治理结构数据库”整理。薪酬委员会董事任期、内部活动和外部活动均为平均值。

股权集中度高的公司容易受到大股东控制，而股权集中度低的公司又容易形成内部人控制，两种情况都可能导致薪酬委员会不能有效发挥作用。因而，本文根据股权集中度分组考察了薪酬委员会在这两种情形公司中的治理状态。表 6－9 列示了根据样本公司赫芬达尔指数均值分组的两类上市公司内部治理状况。总体而言，两类公司的内部治理情况有较大差异。两职合一程度表明，股权集中度低的上市公司，经理人权力较大。股权集中度低的上市公司董事会规模和监事会规模也较低，上市年数较长，但独立董事比例并未呈现差别。两类样本公司的薪酬委员会独立董事比例相差无几，但股权集中度低的上市公司经理人参与薪酬委员会的公司较多。在股权集中度低的公司，持股董事参与薪酬委员会的情况较多，与股权集中度高的公司比，这类公司持股董事占薪酬委员会人数比例较股权集中度高的公司高出 0.06 个百分点。在股权集中度低的上市公司，女性参与薪酬委员会的程度较高，董事任期较长，董事的内部活动较多。

表6-9 股权集中度与样本公司内部治理

年	两职合一	董事会规模	监事会规模	独立董事比例	公司上市年数	薪酬委员会						
						独立董事比例	经理人是委员	持股董事比例	女性董事比例	董事任期（年）	董事内部活动	董事外部活动
赫芬达尔指数高（N=371）												
2010	.08	9.34	4.10	.37	12.03	.61	.21	.11	.12	3.65	2.65	.86
2011	.10	9.26	3.96	.37	12.97	.62	.28	.06	.13	4.12	2.42	.93
赫芬达尔指数低（N=538）												
2010	.14	9.13	3.93	.36	12.16	.62	.28	.16	.13	3.88	2.71	.80
2011	.17	9.06	3.96	.37	13.23	.61	.29	.12	.14	4.38	2.49	.95

数据来源：根据国泰安"上市公司治理结构数据库"整理。薪酬委员会董事任期、内部活动和外部活动均为平均值。

经理人参与薪酬委员会在我国上市公司普遍存在，这可能导致薪酬委员会的有效性受到经理人的影响。由此本文考察了样本公司经理人在薪酬委员会的情况，见表6-10。结果表明，非国有控制上市公司经理人参与薪酬委员会的比重较大，但2011年这一情况有所减少。国有控制上市公司中，虽然经理人参与薪酬委员会的公司相对较少，但2011年，经理人参与薪酬委员会的上市公司比重有所提升。

表6-10 样本公司经理人在薪酬委员会情况统计

年	经理人在薪酬委员会（0=不在，1=在）	家数	百分比
2010	非国有实际控制		
	0	89	65.44
	1	47	34.56
	总计	136	100
	国有实际控制		
	0	223	79.36
	1	58	20.64
	总计	281	100

续表

年	经理人在薪酬委员会（0=不在，1=在）	家数	百分比
2011	非国有实际控制		
	0	205	70.45
	1	86	29.55
	总计	291	100
	国有实际控制		
	0	147	73.13
	1	54	26.87
	总计	201	100

6.3.2 相关性分析

表6-11报告了研究中使用的所有因变量、自变量和控制变量的相关系数。经理人货币薪酬（LnCEOPay）与薪酬委员会独立董事比例（RCIND）、薪酬委员会董事持股（RCStock）、薪酬委员会董事薪酬（RCPay）以及薪酬委员会董事外部活动（RCExact）显著正相关。企业财务绩效（ROA）好、成长机会（MB）多、规模（SIZE）大、上市年数久（Firmage）和所处经济发达地区（East）的上市公司，经理人货币薪酬水平较高。董事规模较大以及经理人两职合一的公司经理人货币薪酬较高。经理人的年龄也对经理人货币薪酬有正向影响。然而，薪酬委员会董事内部活动多的公司，经理人货币薪酬较低。公司风险大、市场绩效好的公司与经理人货币薪酬负相关。

此外，表6-11还表明经理人获得股票薪酬的可能性（CEOStock）与薪酬委员会董事持股（RCStock）和薪酬（RCPay）、薪酬委员会董事外部活动（RCExact）、薪酬委员会董事任期（RCTenure）正相关。与企业绩效（ROA）、企业规模（SIZE）、企业所处经济发达地区（East）、企业经理人两职合一（CEOCHAIR）及经理人年龄（CEOAge）正相关。而与公司财务风险（LEV）、经营风险（RISK）、实际控制人类型（SOEs）、股权集中度（TOP1）

表 6－11 变量相关系数表

(obs = 909)	LnCEOPay	CEOStock	CEOEquity	CES	RCIND	CEONRC	RCStock	RCPay	RCTenure	RCFemale%	RCInact
LnCEOPay	1.00										
CEOStock	0.19*	1.00									
CEOEquity	0.10*	0.18*	1.00								
CES	0.02	0.33*	-0.03	1.00							
RCIND	0.07*	0.02	0.00	0.01	1.00						
CEONRC	0.06	-0.03	-0.02	-0.04	0.18*	1.00					
RCStock	0.10*	0.52*	0.14*	0.20*	-0.06	-0.12*	1.00				
RCPay	0.19*	0.11*	0.03	0.07*	0.39*	-0.03	0.04	1.00			
RCTenure	0.02	0.15*	0.02	-0.01	-0.15*	-0.12*	0.21*	0.03	1.00		
RCFemale%	0.01	0.06	-0.02	0.04	0.03	0.00	0.00	-0.03	-0.02	1.00	
RCInact	-0.16*	-0.03	-0.02	-0.03	-0.11*	-0.18*	0.03	-0.25*	0.07*	0.09*	1.00
RCExact	0.12*	0.08*	0.06	0.02	0.07*	-0.06	0.08*	0.06	0.04	0.03	0.09*
ROA	0.34*	0.15*	0.11*	0.11*	0.01	-0.03	0.12*	0.07*	-0.04	0.07*	-0.08*
RET	-0.08*	0.00	0.05	0.18*	-0.03	-0.02	0.06	-0.09*	-0.07*	0.04	0.11*
MB	0.12*	-0.04	-0.06	-0.20*	0.05	0.05	-0.03	0.04	0.03	-0.02	-0.05
SIZE	0.37*	0.06*	0.04	-0.03	0.05	0.09*	0.11*	0.01	0.03	-0.02	-0.09*

续表

(obs = 909)											
	LnCEOPay	CEOStock	CEOEquity	CES	RCIND	CEONRC	RCStock	RCPay	RCTenure	RCFemale%	RCInact
LEV	0.05	-0.09*	-0.03	-0.08*	0.01	0.07*	0.01	-0.03	0.07*	0.00	0.03
RISK	-0.13*	-0.10*	-0.01	-0.00	-0.02	0.01	-0.07*	-0.06	-0.06	-0.05	0.13*
GROWTH	0.08*	0.00	0.02	0.07*	0.03	0.04	0.05	-0.02	0.03	-0.03	0.02
Firmage	0.10*	0.01	-0.12*	-0.05	0.03	0.04	-0.05	0.05	0.05	0.08*	-0.01
East	0.24*	0.13*	0.04	0.03	0.06	0.00	0.07*	0.13*	0.04	-0.05	-0.10*
CEOCHAIR	0.08*	0.11*	0.01	0.14*	0.05	-0.13*	0.08*	0.14*	0.03	-0.01	0.02
LnBDSIZE	0.07*	0.00	0.07*	-0.01	0.02	0.14*	0.06	-0.19*	-0.03	-0.06	-0.25*
SBSIZE	0.02	-0.03	-0.09*	-0.02	-0.01	0.12*	-0.02	-0.09*	-0.01	0.02	-0.02
BDIND	0.03	-0.04	-0.05	0.00	0.09*	0.00	-0.11*	0.05	-0.08*	-0.05	0.04
SOEs	-0.03	-0.08*	-0.08*	-0.00	0.09*	0.09*	-0.03	-0.03	-0.09*	-0.01	0.02
Top1	-0.00	-0.24*	-0.11*	-0.13*	-0.02	0.04	-0.20*	-0.08*	-0.10*	-0.02	-0.03
CEOMale	0.03	-0.14*	-0.06	-0.12*	0.05	0.08*	-0.04	0.05	-0.00	-0.13*	-0.01
CEOTenure	0.04	0.01	-0.04	0.01	-0.07*	-0.01	-0.00	-0.01	0.15*	-0.02	-0.03
CEOAge	0.07*	0.16*	-0.08*	0.03	0.00	0.06	0.02	-0.02	0.04	0.06	-0.00
ETIDX	0.03	0.03	0.01	0.03	-0.03	0.04	0.02	-0.03	0.03	-0.06	0.07*
UESD	-0.05	-0.04	-0.10*	-0.04	0.05	0.00	-0.03	0.06	-0.02	0.00	0.01
RETSD	-0.00	-0.10*	-0.02	0.01	0.05	-0.03	-0.04	-0.02	-0.04	-0.01	0.11*

续表

	RCExact	ROA	RET	MB	SIZE	LEV	RISK	GROWTH	Firmage	East	CEOCHAIR
RCExact	1.00										
ROA	0.08*	1.00									
RET	0.00	0.22*	1.00								
MB	0.03	−0.28*	−0.46*	1.00							
SIZE	0.09*	0.08*	−0.12*	0.61*	1.00						
LEV	0.05	−0.41*	−0.05	0.46*	0.42*	1.00					
RISK	−0.06	−0.14*	0.25*	−0.21*	−0.18*	0.09*	1.00				
GROWTH	0.05	0.20*	0.19*	0.01	0.19*	0.14*	0.09*	1.00			
Firmage	−0.08*	−0.12*	−0.13*	0.13*	0.06	0.13*	−0.05	−0.03	1.00		
East	0.13*	0.09*	−0.01	0.02	0.07*	−0.02	−0.06	0.00	0.04	1.00	
CEOCHAIR	0.05	0.06	−0.01	−0.08*	−0.10	−0.08*	−0.05	−0.00	−0.01	0.05	1.00
LnBDSIZE	0.03	0.02	0.02	0.07*	0.27*	0.12*	−0.06	0.07*	−0.13*	−0.04	−0.15*
SBSIZE	−0.06	0.00	−0.01	0.09*	0.16*	0.07*	0.02	0.05	0.12*	−0.09*	−0.10*
BDIND	0.08*	−0.02	−0.00	0.02	0.05	−0.01	−0.04	0.02	0.04	−0.01	−0.01
SOEs	0.01	−0.04	0.14*	0.01	0.09*	0.06	0.15*	0.03	0.05	−0.05	−0.04
Top1	0.06	0.00	−0.01	0.16*	0.23*	0.09*	0.01	0.03	−0.05	0.04	−0.11*
CEOMale	0.01	−0.04	0.00	−0.02	−0.02	−0.08*	0.02	−0.03	−0.08*	0.02	0.02

续表

	RCExact	ROA	RET	MB	SIZE	LEV	RISK	GROWTH	Firmage	East	CEOCHAIR
CEOTenure	-0.01	-0.01	-0.01	0.02	0.00	0.01	-0.04	0.06	0.06	-0.02	0.01
CEOAge	0.00	-0.04	-0.07*	0.03	0.02	0.04	-0.03	-0.08*	0.09*	0.01	0.14*
ETIDX	-0.01	-0.07*	0.07*	-0.06	0.04	-0.01	0.05	0.03	0.04	0.00	0.04
UESD	0.01	-0.21*	-0.01	0.21*	0.09*	0.18*	0.12*	-0.06	0.17*	0.04	-0.05
RETSD	-0.05	0.00	0.16*	-0.06	0.04	0.13*	0.31*	0.08*	-0.02	-0.03	-0.01
LnBDSIZE	1.00										
SBSIZE	0.28*	1.00									
BDIND	-0.25*	-0.02	1.00								
SOEs	0.08*	0.07*	0.01	1.00							
Top1	0.02	0.05	0.04	0.08*	1.00						
CEOMale	0.05	-0.02	-0.02	-0.02	0.02	1.00					
CEOTenure	-0.01	0.00	0.02	0.02	0.00	-0.01	1.00				
CEOAge	0.05	0.03	-0.04	0.03	0.01	0.03	0.01	1.00			
ETIDX	-0.01	0.07*	0.01	0.08*	-0.03	0.02	-0.01	0.04	1.00		
UESD	-0.03	0.02	0.01	0.06	0.02	0.01	0.02	-0.01	0.06	1.00	
RETSD	-0.01	-0.01	-0.01	0.14*	0.00	-0.02	-0.01	-0.08*	0.06	0.21*	1.00

注：表中列示了变量之间的 spearman 相关系数。变量定义见表 6 - 2。* 代表 .05 显著性水平。

以及经理人性别（CEOMale）负相关。经理人获得权益性激励的可能性（CEOEquity）与薪酬委员会董事持股（RCStock）、企业财务绩效（ROA）及董事会规模（BDSIZE）正相关。而与企业上市年数（Firmage）、监事会规模（SBSIZE）、实际控制人类型（SOEs）、股权集中度（TOP1）以及经理人年龄负相关。

与经理人薪酬—绩效敏感度（CES）正相关的主要变量为薪酬委员会董事薪酬（RCPay）、薪酬委员会董事持股（RCStock）、企业财务绩效（ROA）、市场绩效（RET）、企业成长性。而与经理人薪酬—绩效敏感度（CES）负相关的主要变量为企业成长机会（MB），公司财务风险（LEV）

相关系数最大值为企业规模（SIZE）与账面市值比（MB）之间的0.62，其次为账面市值比与市场绩效（RET）之间的相关系数（-0.42），以及账面市值比（MB）与公司财务风险（LEV）之间的相关系数（0.42），其余变量之间的相关系数均较小。变量之间VIF平均值为1.34，因此无严重共线性问题。

6.3.3 回归结果分析

（1）薪酬委员会特征与经理人薪酬

表6-12为薪酬委员会特征与经理人股票薪酬及权益薪酬的Logistic回归结果。

表6-12 薪酬委员会特征与经理人股票、权益薪酬的Logistic回归结果

变量	(1)			(2)		
	经理人股票薪酬（CEOStock）			经理人权益薪酬（CEOEquity）		
	系数	标准误	Z值	系数	标准误	Z值
RCIND	0.17	(0.67)	0.79	0.49	(1.40)	0.50
CEONRC	0.11	(0.22)	0.50	-0.08	(0.42)	-0.09
RCStock	1.88***	(0.44)	8.94	1.12	(0.66)	1.62
RCPay	0.29	(0.11)	1.25	0.30	(0.21)	0.31

续表

变量	(1)			(2)		
	经理人股票薪酬（CEOStock）			经理人权益薪酬（CEOEquity）		
	系数	标准误	Z 值	系数	标准误	Z 值
RCTenure	0. 37 *	(0. 07)	1. 74	0. 40	(0. 13)	0. 44
RCFemale%	0. 40 * *	(0. 48)	2. 07	-0. 65	(1. 08)	-0. 69
RCInact	0. 04	(0. 16)	0. 19	0. 27	(0. 32)	0. 26
RCExact	0. 07	(0. 18)	0. 34	0. 31	(0. 27)	0. 48
ROA	-0. 35	(1. 98)	-1. 38	-0. 29	(3. 97)	-0. 27
RET	-0. 06	(0. 34)	-0. 26	-0. 22	(0. 61)	-0. 23
MB	-0. 50	(0. 57)	-1. 51	-2. 61 *	(1. 11)	-1. 85
SIZE	1. 30 * * *	(0. 13)	3. 96	3. 02 * *	(0. 25)	2. 26
LEV	-1. 16 * * *	(0. 67)	-4. 24	-0. 78	(1. 46)	-0. 60
RISK	-0. 15	(55. 70)	-0. 69	0. 47	(109. 97)	0. 49
LnCEOPay	0. 53 * *	(0. 14)	2. 20	1. 95 *	(0. 27)	1. 91
CEOCHAIR	0. 09	(0. 27)	0. 44	0. 08	(0. 53)	0. 09
LnBDSIZE	0. 10	(0. 60)	0. 39	1. 68	(1. 17)	1. 57
SBSIZE	-0. 22	(0. 08)	-0. 96	-2. 53 * *	(0. 19)	-2. 13
BDIND	0. 16	(1. 88)	0. 75	-0. 98	(4. 20)	-0. 92
SOEs	-0. 47 * *	(0. 19)	-2. 29	-1. 47 *	(0. 37)	-1. 65
Top1	-1. 47 * * *	(0. 01)	-6. 24	-2. 17 * *	(0. 01)	-2. 22
CEOMale	-0. 94 * * *	(0. 41)	-5. 06	-1. 75 * * *	(0. 66)	-2. 69
CEOTenure	-0. 02	(0. 09)	-0. 08	-1. 05	(0. 19)	-0. 96
CEOAge	1. 05 * * *	(0. 02)	4. 87	-1. 59 *	(0. 03)	-1. 77
Firmage	-0. 01	(0. 03)	-0. 04	-2. 59 * * *	(0. 05)	-2. 68
East	0. 59 * * *	(0. 20)	2. 65	-0. 57	(0. 42)	-0. 57
IND_ YEAR	-0. 17	(0. 02)	-0. 80	0. 96	(0. 04)	1. 03
Constant	0. 00 * * *	(3. 00)	-5. 80	0. 00 * * *	(5. 95)	-2. 68
Observations	909			909		

续表

变量	(1)			(2)		
	经理人股票薪酬（CEOStock）			经理人权益薪酬（CEOEquity）		
	系数	标准误	Z值	系数	标准误	Z值
Pseudo R^2	0.2799			0.2020		
Prob > chi2	0.0000			0.0000		
F	303.50			67.51		

注：＊＊＊表示0.01显著性水平，＊＊表示0.05显著性水平，＊表示0.1显著性水平。

由表6-12可知，薪酬委员会持股董事较多（$\beta=1.88$，$P<0.01$）、女性董事比例较大（$\beta=0.40$，$P<0.05$）和董事任期较长（$\beta=0.37$，$P<0.1$）的上市公司，更可能发放经理人股票薪酬，证实了假设5、假设8和假设9。表明薪酬委员会中持有公司股份的董事越多，越倾向于为经理人发放股票薪酬增强经理人与股东利益的一致性；女性董事在薪酬委员会比例大，薪酬委员会制定复杂薪酬政策的能力越强，越能够提升经理人被授予股票激励的可能性，以防止经理人行为偏离股东目标；薪酬委员会董事任期较长，监督能力较强、任职经验丰富，因而增加经理人持股的可能。薪酬委员会独立董事比例及经理人不在薪酬委员会均对经理人股票薪酬和权益薪酬无影响，未能证实假设2和假设3，表明独立董事在薪酬委员会比例大、经理人不在薪酬委员会并不会提高薪酬委员会有效性。本文并未发现薪酬委员会会增加经理人被授予权益薪酬的可能性。

此外，本文发现经理人在较高股权集中度的上市公司较不会获得股票薪酬（$\beta=-1.47$，$P<0.01$）或权益激励（$\beta=-2.17$，$P<0.05$）。该结果与代理理论的预测一致，表明股东的监督同与绩效相关的激励是替代性的治理机制（Jensen和Warner，1998）。类似地，监事会规模与经理人被授予权益激励的可能性负相关（$\beta=-2.53$，$P<0.05$），表明监督与激励机制的替代作用也体现在我国上市公司监事会中。与Conyon和He（2012）的发现一致，经理人在国有控制上市公司较不可能被授予股票或权益激励，表明基于经济考

虑的代理理论并不是解释中国上市公司激励合同的唯一理论。在经济因素方面，经济发达地区的上市公司更会授予经理人股票激励（$\beta=0.59$，$P<0.01$），成长机会越多，企业授予经理人权益薪酬的可能性越小（$\beta=-2.61$，$P<0.1$）。本文并未发现其他经济因素影响中国上市公司经理人获得股票及权益激励的可能性。在公司特征方面，本文发现，企业规模越大的公司，经理人受到股票及权益激励的可能性越大（$\beta=1.30$，$P<0.01$；$\beta=3.02$，$P<0.05$），企业资产负债比率越大，经理人越不太可能受到股票激（$\beta=-1.16$，$P<0.01$）。我们还发现，更年长的经理人有较大可能拥有公司股票（$\beta=1.05$，$P<0.01$），但较少可能受到权益激励（$\beta=-1.59$，$P<0.1$）。女性经理人更可能得到股票及股权激励（$\beta=-0.94$，$P<0.01$；$\beta=-1.75$，$P<0.01$），说明中国上市公司女性经理人可能是风险偏好型的。

表 6－13（1）列示了薪酬委员会特征对经理人货币薪酬水平影响的 OLS 回归结果。结果表明薪酬委员会独立董事比例与经理人货币薪酬正相关（$\beta=0.06$，$P<0.05$）。根据管理学和金融学的研究结论：风险转移与较高的经理人薪酬相关（Miller，Wiseman 和 Gomez－Mejia，2002）。在我国监管部门的要求下，上市公司薪酬委员会的独立性较高，对经理人薪酬形成了较强的监控强度，使与经理人薪酬契约相关的企业绩效指标的真实性和完整性受到较高的重视，经理人薪酬绩效考核也更加规范，经理人绩效考核的合规性和复杂性加大。相应地，经理人需要更多的工作量和加倍的努力以应对较高的监督强度，经理人考核不合格、被更迭的机率增加，经理人职业风险加大。这构成了经理人需要承担的额外风险。由于这种额外风险的存在，随着时间的推移，他们将要求，也能够获得更多的报酬作为补偿。经理人薪酬由短期薪酬和长期薪酬组成，短期薪酬包括工资、奖金和其他以货币形式发放的年度薪酬。由于经理人是风险厌恶的，并且奖金都是同企业绩效挂钩的，因而，经理人会要求更高的货币薪酬作为补偿。将风险和责任能够最优地分配给委托人与代理人对履行决策控制是非常重要的（Fama 和 Jensen，1983）。由此，本文认为，薪酬委员会独立董事比例与经理人薪酬正相关不能说明薪酬委员会独立董事未发挥作用。

表6－13（1）还表明，董事薪酬较多（$\beta=0.07$，$P<0.05$），经理人的货币薪酬较多，与 Conyon 和 He（2004）的研究一致，符合假设7的预测，支持三层委托代理理论。董事的外部活动较多（$\beta=0.06$，$P<0.05$）的情况下，经理人的货币薪酬较多，与假设11预测相反，表明薪酬委员会董事越多地服务多个董事会，拥有丰富的多元化经验以及与若干个管理团队的沟通，提升了经理人薪酬制定的参照点。薪酬委员会董事参与的董事会专门委员会较多（$\beta=-0.07$，$P<0.05$），增加了薪酬委员会董事对经理人努力程度的了解，降低了代理成本。薪酬委员会董事持股与经理人货币薪酬无关，与 Core 等（1999）、Conyon 和 He（2004）研究结果相符。

表6－13中的控制变量表明，经理人货币薪酬与企业财务绩效显著正相关（$\beta=0.23$，$P<0.01$），表明薪酬委员会在制定经理人货币薪酬时依据了企业财务绩效。企业规模越大，经理人货币薪酬越多（$\beta=0.45$，$P<0.01$）。经济发达地区的经理人货币薪酬较多（$\beta=0.13$，$P<0.01$）。经理人任期越长、年龄越大，货币薪酬越多（$\beta=0.06$，$P<0.05$；$\beta=0.08$，$P<0.01$）。第一大股东持股比例越多，大股东的监督越强，从而替代了经理人的货币激励（$\beta=-0.1$，$P<0.01$）。此外，本文发现，企业市场绩效越好，经理人货币薪酬越低（$\beta=-0.09$，$P<0.01$），与 Conyon 和 He（2012）的符号相同。企业成长机会多，经理人货币薪酬较少（$\beta=-0.18$，$P<0.01$），表明企业的成长并未给经理人带来较高的收益。

表6－13（2）展示了薪酬委员会结构特征对经理人货币薪酬水平影响的固定效应回归结果。与 OLS 回归结果相同的是，该结果表明，薪酬委员会董事任职于多个专门委员会的情况下，经理人会得到的货币薪酬较低（$\beta=-0.14$，$P<0.05$）。在固定效应模型中，企业财务绩效依旧与经理人货币薪酬正相关（$\beta=0.06$，$P<0.1$）。债务并没有约束到经理人货币薪酬，反而，资产负债率较高的公司，经理人货币薪酬较高（$\beta=0.22$，$P<0.05$）。与 Conyon 和 He（2012）发现一致，国有控制上市公司经理人的货币薪酬较少（$\beta=-0.03$，$P<0.1$）。

表6-13 薪酬委员会特征与经理人货币薪酬回归结果

变量	(1)			(2)		
	LnCEOPay，OLS			LnCEOPay，FE		
	系数	标准误	T值	beta	标准误	T值
RCIND	0.06**	(0.15)	1.99	0.05	(0.18)	1.35
CEONRC	0.00	(0.05)	0.09	-0.06	(0.16)	-0.67
RCStock	0.00	(0.11)	0.14	0.01	(0.07)	0.66
RCPay	0.07**	(0.03)	2.08	-0.01	(0.02)	-0.50
RCTenure	0.00	(0.02)	0.17	-0.04	(0.02)	-1.00
RCFemale%	-0.00	(0.11)	-0.06	0.04	(0.19)	0.99
RCInact	-0.07**	(0.04)	-2.15	-0.14**	(0.07)	-2.24
RCExact	0.06**	(0.05)	2.07	0.01	(0.03)	0.65
ROA	0.23***	(0.56)	5.63	0.06*	(0.51)	1.69
RET	-0.09***	(0.08)	-2.64	0.00	(0.06)	0.01
MB	-0.18***	(0.14)	-3.94	0.01	(0.25)	0.15
SIZE	0.45***	(0.03)	9.81	0.14	(0.11)	0.93
LEV	0.06	(0.15)	1.58	0.22**	(0.45)	2.07
RISK	0.01	(13.38)	0.20	0.00	(16.88)	0.03
East	0.13***	(0.05)	4.53	0.05	(0.03)	1.42
CEOCHAIR	0.04	(0.07)	1.27	0.00	(0.11)	0.10
LnBDSIZE	-0.06*	(0.15)	-1.79	0.04	(0.46)	0.36
SBSIZE	-0.00	(0.02)	-0.00	0.04	(0.06)	0.35
BDIND	-0.01	(0.38)	-0.54	0.01	(0.69)	0.24
SOEs	-0.04	(0.05)	-1.35	-0.03*	(0.03)	-1.87
Top1	-0.10***	(0.00)	-3.14	-0.18	(0.01)	-1.44
CEOMale	0.06	(0.14)	1.63	-0.01	(0.05)	-0.29
CEOTenure	0.06**	(0.02)	2.03	0.03	(0.02)	1.16
CEOAge	0.08***	(0.00)	2.89	1.07**	(0.06)	2.47
IND_ YEAR	控制			控制		

续表

变量	(1)			(2)		
	LnCEOPay，OLS			LnCEOPay，FE		
	系数	标准误	T值	beta	标准误	T值
Constant	5.76***	(0.73)	7.93	3.76	(3.15)	1.19
Observations	909			909		
R - squared	0.317			0.262		
Prob > F	0.0000			0.0000		
F	14.15			5.45		

注：所列系数为标准化系数；括号中为稳健的标准误；***表示0.01显著性水平，**表示0.05显著性水平，*表示0.1显著性水平。

（2）薪酬委员会特征与经理人薪酬—绩效敏感度

表6-14为薪酬委员会特征对经理人薪酬与股东财富关联关系的影响。回归结果表明，与假设12预期相反，经理人不在薪酬委员会会导致较低的薪酬—绩效敏感度（$\beta=-0.03$，$P<0.1$），增加代理问题。与假设13一致，薪酬委员会持股董事多，可以增强经理人薪酬与股东财富的联系（$\beta=0.06$，$P<0.05$）。薪酬委员会董事薪酬较高会促进薪酬委员会的努力水平，增强经理人行为与股东利益的一致性（$\beta=0.03$，$P<0.01$），与前述研究发现薪酬委员会董事薪酬与经理人货币薪酬正相关的结果综合表明，不存在薪酬委员会董事与经理人合谋的证据，体现出的是薪酬委员会董事薪酬与经理人薪酬是共同激励的结果（杨青等，2009）。会计盈余时效性越强（$\beta=0.02$，$P<0.1$），经理人薪酬—绩效敏感度越高，表明中国上市公司经理人薪酬契约中考虑了会计盈余时效性指标。未预期盈余变异性越大，盈余的干扰性信息越多，经理人薪酬—绩效敏感度越低（$\beta=-0.02$，$P<0.05$），与理论预期一致。

表 6－14　薪酬委员会特征与经理人薪酬—绩效敏感度的 WLS 回归结果

变量	因变量：经理人薪酬—绩效敏感度（CES）		
	系数	标准误	T 值
Constant	－0.00	(0.00)	－1.32
RCIND	0.01	(0.00)	1.56
CEONRC	－0.03*	(0.00)	－1.89
RCStock	0.06**	(0.00)	2.57
RCPay	0.03***	(0.00)	4.28
RCTenure	－0.00	(0.00)	－0.24
RCFemale%	0.00	(0.00)	0.27
RCInact	－0.01	(0.00)	－1.19
RCExact	－0.00	(0.00)	－0.32
ETIDX	0.02*	(0.00)	1.82
LnBDSIZE	－0.01	(0.00)	－0.68
BDIND	0.00	(0.00)	0.30
GROWTH	0.01	(0.00)	1.16
UESD	－0.02**	(0.00)	－2.12
RETSD	0.01	(0.00)	1.25
LEV	－0.01	(0.00)	－0.89
SIZE	0.02	(0.00)	1.60
Top1	－0.01	(0.00)	－1.56
SOEs	0.00	(0.00)	0.68
East	－0.00	(0.00)	－0.38
IND_ YEAR	控制		
Observations	909		
R－squared	0.032		
Prob > F	0.0000		
F	3.08		

注：括号中为稳健的标准误，*** 表示 0.01 的显著性水平，** 表示 0.05 的显著性水平，* 表示 0.1 的显著性水平。

(3) 薪酬委员会特征对会计盈余时效性与经理人薪酬—绩效敏感度关系的调节作用

为了明确每一薪酬委员会特征对会计盈余时效性与经理人薪酬—绩效敏感度关系的影响，本文分别检验了薪酬委员会特征对两者关系的调节作用，以考察薪酬委员会特征是否会增强经理人薪酬契约中时效性会计信息的权重。回归结果见附录表6－15。结果表明，薪酬委员会持股董事较多，能够显著增强会计盈余时效性在经理人诱因契约中的设计权重（$\beta=0.02$，$P<0.05$）。薪酬委员会董事外部活动越多，会计盈余时效性信息越多地被考虑在经理人诱因契约的设计中（$\beta=0.81$，$P<0.01$）。薪酬委员会董事薪酬较高，会降低会计盈余时效性与经理人薪酬—绩效敏感度的关联关系（$\beta=-0.04$，$P<0.1$）。其余薪酬委员会特征并未在经理人薪酬契约设计中发挥作用。

6.4 稳健性检验

本文主要采用两种方法验证了研究结论的稳健性。

首先，本文将每一薪酬委员会特征变量分别代入模型进行考察，以验证变量的稳健性，回归结果见附录C中表6－16至表6－20。

附录C表6－16表明，薪酬委员会持股董事（$\beta=3.92$，$P<0.01$）及薪酬委员会董事任期（$\beta=0.2$，$P<0.01$）二个变量仍然显著正向影响经理人股票薪酬授予的可能性。而在单一回归中，薪酬委员会董事薪酬对经理人被授予股票薪酬的可能性变得显著（$\beta=0.16$，$P<0.1$），薪酬委员会女性董事比例变得不显著。附录C表6－17的单一回归结果中，薪酬委员会董事持股表现出对经理人权益激励的可能性的正向影响（$\beta=1.19$，$P<0.1$），其余变量仍然不显著，并且方向保持不变。表6－18考察薪酬委员会单一特征对经理人货币薪酬影响的结果显示，薪酬委员会独立董事比例（$\beta=0.064$，$P<0.05$）、薪酬委员会董事薪酬（$\beta=0.108$，$P<0.01$）、薪酬委员会董事内部

活动（$\beta = -0.09$，$P<0.01$）及外部活动（$\beta=0.07$，$P<0.05$）对经理人货币薪酬的影响保持不变。附录C表6-19显示，在单一薪酬委员会特征变量的固定效应回归中，与整体回归结果不同的是，薪酬委员会女性董事比例对经理人货币薪酬的正向影响变得显著（$\beta=0.071$，$P<0.1$），并且，薪酬委员会董事内部活动仍然表现出对经理人货币薪酬的抑制作用（$\beta = -0.135$，$P<0.05$）。附录C表6-20的结果显示，与整体回归的不同是，薪酬委员会独立董事比例对经理人薪酬—绩效敏感度的正向影响变得显著（$\beta=0.07$，$P<0.05$）；与整体回归结果相同的是，薪酬委员会持股董事比例以及薪酬委员会董事薪酬对经理人薪酬—绩效敏感度的显著正向影响保持不变（$\beta=0.23$，$P<0.01$；$\beta=0.05$，$P<0.05$）。

其次，一些治理研究指出，公司特征或其他因素会影响公司治理机制的选择（Bushman等，2004），而治理机制间亦存在交互作用（Agrawal和Knoeber，1996）。因此，薪酬委员会相关变量会受到薪酬—绩效敏感度及其他公司特征的影响，进而衍生内生性问题，可能影响本文结论的稳健性。根据Klein（2002），专门委员会独立性会受到一些经济及公司治理特征的影响。据此，本文以两阶段最小平方法估计（2SLS）联立方程模型来处理薪酬委员会独立性可能产生的内生问题。参考以往文献，本文建立以薪酬委员会独立董事比例为内生变量，以董事会规模、董事会独立性、薪酬—绩效敏感度、会计盈余时效性、公司成长机会、公司规模、公司上市年数、负债比率、外资持股比例和机构投资者持股比例等为外生变量，与前述模型进行联立方程估计。结果见附录C表6-21。

附录C表6-21表明，薪酬委员会独立董事比例能够增加经理人授予股票薪酬的可能性（$\beta=0.65$，$P<0.05$）；与固定效应回归结果一致，薪酬委员会独立董事比例对经理人货币薪酬水平无显著正向影响。

6.5 基于股权结构的进一步分析

当前，上市公司实际控制人性质和股权集中度是能够表现我国经济转型时期上市公司治理模式的显著特征。由此，本文分别依实际控制人性质（SOEs）及股权集中度（赫芬达尔指数 HH5）的均值分组，以 2SLS 估计方法对样本公司进行了分组回归分析。结果分别见附录 C 表 6－22 和表 6－23。

6.5.1 实际控制人性质与薪酬委员会有效性

依实际控制人性质的 2SLS 分组回归结果发现，在经理人股票薪酬和权益薪酬授予的可能性上，国有控制上市公司与非国有控制上市公司不存在显著差异。薪酬委员会成员内部活动较多的国有控制上市公司中，经理人货币薪酬相对较低（$\beta = -0.21$，$P<0.01$，$z = -2.43$），说明国有控制上市公司中，内部活动较多的薪酬委员会成员对经理人努力程度的信息掌握更全面，对经理人的监督质量较高，能够制衡经理人的自利行为，从而限制经理人的权力租金。国有上市公司薪酬委员会女性董事比例更能够显著提升经理人薪酬—绩效敏感度（$\beta = 0.17$，$P<0.05$，$z = 2.02$），而相对于非国有控制上市公司薪酬委员会独立董事比例提升了经理人薪酬—绩效敏感度（$\beta = 1.85$，$P<0.05$），国有控制上市公司薪酬委员会独立董事比例越高，经理人薪酬—绩效敏感度越低（$\beta = -1.40$，$P<0.1$，$z = -2.85$），表明独立的薪酬委员会并不能在国有控制上市公司发挥应有的作用。而在“一股独大”的民营上市公司或家族控制的上市公司，提升薪酬委员会独立董事比例能够使薪酬委员会更好地履行监督与控制职能，制衡经理人对权力的滥用，缓解委托代理问题。非国有控制上市公司经理人不在薪酬委员会会降低经理人薪酬与股东价值的关联性（$\beta = -0.32$，$P<0.05$，$z = -2.60$），表明在非国有控制上市公司中，经理人不在薪酬委员会虽然会增强薪酬委员会独立性。但同时也降低了薪酬委员会对经理人努力程度的了解。非国有控制上市公司薪酬委员会

独立董事比例能够显著提升经理人薪酬契约中会计盈余时效性指标的运用（β = 0.41，$P < 0.05$，z = −2.66）。可见，非国有控制上市公司薪酬委员会独立董事比例越高，薪酬委员会越有效。上述结果表明，实际控制人性质是影响我国上市公司薪酬委员会有效性的调节因素之一。

6.5.2　股权集中度与薪酬委员会有效性

通过考察依股权集中度分组回归结果（见附录 D 表 6－23）中变量系数改变的显著性发现，薪酬委员会特征在股权集中度不同的上市公司对经理人股票薪酬、权益薪酬及货币薪酬的影响均无显著差异。股权集中度低的上市公司中，薪酬委员会董事薪酬和女性董事比例能够提升经理人薪酬—绩效敏感度（β = 0.3，$P < 0.05$，z = −2.11；β = 0.1，$P < 0.05$，z = 2.02）。一方面表明，股权分散的上市公司薪酬委员会没有大股东的干扰，从而能够制定符合股东利益的诱因契约。另一方面说明多元化的薪酬委员会与股东利益更融合。薪酬委员会成员的货币激励能够提升其努力程度，增强其履职的有效性，进一步证实薪酬委员会与经理人不存在合谋的迹象。

6.6　本章小结

本章主要考察了当前中国上市公司薪酬委员会与股东利益融合的结构特征是否能够使经理人薪酬契约得到适当的安排。首先，基于三层委托代理理论分析了与股东利益融合的薪酬委员会特征对经理人薪酬水平、经理人薪酬—绩效敏感度以及经理人薪酬契约设计的影响，提出了研究假设；其次，逐一运用 OLS、固定效应回归、WLS、分层回归及 2SLS 联立方程检验了研究假设，得到了较为稳健的结论；最后，结合我国经济转型时期的上市公司治理结构特征进一步考察了薪酬委员会的有效性。

本章的研究表明，薪酬委员会独立董事比例较多并不会显著提升经理人货币薪酬水平，独立董事占多数的薪酬委员会主要通过促进经理人持有公司股份来增进经理人与股东利益的一致性，降低代理问题。独立董事占多数并不是薪酬委员会有效性的唯一表征。更重要的是，拥有公司权益的董事较多地任职于薪酬委员会能够促使企业加强对经理人的股票薪酬及权益薪酬激励，防止经理人壕沟，协调经理人与股东利益。本文发现薪酬委员会董事货币激励较大会增强经理人薪酬—绩效敏感度，并不存在薪酬委员会与经理人合谋的证据，表明货币激励是激励薪酬委员会履行监督职能的有效手段。薪酬委员会董事任期长是薪酬委员会董事任期经验丰富的体现，这会促使企业增加授予经理人股票薪酬的可能性，从而防止经理人行为偏离股东目标。实际控制人性质和股权集中度都会影响薪酬委员会的有效性。

第 7 章

研究结论与展望

在这一章中，我们对前面章节的研究内容和研究结果进行系统的分析与提炼，得出本研究整体的研究结论，在此基础上讨论本研究对于薪酬委员会制度安排的启示，最后阐明本研究的局限性以及未来的研究方向。

7.1 研究结论与政策建议

本文在对国内外薪酬委员会有效性文献的收集和整理基础上，对我国上市公司薪酬委员会有效性从三层委托代理理论视角进行了观察和思考。从薪酬委员会组成与成员任职资格特征以及薪酬委员会特征对经理人薪酬制定与设计的影响两大方面对我国上市公司薪酬委员会有效性进行了理论分析和实证检验，并结合我国上市公司股权结构特征对薪酬委员会有效性进行了深入研究。本文主要得出了如下结论：

（1）我国目前上市公司薪酬委员会的组成与成员资格特征在一定程度上支持薪酬委员会的制度安排是符合股东利益的观点。当前，我国上市公司薪酬委员会中独立董事占多数，与内部董事形成了权力制衡；约有 27% 的上市公司经理人也是薪酬委员会委员，存在自定薪酬的现象，并且这类上市公司薪酬委员会独立董事比例较低；男性董事在年龄、受教育程度及任期上都高于女性董事；国有控制上市公司薪酬委员会董事任职经验较丰富；股权集中度高的上市公司薪酬委员会中，董事任期较短，董事外部兼职家数较多。

（2）薪酬委员会的董事在多个董事会委员会任职，为薪酬委员会提供了更多关于经理人努力程度的信息，增强了薪酬委员会的监督能力。薪酬委员会董事的内部活动表明薪酬委员会能获取更多的机会了解董事会的具体问题和策略的，在董事会内部关系网络中较具备优势，有能力与其他委员会有效地合作，胜任多元任务。多重任务的履行增强了薪酬委员会的监督能力，从而在一定程度上替代了对经理人的货币薪酬激励，这一效果在国有控制上市公司和股权集中度高的上市公司更为显著。董事内部活动较多的薪酬委员会，验证了在最优契约环境下，大股东监督能力较强，薪酬委员会监控机制与经理人激励机制相互替代。

（3）董事持股与货币激励都能够提升薪酬委员会的监督动机。上市公司薪酬委员会较多地任命持有公司权益的董事能够使薪酬委员会与股东利益更融合，有助于防止经理人壕沟，增加经理人获得权益激励的机会，增强经理人薪酬与企业绩效的联系，协调经理人与股东利益。薪酬委员会董事货币激励是增进薪酬委员会履行监督职能的有效手段，不会导致更高的经理人货币薪酬，并且能够提升经理人薪酬与股东财富的联系。证实本文的观点，即代理人难以与组织形式下的监督者合谋。因而，当监督者以组织形式存在时，货币激励是有效的防合谋机制。

（4）女性能够给薪酬委员会带来多元化、理性的决策。在我国上市公司中，薪酬委员会的女性董事并不是上市公司的“门面装饰”，女性董事在我国上市公司薪酬委员会中的作用更多地体现在国有控制上市公司及股权分散的上市公司中。国有控制上市公司的女性董事能够提高薪酬委员会的决策有效性，提高经理人薪酬—绩效敏感度来协调经理人与股东的利益，降低代理问题。任职经验丰富的女性董事在股权分散的上市公司有助于与经理人形成权力制衡，有效地履行制定与监督经理人薪酬计划的职责。

（5）薪酬委员会独立董事占多数不会提高经理人货币薪酬水平。本文研究表明，薪酬委员会独立董事大都教育水平较高，有较强的学习和权变能力，独立董事大都是新进入公司的董事，会使其在与经理人薪酬谈判中处于不利地位。并且，独立董事大都不持有公司的股份，降低了薪酬委员会与股东利益融合的程度。中国上市公司薪酬委员会独立董事发挥作用的途径是通过促进企业经理人持有公司股份来协调经理人与股东的利益一致性。独立董事在薪酬委员会的比例并不能增强企业绩效与薪酬的联系。非国有控制上市公司薪酬委员会中，独立董事比例越高，越能够在经理人薪酬契约设计中增加促进经理人从事有利于公司长远发展的时效性盈余信息。

（6）薪酬委员会董事外部兼职是把“双刃剑”。薪酬委员会董事外部兼职较多，能够增强薪酬委员会对经理人薪酬契约设计的外界经验，使薪酬委员会能够增加经理人薪酬契约中时效性会计盈余指标的权重，促进经理人从事有利于企业长远发展的经营活动，避免经理人短视。但薪酬委员会董事与外部企业经理人较多的沟通使薪酬委员会获得了经理人薪酬水平的参照点，从而助推了经理人货币薪酬水平。

（7）最后，非国有控制上市公司中经理人不在薪酬委员会任职是经理人在企业中地位较低的表征，减少了经理人讨价还价的机会，从而导致较低的薪酬—绩效敏感度。

以上结论为上市公司薪酬委员会制度安排提供的启示是，可以通过提高持股董事在薪酬委员会中的相对人数、建立一个多元化的薪酬委员会增强薪酬委员会与股东利益融合度；可以通过增强薪酬委员会独立董事比例、聘用外部兼职经验丰富的董事，提升经理人薪酬契约中非财务绩效指标的使用，促进经理人的行为符合股东长远利益；通过加大对薪酬委员会董事的货币激励，能够增进经理人薪酬与企业绩效的关联关系。对上市公司监管部门而言，应该加快对上市公司薪酬委员会的立法制度安排，建立公开、公正和透明的经理人薪酬制定程序，通过明确的制度安排明晰经理人在自身薪酬契约谈判中的作用，防止经理人权力滥用。

7.2 研究局限与未来展望

任何一项研究都有其局限性的一面，其中包括主观因素和客观因素，这些因素从某种程度来说会对研究结论造成一定的影响。无论怎样，一项研究都难以做到尽善尽美，本研究也是如此。对于本研究来讲，研究的局限性主要表现为以下两个方面：

首先，虽然研究目的是探究中国上市公司薪酬委员会在公司内部治理中的角色与作用，但受到上市公司信息披露和研究样本选择的局限，虽然考察了当前上市公司薪酬委员会的现状与作用，并未能够在时间趋势以及更广泛的样本中考察薪酬委员会在我国上市公司治理中的角色。

其次，本研究着重考察薪酬委员会的结构特征在降低与经理人薪酬契约有关的代理成本中的作用，但选取的结构特征仅仅是已有研究观测到的可能影响经理人薪酬契约的结构特征的一些方面，并未能涵盖薪酬委员会的全部结构特征。

基于代理观的文献认为，隐性薪酬是经理人侵占公司资源的一种手段，会增加代理成本。经理人只承担在职消费成本的一部分，如果缺乏足够的监督，经营者并不会关注企业经营管理目标和战略发展目标的实现，而是将注意力集中于如何实现自身利益最大化上，想方设法利用控制权获取最大限度的隐性收入。因而，未来研究可以关注薪酬委员会对经理人的监督与激励如何影响经理人隐性租金收入。

参考文献

[1] 毕晓方．盈余时效性对会计业绩薪酬契约有用性的影响［J］．商业经济与管理，2006（6）．

[2] 曹恒启．董事会治理结构对高管薪酬的影响［D］．天津商业大学硕士论文，2010.

[3] 杜胜利，翟艳玲．总经理年度报酬决定因素的实证分析——以我国上市公司为例［J］．管理世界，2005（8）：114－120.

[4] 杜兴强，王丽华．管理当局薪酬与上市公司业绩的相关性实证研究［J］．会计研究，2007（1）：58－65.

[5] 方军雄．我国上市公司高管的薪酬存在黏性吗［J］．经济研究，2009（3）：110－124.

[6] 高玥，张晓明．女性董事与公司治理［J］．人力资源管理，2011（4）：33－38.

[7] 黄志忠，郗群．薪酬制度考虑外部监管了吗——来自中国上市公司的证据［J］．南开管理评论，2009，12（1）：49－56.

[8] 况学文，陈俊．董事会性别多元化、管理者权力与审计需求［J］．南开管理评论，2011，14（6）：48－56.

[9] 李婧茹．我国上市公司独立董事背景研究［J］．商情，2013（30）．

[10] 李维安，刘绪光，陈靖涵．经理才能，公司治理与契约参照

点——中国上市公司高管薪酬决定因素的理论与实证分析［J］. 南开管理评论, 2010 (2): 4 -15.

［11］李维安等. 现代公司治理研究［M］. 北京: 中国人民大学出版社, 2002.

［12］刘冰. 薪酬委员会对薪酬契约有效性的影响分析［J］. 财会通讯, 2010 (3).

［13］刘西友, 韩金红. 上市公司薪酬委员会有效性与高管薪酬研究——基于“有效契约论”与“管理权力论”的比较分析［J］. 投资研究, 2012 (6): 16 -28.

［14］刘绪光, 李维安. 基于董事会多元化视角的女性董事与公司治理研究综述［J］. 外国经济与管理, 2010, 32 (4): 47 -53.

［15］毛洪涛, 周达勇, 王新. 薪酬委员会在高管薪酬激励有效性中的治理效应研究——基于2002 -2010 年A 股上市公司的实证研究［J］. 投资研究, 2012 (9): 20 -41.

［16］潘飞, 石美娟, 童卫华. 高级管理人员激励契约研究［J］. 中国工业经济, 2006 (3).

［17］孙烨, 孟佳娃. 薪酬委员会独立性与高管货币薪酬: 独立董事声誉的调节作用［J］. 东南学术, 2013 (3).

［18］唐清泉. 我国实施独立董事制度的动机研究［D］. 中山大学博士论文, 2003.

［19］万立全. 实际控制人特征与上市公司价值关系研究——基于股权分置改革后的实证分析［J］. 南方经济, 2010 (4): 3 -14.

［20］王欢. 我国上市公司薪酬委员会的有效性研究——来自沪深两市A 股的证据［J］. 中南财经政法大学研究生学报, 2008 (1).

［21］王军. 上市公司薪酬委员会的有效性研究［D］. 新疆财经大学硕士论文, 2010.

［22］王小鲁, 樊纲. 中国地区差距的变动趋势和影响因素［J］. 经济研究, 2004 (1).

[23] 魏刚，肖泽忠，NickTravlos 等．独立董事背景与公司经营绩效[J]．经济研究，2007（3）：92－103.

[24] 谢德仁，林乐，陈运森．薪酬委员会独立性与更高的经理人报酬—业绩敏感度—基于薪酬辩护假说的分析和检验[J]．管理世界，2012（1）．

[25] 杨青，高铭，Besim Burcin Yurtoglu．董事薪酬、CEO 薪酬与公司业绩——合谋还是共同激励？[J]．金融研究，2009（6）：111－127.

[26] 张必武，石金涛．董事会特征、高管薪酬与薪绩敏感性[J]．管理科学，2005，18（4）：32－39.

[27] 张娜，关忠良．我国女性董事现状分析与政策建议[J]．中华女子学院学报，2010（5）：40－47.

[28] 周繁．独立董事背景与治理效果——基于中国上市公司的实证研究[M]．北京：经济科学出版社，2010.

[29] 周建波，孙菊生．经营者股权激励的治理效应研究——来自中国上市公司的经验证据[J]．经济研究，2003（5）：75－82.

[30] Adams, R. B., Ferreira, D. Women in the boardroom and their impact on governance and performance [J]. Journal of financial economics, 2009, 94 (2): 291－309.

[31] Adams, R. B., Hermalin, B. E., Weisbach, M. S. The Role of Boards of Directors in Corporate Governance: A Conceptual Framework and Survey [J]. Journal of Economic Literature, 2010, 48 (1), 58－107.

[32] Agrawal, A., Knoeber, C. Firm performance and mechanisms to control agency problems between managers and shareholders [J]. Journal of Financial and Quantitative Analysis, 1996, 31 (3): 377－397.

[33] Shivdasani, A. Board Composition, Ownership Structure, and Hostile Takeovers [J]. Journal of Accounting and Economics, 1993, 16 (1－3): 167－198.

[34] Anshen, M. Corporate strategies for social performance [M]. New

York: Macmillan Book Publishing Co, 1980.

[35] Baber W. R., Kang, S., Kumar, K. R. Accounting Earnings and Executive Compensation: The Role of Earnings Persistence [J]. Journal of Accounting and Economics, 1998, 25 (2): 169 – 193.

[36] Baber, W., Janakiraman, S., Kang, S. Investment opportunities and the structure of executive compensation [J]. Journal of Accounting and Economics, 1996, 21 (3): 297 – 318.

[37] Bacon, J., Brown, J. K. Corporate directorship practices: Role, selection, and legal status of the board [J]. New York: Conference Board, 1973.

[38] Ball, R., Kothari, S., Robin, A. The effect of international institutional factors on properties of accounting earnings [J]. Journal of Accounting and Economics, 2000, 29 (1): 1 – 51.

[39] Balsam, S. Discretionary Accounting Choices and CEO Compensation [J]. Contemporary Accounting Research, 1998, 15: 229 – 252.

[40] Banker, R. D., Datar S. M. Sensitivity, precision, and linear aggregation of signals for performance evaluation [J]. Journal of Accounting Research, 1989, 27 (1): 21 – 39.

[41] Banker, R., Datar, S. Sensitivity, precision, and linear aggregation of signals for performance evaluation [J]. Journal of Accounting Research, 1989, 27 (1): 21 – 39.

[42] Basu, S. The conservatism principle and the asymmetric timeliness of earnings [J]. Journal of Accounting and Economics, 1997, 24 (1): 3 – 27.

[43] Bebchuk L. A., Fried J. M. Executive Compensation as an Agency Problem [J]. Journal of Economic Perspectives, 2003, 17 (3): 71 – 92.

[44] Berle, A., Means, G. The modern corporation and private property [J]. New York: Macmillan, 1932.

[45] Bilimoria D, Piderit S. K. Board committee membership: Effects of sex – based bias [J]. Academy of management journal, 1994, 37 (6):

1453 – 1477.

[46] Bilimoria D. , Piderit S. K. Qualifications of Corporate Board Committee Members [J]. Group & Organization Management, 1994, 19 (3): 334 – 362.

[47] Bilimoria, D. , Piderit, K. Board Committee Membership: Effects of Sex – based Bias [J]. Academy of Management Journal, 1994, 37 (6): 1453 – 1477.

[48] Boyd, B. K. Board control and CEO compensation [J]. Strategic Management Journal, 1994, 15 (5): 335 – 344.

[49] Brick, I. E. , Palmon, O. , Wald, J. K. CEO compensation, director compensation, and firm performance: evidence of cronyism [J]. Journal of Corporate Finance, 2006, 12 (3): 403 – 423.

[50] Brickley, J. A. , Coles, J. L. , Terry, R. L. Outside directors and the adoption of poison pills [J]. Journal of financial Economics, 1994, 35 (3): 371 – 390.

[51] Brown, P. , Beekes, W. , Verhoeven, P. Corporate Governance, Accounting and Finance: A Review [J] . Accounting & Finance, 2011, 51 (1): 96 – 172.

[52] Bushman, R. , Engel, E. , Smith, A. An analysis of the relation between the stewardship and valuation roles of earnings [J]. Journal of Accounting Research, 2006, 44 (1): 53 – 83.

[53] Bushman, R. , Chen, Q. , Engel, E. , Smith, A. Financial Accounting Information, Organizational Complexity and Corporate Governance Systems [J]. Journal of Accounting and Economics, 2004, 37 (2): 167 – 201.

[54] Capezio, J. Shields and M. O'Donnell. Too Good to be True: Board Structural Independence as a Moderator of CEO Pay – for – Firm – Performance [J]. Journal of Management Studies, 2011, 48 (3): 487 – 513.

[55] Carson, E. Factors Associated with the Development of Board Subcommittees [J] . Corporate Governance An International Review, 2002, 10 (1),

4 - 18.

[56] Chang, Jui - Chin, Sun. The Impact of Independent and Overlapping Board Structures on CEO Compensation, Pay - Performance Sensitivity and Earnings Management (March 8, 2012). Quarterly Journal of Finance and Accounting, Forthcoming. Available at SSRN:

http://ssrn.com/abstract=2018622.

[57] Chhaochharia, V., Grinstein, Y. CEO compensation and board structure [J]. The Journal of Finance, 2009, 64 (1): 231 - 261.

[58] Chih - Hsien Liao, Audrey Wen - Hsin Hsu. Common Membership and Effective Corporate Governance: Evidence from Audit and Compensation Committees [J]. Corporate Governance: An International Review, 2013, 21 (1): 79 - 92.

[59] Laux, C., Laux, V. Board Committees, CEO Compensation, and Earnings Management [J]. The Accounting Review, 2009, 84 (3): 869 - 891.

[60] Christie, A. On Cross - Sectional Analysis in Accounting Research [J]. Journal of Accounting and Economics, 1987 (9): 231 - 258.

[61] Committee on the Financial Aspects of Corporate Governance (1992) Report with Code of Best Practice, [Cadbury Report], London: Gee Publishing.

[62] Conyon, M. J., Peck S. I. Board Control, Remuneration Committees, and Top Management Compensation [J]. Academy of Management Journal, 1998, 41 (2): 146 - 157.

[63] Conyon, M. J., Core, J. E., Guay, W. R. Are US CEOs paid more than UK CEOs? Inferences from risk - adjusted pay [J]. Review of Financial Studies, 2011, 24 (2): 402 - 438.

[64] Conyon, M. J., Peck, S. I. Board control, remuneration committees, and top management compensation [J]. Academy of Management Journal, 1998, 41 (2): 146 - 157.

[65] Conyon, M., Gregg, P., Machin, S. Taking care of business: exec-

utive compensation in the United Kingdom [J] . The Economics Journal, 1995, 105 (430): 704 -714.

[66] Conyon, M. J. , He, L. Compensation Committee and CEO Compensation Incentive in US Entrepreneurial Firms [J] . Journal of Management Accounting, 2004, 16 (1): 35 -56.

[67] Core J. , Holthausen R. , Larcker D. Corporate Governance, Chief Executive Officer Compensation and Firm Performance [J]. Journal of Financial Economics, 1999, 51 (3): 371 -406.

[68] Cotter J, Silvester M. Board and monitoring committee independence [J]. Abacus, 2003, 39 (2): 211 -232.

[69] Cui, T. Q. , Evans, E. , Wright, S. Have The Objectives of the ASX Recommendations on Good Corporate Governance Been Achieved? [R]. Accounting & Finance Association of Australia and New zealand conference, 2008.

[70] Bilimoria, D. Piderit, S. K. Board Committee Membership: Effects of Sex - Based Bias [J] . The Academy of Management Journal, 1994, 37 (6): 1453 -1477.

[71] Decho, P. M. , Huson, M. R. , Sloan, R. G. The effect of restructuring charges on executives' cash compensation [J]. Accounting Review, 1994, 69 (1): 138 -156.

[72] Dechow, P. Accounting earnings and cash flows as measures of firm performance: The role of accounting accruals [J] . Journal of Accounting & Economics, 1994, 18: 3 -42.

[73] Dey, A. Corporate Governance and Agency Conflicts [J] . Journal of Accounting Research, 2008, 46 (5), 1143 -1181.

[74] Duncan, O. D. Introduction to structural equation models [M] . New York: Academic Press, 1975.

[75] Duru, A. , Iyengar, R. J. , Thevaranjan, A. The shielding of CEO compensation from the effects of strategic expenditures [J] . Contemporary Account

Research, 2002, 19 (2): 175 -193.

[76] Fama, E. F. Agency Problems and the Theory of the Firm [J] . The Journal of Political Economy, 1980, 88 (2): 288 -307.

[77] Zajac, E. J. , Westphal, J. D. Director Reputation, CEO - Board Power, and the Dynamics of Board Interlocks [J] . Administrative Science Quarterly, 1996, 41 (3): 507 -529.

[78] Elgart, L. D. Women on Fortune 500 Boards [J]. California Management Review, 1983, 24 (4): 121 -127.

[79] Elson, D. Gender - aware analysis and development economics [J]. Journal of International Development, 1993, 5 (2): 237 -247.

[80] Fama, E. F. Agency Problems and the Theory of the Firm [J]. The Journal of Political Economy, 1980, 88 (2): 288 -307.

[81] Fama, E. F. , Jensen M. C. The Separation of Ownership and Control [J]. Journal of Law and Economics, 1983, 26 (2): 301 -325.

[82] Farrell, K. A. , Hersch, P. L. Additions to corporate boards: the effect of gender [J]. Journal of Corporate Finance, 2005, 11 (1 -2): 85 -106.

[83] Finkelstein, S. , Hambrick, D. Strategic Leadership: Top Executives and Their Effect on Organizations [J]. Academy of Management Journal, 1996.

[84] Geneen Hardds. Why directors can't protect the shareholders [J]. Fortune, 1984, 17 (6): 28 -32.

[85] Francis, J. , LaFond, R. , Olsson, P. M. , Schipper, K. Costs of Equity and Earnings Attributes [J]. Accounting Review, 2004 (4): 967 -1010.

[86] Gaver, J. J. , Gaver, K. M. The relation between nonrecurring accounting transactions and CEO cash compensation [J]. Accounting Review, 1998, 73 (2): 235 -253.

[87] Green, W. Econometric Analysis. New York, NY: MacMillan, 2003.

[88] Gregory Smith I, Thompson S. , Peter W. Wright Fired or Retired? A Competing Risks Analysis of Chief Executive Turnover [J]. The Economic Jour-

nal, 2009, 119 (536): 463 - 481.

[89] Grinstein, Y., Hribar, P. CEO compensation and incentives: Evidence from M&A bonuses [J]. Journal of Financial Economics, 2004, 73 (1): 119 - 143.

[90] Guay, W., Verrecchia, R. Discussion of an economic framework for conservative accounting and Bushman and Piotroski [J]. Journal of Accounting and Economics, 2006, 42 (1 - 2) 149 - 165.

[91] Guest, P. M. Board Structure and Executive Pay: Evidence from the UK [J]. Cambridge Journal of Economics, 2010, 34 (6): 1075 - 1096.

[92] Guthrie, Katherine, Sokolowsky, Jan, Wan, Kam - Ming. CEO Compensation and Board Structure Revisited [J]. Journal of Finance, 2012, 67 (3): 1149 - 1168.

[93] Newman, H. A., Mozes, H. A. Does the Composition of the Compensation Committee Influence CEO Compensation Practices? [J]. Financial Management, 1999, 28 (3): 41 - 53.

[94] Hall, B. J., Murphy, K. J. The Trouble With Stock Options [J]. Journal of Economic Perspectives, 2003, 17 (3): 49 - 70.

[95] Hallock, K. F., Paul, O. The Timeliness of Performance Information in Determining Executive Compensation [J]. Journal of Corporate Finance, 1999, 5 (4): 303 - 321.

[96] Hallock, K. F. Reciprocally interlocking boards of directors and executive compensation [J]. Journal of Financial and Quantitative Analysis, 1997, 32 (3): 331 - 344.

[97] Harrigan, K. R. Numbers and positions of women elected to corporate boards [J]. Academy of Management Journal, 1981 (24): 619 - 625.

[98] Harvey, K. D. Shrieves RE Executive compensation structure and corporate governance choices [J]. Journal of Financial Research, 2001, 24 (4): 495 - 512.

[99] Heidrick & Struggles, Inc. Director data. Chicago: Heidrick & Struggles, Inc, 1981.

[100] Huang, H., Lobo, G. J., Zhou, J. Determinants and accounting consequences of forming a governance committee: evidence from the United States [J]. Corporate Governance: An International Review, 2009, 17 (6): 710-727.

[101] Kesner, I. F. Directors' Characteristics and Committee Membership: An Investigation of Type, Occupation, Tenure, and Gender [J]. The Academy of Management Journal, 1988, 31 (1): 66-84.

[102] Ittner, C. D., Larcker, D. F., Rajan, M. The choice of performance measures in annual bonus contracts [J]. The Accounting Review, 1997, 72 (2): 231-255.

[103] Core, J. R., Holthausen, R. W., Larcker, D. F. Corporate Governance, Chief Executive Officer Compensation and Firm Performance [J]. Journal of Financial Economics, 1999, 51 (3): 371-406.

[104] Tirole, J. Hierarchies and Bureaucracies: On the Role of Collusion in Organizations [J]. Journal of Law, Economics, & Organization, 1986, 2 (2): 181 - 214.

[105] Stevens, J. P. Applied Multivariate Statistics for the Social Sciences, Fifth Edition [M]. London: University of New York, 1986.

[106] Jensen, M. C., Meckling, W. H. The theory of capital structure [J]. The Journal of Finance, 1990.

[107] Jensen, M. C, Meckling, W. H. Theory of the firm: Managerial behavior, agency costs and ownership structure [J]. Journal of financial economics, 1976, 3 (4): 305-360.

[108] Jensen, M. C. The modern industrial revolution, exit, and the failure of internal control systems [J]. The Journal of Finance, 1993, 48 (3): 831-880.

[109] Jensen, M. C., Murphy, K. J. Performance pay and top management

incentives [J] . Journal of Political Economy, 1990, 98 (2): 225 -264.

[110] Jensen, M. C. , Meckling, W. H. Specific and General Knowledge, and Organization Structure [J] . Journal of Applied Corporate Finance, 1992, 8 (2): 251 -274.

[111] John, T. A. , John, K. Top - management compensation and capital structure [J] . Journal of Finance, 1993, 48 (3): 949 -974.

[112] Johnston, J. Independent Directors, Executive Remuneration and the Governance of the Corporation: Some Empirical Evidence from the United Kingdom [J] . Review of Applied Economics, 2007, 3 (1 -2): 105 -122.

[113] Kesner, I. F. Directors' characteristics and committee membership: An investigation of type, occupation, tenure, and gender [J]. Academy of Management Journal, 1988, 31 (1): 66 -84.

[114] Klein, A. Economic Determinants of Audit Committee Independence [J] . The Accounting Review, 2002, 77 (2), 435 -452.

[115] Klein, A. Likely Effects of Stock Exchange Governance Proposals and Sarbanes - Oxley on Corporate Boards and Financial Reporting [J] . Accounting Horizons, 2003, 17 (4), 343 -355.

[116] Korn/Ferry International. Board of directors: 9th annual study [J]. New York: Korn/Ferry International, 1982.

[117] Korn/Ferry International. Board of directors: 10th annual study [J]. New York: Korn/Ferry International, 1983.

[118] Lambert, R. A. , Larcker, D. F. An analysis of the use of accounting and market measures of performance in executive compensation contracts [J]. Journal of Accounting research, 1987, 25: 85 -125.

[119] Lawrence, J. , Stapledon, G. Is board composition important? A study of listed Australian companies [J]. Working papers series, 1999.

[120] Lippert, R. L. , Porter, G. Understand CEO pay: A test of two pay - to - performance sensitivity measures with alternative measures of alignment and in-

fluence [J] . Journal of Business Research . 1997, 40 (2): 127 – 138.

[121] Lorsch, J. W. Pawns or potentates: The reality of America's corporate boards [M]. Boston Harvard Business School Press, 1989.

[122] Louden, J. K, Zusman, J. The director: A professional's guide to effective board work [M]. New York: American Management Associations, 1982.

[123] Mace, M. L. Directors: Myth and reality [M]. Boston: Division of Research, Graduate School of Business Administration, Harvard University, 1971.

[124] Main, B. G. M. , Johnston, J. Remuneration committees and corporate governance [J]. Accounting and Business Research, 1993, 23 (1): 351 – 362.

[125] Mehran, H. Executive compensation structure, ownership, and firm performance [J]. Journal of financial economics, 1995, 38 (2): 163 – 184.

[126] Milliron, J. C. Board of Director Incentive Alignment and the Design of Executive Compensation Contracts, 2000, Available at SSRN: http: //ssrn. com/abstract = 229198.

[127] Murphy, K. Executive Compensation [J] . Handbook of Labor Economics, 1999, 3 (1): 2485 – 2563.

[128] Murphy, K. , Oyer, P. 2001. Discretion in executive incentive contracts: Theory and evidence. Working paper, University of Southern California and Stanford University.

[129] Vafeas, N. Further Evidence on Compensation Committee Composition as a Determinant of CEO Compensation [J] . Financial Management, 2003a, 32 (2): 5 – 22.

[130] Vafeas, N. The Determinants of Compensation Committee Membership [J] . Corporate Governance: An International Review, 2000, 8 (4): 356 – 366.

[131] Newman, H. A. , Mozes, H. A. Does the composition of the compensation committee influence CEO compensation practices [J]. Financial Management, 1999, 28 (3): 41 – 53.

[132] Newman, H. A. The Impact of Ownership Structure on the Structure of Compensation Committees [J] . Journal of Business Finance & Accounting, 2000, 27 (5 -6): 653 -678.

[133] Nielsen, S. , Huse, M. The contribution of women on boards of directors: Going beyond the surface [J]. Corporate Governance: An International Review, 2010, 18 (2): 136 -148.

[134] Vafeas, N. The Determinants of Compensation Committee Membership [J]. Corporate Governance, 2000, 8 (4): 356 -366.

[135] Williamson, O. E. The Economic Institutions of Capitalism: Firms, Markets, Relational Contracting [M] . New York: Free Press, 1985.

[136] Pfeffer, J. , Salancik, G. R. The external control of organizations: A resource dependence approach [M]. New York: Harper and Row Publishers, 1978.

[137] Anderson, R. C. , Bizjak, J. M. An Empirical Examination of the Role of the CEO and the Compensation Committee in Structuring Executive Pay [J]. Journal of Banking and Finance, 2003, 27 (7): 1323 -1348.

[138] Rainsbury, E. A. , Bradbury, M. E. Firm characteristics and audit committees complying with' best practice' membership guidelines [J]. Accounting and Business, 2008, 38 (5): 393 -408.

[139] Richard M. Cyert, Sok -Hyon Kang, Praveen Kumar. Corporate Governance, Takeovers, and Top -Management Compensation: Theory and Evidence [J]. Management Science, 2002, 48 (4): 453 -469.

[140] Bushman, R. M. , Smith, A. J. Financial accounting information and corporate governance [J] . Journal of Accounting and Economics, 2001, 32 (1 -3): 237 -333.

[141] Ryan Jr, H. E. , Wiggins III, R. A. Who is in whose pocket? Director compensation, board independence, and barriers to effective monitoring [J]. Journal of Financial Economics, 2004, 78 (3): 497 -524.

[142] Schultz, E., Tian, G. Y., Twite, G. Corporate Governance and the CEO Pay – Performance Link: Australian Evidence [J]. International Review of Finance, 2013 (4): 447 – 472.

[143] Schwartz, F. N. Invisible resource: Women for boards [J]. Harvard Business Review, 1980, 58 (2): 6 – 18.

[144] Securities and Exchange Commission. Staff report on corporate accountability [J]. Washington, D. C.: U. S. Government Printing Office, 1980.

[145] Sapp, S. G. The impact of corporate governance on executive compensation [J]. European Financial Management, 2008, 14 (4): 710 – 746.

[146] Shijun Cheng. R&D Expenditures and CEO Compensation [J]. The Accounting Review, 2004, 79 (2): 305 – 328.

[147] Shleifer, A., Vishny, R. A survey of corporate governance [J]. Journal of Finance, 1997, 52 (2): 737 – 783.

[148] Sloan, R. G. Accounting earnings and top executive compensation [J]. Journal of accounting and Economics, 1993, 16 (1 – 3): 55 – 100.

[149] Smith, C. W., Watts, R. L. The investment opportunity set and corportate financing, dividend, and compensation policies [J]. Journal of Financal Economics, 1992, 32 (3): 263 – 292.

[150] Spir, L. F., Bende, R. Compare and contrast: perspectives on board committees [J]. Corporate Governance: An International Review, 2004, 12 (4): 489 – 499.

[151] Study Group on Directors' Remuneration (1995), Directors' Remuneration: Report of a Study Group Chaired by Sir Richard Greenbury, [Greenbury Report], London: Gee Publishing.

[152] Stultz, J. E. Madam director [J]. Directors and Boards, 1979, 3 (4): 6 – 19.

[153] Sun, J., Cahan, S. F., Emanuel, D. Compensation committee governance quality, chief executive officer stock option grants, and future firm per-

formance [J]. Journal of Banking & Finance, 2009, 33 (8): 1507 - 1519

[154] Hoitash, U, Hoitash, R. Conflicting Objectives within the Board: Evidence from Overlapping Audit and Compensation Committee Members [J]. Group Decis Negot, 2009, (18): 57 - 73.

[155] Vafeas, N. The determinants of compensation committee membership [J]. Corporate Governance: An International Review, 2000, 19 (2): 139 - 160.

[156] Vance, S. C. Corporate leadership: Boards, directors, and strategy [M]. New York: McGraw Hill Book Co, 1983.

[157] Waldo, C. N. Boards of directors: Their changing roles, structure and information needs [M]. Westport, Conn: Quorum Books, 1985.

[158] Williams, H. M., Shapiro, I. S. Power and accountability: The changing role of the corporate board of directors [M]. New York: Carnegie - Mellon University Press, 1979.

[159] Windsor, C. A., Cybinski, P. J. Size Matters: The Link between CEO Remuneration, Firm Size and Firm Performance Moderated by Remuneration Committee Independence.

[160] Worthy, J. C., Neuschel, R. P. Emerging issues in corporate governance [M]. Evanston, IL: Northwestern University Press, 1984.

[161] Yermack, D. Higher market valuation of companies with a small board of directors [J]. Journal of Financial Economics, 1996, 40 (2): 185 - 211.

[162] Zelechowski, D. D, Bilimoria, D. Characteristics of Women and Men Corporate Inside Directors in the US [J]. Corporate Governance: An International Review, 2004, 12 (3): 337 - 342.

附录 A

表 2.1 薪酬委员会设立动因、组成及影响因素特征文献总结

作者	年度	研究期间	国家	样本量	研究目的	相关结论
Kesner	1988	1983	美国	250	考察董事会委员会结构	外部董事、董事任期及董事独立性与薪酬委员会组成相关
Bilmoria 和 Piderit	1994	1984	美国	300	探究董事会委员会对女性董事的委任	董事独立性、任期、额外的董事职务、职业和性别与薪酬委员会组成相关
Vafeas	2000	1996	美国	576	拓展 Kesner（1988）、Bilmoria 和 Piderit（1994）的研究	发现除了董事类型、任期、董事身份数以外，董事的年龄和在其他委员会的任职也影响薪酬委员会成员的选任
NewmaN	2000	1991—1993	美国	161	探讨股权结构如何影响薪酬委员会内部董事	CEO 持股与薪酬委员会委任内部董事相关；外部股权与薪酬委员会独立性相关
Main 和 JohnstoN	1993	1990	英国	220	考察薪酬委员会组成与运作	大型公司、外部董事较多以及经历较高 CEO 更迭的公司更倾向设立薪酬委员会；董事任期与年龄与薪酬委员会设立无关
CarsoN	2002	1996	澳大利亚	361	检验设立董事会委员会的相关因素	聘请 6 大会计师事务所、额外的董事委任、机构投资者持股以及独立董事比例与薪酬委员会的设立相关

续表

作者	年度	研究期间	国家	样本量	研究目的	相关结论
Cotter 和 Silvester	2003	1996	澳大利亚	109	检验董事会及审计、薪酬委员会的组成决定因素	与董事会独立性以及委员会独立性正相关
Windsor 和 Cybiniski	2009	2001	澳大利亚	123	检验薪酬委员会与 CEO 薪酬之间的关联性	40% 公司的委员会独立董事比例大于或等于 70%
刘西友和韩金红	2012	2001—2008	中国	6369 个观测值	检验薪酬委员会的设立动因	潜在代理成本越高，公司就越可能设立薪酬委员会

表 2.2　薪酬委员会运作有效性文献总结

作者	年度	研究期间	制度背景	样本量	因变量：薪酬		研究目的	相关结论
					水平	绩效		
Newman 和 Wright	1995	1993	美国	161	√	√	检验薪酬委员会与 CEO 薪酬的关系	非独立的薪酬委员会与较高的 CEO 薪酬相关；独立的薪酬委员会与较高的 CEO 薪酬—绩效敏感性相关；结果在绩效不好的公司更显著
Daily，Johnson，Ellstrand 和 DaltoN	1998	1992—1994	美国	194	√		检验薪酬委员会是否是 CEO 薪酬的决定因素	未发现关联董事与较高的 CEO 薪酬有关

续表

作者	年度	研究期间	制度背景	样本量	因变量：薪酬		研究目的	相关结论
					水平	绩效		
Newman 和 Mozes	1999	1991—1993	美国	161	√	√	检验薪酬委员会的组成与 CEO 薪酬程序	CEO 薪酬水平与薪酬委员会的执行董事无相关性；当内部人任职于薪酬委员会时，CEO 会获得更加有利的薪酬结构；委员会独立性与薪酬无关
Anderson 和 Bizjak	2003	1985—1998	美国	110	√		检验薪酬委员会在高管薪酬安排中的作用；探究有 CEO 加入薪酬委员会是否会导致机会主义的薪酬结构	没有发现外部董事占多数的薪酬委员会会安排更基于绩效的薪酬；薪酬委员会独立性不会影响高管薪酬水平、激励程度和薪酬绩效敏感性；内部人占多数的薪酬委员会与 CEO 所有权正相关；即使在内部人占多数的薪酬委员会中，CEO 财富也与股东财富紧密联系在一起；即使 CEO 加入薪酬委员会，也不会有更高的报酬和较低的激励
Vafeas	2003a	1991—1997	美国	271	√	√	检验有内部成员的薪酬委员会和 CEO 薪酬的关系	样本期间内部人在薪酬委员会中的比例稳步下降；薪酬披露政策和税法改革之前，内部人薪酬设置中存在机会主义行为；改革后 CEO 薪酬—绩效敏感性显著提高
Conyon 和 He	2004	1998—2001	美国	455	√	√	检验 IPO 公司中薪酬委员会与 CEO 薪酬之间的关系	有持股 5% 以上的股东在薪酬委员会中会导致较低的 CEO 工资和较高的 CEO 激励。薪酬委员会成员报酬高的公司 CEO 工资较高和激励较低

续表

作者	年度	研究期间	制度背景	样本量	因变量：薪酬		研究目的	相关结论
					水平	绩效		
Sun 和 CahaN	2009	2001	美国	812		√	检验薪酬委员会质量与CEO现金薪酬的关系	薪酬委员会质量高，会更多地使CEO现金薪酬与绩效相连结
Sun，Cahan 和 Emanuel	2009	2001	美国	474		√	检验薪酬委员会质量与CEO股票期权及公司未来绩效的关联性	较高的薪酬委员会质量会增强高管薪酬契约的激励性
Hoitash	2011	2004—2005	美国	13，000董事	√		经理人与独立的薪酬委员会成员的社会关系对CEO薪酬的影响	经理人与独立的薪酬委员会成员的社会关系导致了较高的CEO薪酬
Main 和 JohnstoN	1993	1990	英国	220	√	√	分析了薪酬委员会组成与运作	薪酬委员会与CEO薪酬水平正相关，并且并未提高薪酬—绩效的关联性
ConyoN	1997	1988—1993	英国	213	√	√	检验了（1）董事薪酬、公司规模以及公司绩效的关系；（2）薪酬委员会的设立与董事薪酬的关系	薪酬委员会的设立与董事薪酬的增长率负相关
Conyon 和 Peck	1998	1991—1994	英国	94	√	√	检验薪酬委员会的设立、组成与CEO薪酬的关系	薪酬委员会的存在于CEO薪酬水平正相关；薪酬委员会独立性与CEO薪酬水平及薪酬—绩效关联性正相关

续表

作者	年度	研究期间	制度背景	样本量	因变量：薪酬		研究目的	相关结论
					水平	绩效		
Benito 和 ConyoN	1999	1985—1994	英国	211	√	√	分析了董事薪酬的决定因素	薪酬委员会没有影响董事的现金薪酬；薪酬委员会对董事薪酬 - 绩效敏感性影响较弱
Bonet 和 ConyoN	2005	2002	英国	504	√		检验了薪酬委员会组成与董事薪酬的关系	薪酬委员会的内部人与较高的董事薪酬相关
JohnstoN	2007	1996	英国	220	√		检验了市场力量与薪酬契约制定内部控制的关系	执行董事在薪酬委员会不会导致机会主义的薪酬；至少3名非执行董事在薪酬委员会会导致较低的CEO薪酬
Gregory - Smith	2009	1996—2005	英国	290	√		考察了薪酬委员会和CEO对薪酬契约过程的影响	薪酬委员会的组成不会影响CEO薪酬；薪酬委员会独立性与较低的薪酬无关；然而，薪酬委员会较多的执行董事与较低的薪酬相关
Sapp	2008	2000—2005	加拿大	416	√	√	检验公司治理机制在CEO和高管薪酬制定中的作用	薪酬委员会独立性以及CEO在委员会都与较高的薪酬相关；当薪酬委员会是独立的以及CEO在委员会中时，基于权益的绩效薪酬代表了CEO薪酬的大部分
Lawrence 和 StapledoN	1999	1995	澳大利亚	100	√	√	检验董事会结构和薪酬委员会组成是否影响CEO薪酬	独立性较低的薪酬委员会与较高的CEO薪酬无关；独立的薪酬委员会与薪酬—绩效敏感度无关

续表

作者	年度	研究期间	制度背景	样本量	因变量：薪酬		研究目的	相关结论
					水平	绩效		
Sun，Cahan 和 Emanuel	2009	2001—2004	澳大利亚	474		√	考察薪酬委员会质量对 CEO 薪酬的影响，薪酬委员会质量根据薪酬委员会规模、持股、CEO 董事、忙碌董事、CEO 任命的董事及任期长的董事在薪酬委员会的比例表示	有高质量薪酬委员会的公司，CEO 薪酬与绩效的关联性较高
Windsor 和 Cybinski	2009	2001	澳大利亚	123	√	√	检验薪酬委员会与 CEO 薪酬的关系	大型公司的薪酬委员会对 CEO 薪酬的调节更有效
Capezio，Shields 和 O' Donnell	2011	1999—2006	澳大利亚	663	√	√	检验了董事会结构和薪酬委员会对 CEO 现金薪酬的影响	独立的薪酬委员会更可能对 CEO 奖励较高的薪酬；独立的薪酬委员会对薪酬与绩效的协调没有起到作用
Boyle 和 Roberts	2012	1997—2005	新西兰	114	√	√	考察了 CEO 是薪酬委员会成员公司的 CEO 薪酬	CEO 是薪酬委员会成员的公司，CEO 薪酬水平较低，CEO 薪酬与绩效的关联性较弱

附录 B

(一) 美国《1934 年 SEC 法案》(SEC ACT of 1934)

2012 年，美国 SEC 在 1934 年颁布的《1934 年 SEC 法案》中第 10 部分加入了对上市公司薪酬委员会的规定（SEC. 10C. COMPENSATION COMMITTEES)，以配合 2010 年实施的“多德 - 弗兰克华尔街改革和消费者保护法”第 952 部分。

1. 薪酬委员会的独立性

(1) 上市标准。委员会应根据规则，指导国家证券交易所和全国证券协会来限制任何发行商的股本证券不符合本部分要求，除了发行人是控制公司，有限合伙企业，处于破产程序中的公司，在 1940 年投资公司法下注册的无限制管理投资公司，或每年向股东披露国外私人发行商不具有独立的薪酬委员会的原因的外国私人发行人。

(2) 薪酬委员会的独立性。委员会第（1）段的规则应要求发行人的董事会薪酬委员会的每个成员应该——

A. 是发行人的董事会成员;

B. 是独立的。

(3) 独立性。委员会第（1）段的规则应要求，在确定术语“独立性”的定义为目的的第（2）段，国家证券交易所和全国证券协会应考虑相关因素，包括:

A. 发行人董事会董事的来源，包括任何咨询，顾问，或支付其他由发行人补偿董事会的成员的费用;

B. 发行人董事会成员是否与发行人有联署关系、与发行人的附属公司或发行人附属公司的联署公司有联署关系。

(4) 豁免权。根据委员会第（1）段的规则，应允许一个国家的证券交易所或国家证券协会来豁免第（2）段中的要求的有关的薪酬委员会成员的某些关系，只要全国证券交易或国家证券协会的决定是适当的，考虑到发行人的规模及其他相关因素。

2. 独立薪酬顾问及其他薪酬委员会顾问

（1）总则。——在考虑了由该委员会第（2）段所确定的因素后，发行人的薪酬委员会可以考虑只选择一个薪酬顾问、法律顾问或其他顾问纳入薪酬委员会。

（2）原则。——委员会应识别影响发行人薪酬委员会中薪酬顾问、法律顾问或其他顾问的独立性因素。这些因素在顾问、法律顾问或其他顾问的类别中应是中立的，并且保持薪酬委员会保留任何此类服务的能力，这些因素包括：

A. 雇佣薪酬顾问、法律顾问或其他顾问的人向发行人提供的其他服务的条款；

B. 雇佣薪酬顾问、法律顾问或其他顾问的人向发行人收取的费用，占其总收入的百分比；

C. 雇佣薪酬顾问、法律顾问或其他顾问的人设计的旨在防止利益冲突的政策和程序；

D. 薪酬顾问、法律顾问或其他顾问与薪酬委员会的成员具有的任何业务或个人关系；

E. 薪酬顾问、法律顾问或其他顾问所拥有的发行人的股票数量。

3. 薪酬委员会有关薪酬顾问的权力

（1）保留薪酬顾问的权力。

A. 总则。发行人的薪酬委员会，作为董事会的一个委员会在其能力范围内，可自行决定保留或获得的薪酬顾问的意见。

B. 薪酬委员会的直接责任。发行人的薪酬委员会应直接负责委任、补偿及监督薪酬顾问的工作。

C. 原则的构建。这一段可以不解释

a. 要求薪酬委员会就薪酬顾问的意见或建议实施或采取一致的行动；

b. 影响薪酬委员会行使其薪酬委员会的职责并履行其判断的能力或责任。

（2）披露。在任何代理书或同意征求材料的年度股东大会（或在一个特别的年度会议上）或之后发生的日期是本节颁布之日起1年后，各发行人须在代理或同意材料中披露是否符合证交所委员会的规定，关于是否

A. 发行人的薪酬委员会保留或获得了一个薪酬顾问的意见；和

B. 薪酬顾问的工作是否导致了任何利益冲突，如果是这样，披露矛盾的本质以及冲突是如何解决的。

4. 聘用独立的法律顾问及其他顾问的权力

（1）总则。发行人的薪酬委员会，作为董事会的一个委员会在其能力范围内，可在其绝对酌情权下，保留并获得独立的法律顾问及其他顾问的意见。

（2）薪酬委员会的直接责任。发行人的薪酬委员会应直接负责委任、补偿和监督独立的法律顾问及其他顾问的工作。

（3）原则的构建。本条款可以不解释

A. 要求薪酬委员会在本部分要求下按照独立的法律顾问或其他顾问的意见或建议一致地行事；

B. 影响薪酬委员会行使其职责或履行其判断的能力或责任。

5. 独立薪酬顾问、法律顾问及其他顾问的薪酬

每个发行人应提供适当的资金，薪酬委员会作为董事会的一个委员会在其能力范围内决定合理的补偿。

（1）补偿薪酬顾问；

（2）薪酬委员会独立的法律顾问或其他顾问。

6. 证券交易委员会的规则

（1）总则。在证交所委员会所制定的本节第（1）段原则日期不晚于360天之后，国家证券交易所和全国证券协会应禁止任何不符合本节要求的证券发行人上市。

（2）弥补缺陷的机会。本委员会第（1）段中的原则应允许国家证券交易所或国有证券协会为一些发行人在本原则的要求下提供适当的豁免程序，由国家证券交易所或国有证券协会决定其适当性。

（3）豁免权力。

A. 总则。规则应允许国家证券交易所或全国性证券协会根据本条的要求豁免某一类别的发行人，只要全国证券交易或国家证券委员会根据第（1）段原则决定是适当的。

B. 审议。在 A 项下确定适当的豁免，全国证券交易或国家证券协会应考虑到本节的要求对较小的申报发行人的潜在影响。

7. 受控制公司的豁免

（1）总则。本节不适用于任何受控制的公司。

（2）定义。在本节中，术语“受控制的公司”是指发行人

A. 在全国性证券交易所或由国家证券协会上市；

B. 个人、集团或其他发行人持有发行人 50% 以上的董事局的投票选举权。

（二）美国纽约证券交易所（NYSE）的规定

2009 年美国纽约证券交易所（NYSE）进一步修订了《上市手册（Listed Company Manual)》有关上市公司薪酬委员会的设置规范的部分内容，主要规定于其中的“公司治理准则”（Corporate Governance Standards）部分，内容主要包括：

1. 上市公司必须设立完全由独立董事所组成的薪酬委员会。

2. 薪酬委员会应当制定完整的书面章程，该章程中必须载明如下事项：

（1）薪酬委员会的设置目的及义务，其中，必须记载的直接义务至少应包括以下几个方面：

A. 审查和批准与首席执行官的薪酬相关的公司目标与业绩，并以此为基础评估首席执行官的表现是否达到了既定的标准；

B. 就首席执行官以外的其他公司高管的薪酬、须经董事会批准的激励性薪酬以及股权薪酬计划，向董事会提供建议；

C. 编制薪酬委员会报告，报告内容应符美国证券交易委员会的要求，并附于上市公司的代理声明或者向证券交易委员会提交的公司年报（Form

10 - K）内；

（2）薪酬委员会的年度绩效评估；

（3）薪酬委员会章程中还应载明：薪酬委员会成员的资格、成员的选聘与解聘、薪酬委员会的结构与运作（包括对附属委员会（Subcommittee）的授权）、薪酬委员会对董事会的报告。

3. 与薪酬委员会相关的其它事项，包括：

（1）在决定首席执行官的长期激励性薪酬时，薪酬委员会应当考虑：上市公司的业绩以及相关的股东回报、同行业上市公司首席执行官的薪酬水平以及过去几年里本公司首席执行官的薪酬标准；

（2）薪酬委员会在决定高管薪酬时还应遵守相关的税收法律规范，典型的如美国《国内税收法》第162（m）条，根据这一规定，公众公司高管年薪超过100万美元的部分不可进行抵扣，除非该部分薪酬的给付完全是基于公司的业绩，且这一业绩目标是由全部由独立董事组成的薪酬委员会决定的；

（3）虽然薪酬委员会可就首席执行官以外的其他公司高管的薪酬、须经董事会批准的激励性薪酬以及股权薪酬计划向董事会提供建议，但这并不妨碍或排除董事会将上述事项的决定权授予公司的薪酬委员会；

（4）如果使用薪酬顾问协助评估董事，首席执行官，或其他公司高管的薪酬安排，薪酬委员会章程应规定薪酬委员会是唯一有权聘请和解聘顾问（咨询）公司的机构，这种权力包括批准顾问公司的费用及其它保留条款；

（5）只要薪酬委员会完全由独立董事组成，董事会便可以将薪酬委员会的职权分配给薪酬委员会之下的附属委员会，但此时这些附属委员会必须制定相应的委员会章程；

（6）上述规则的规定不应被解释为排除董事会对首席执行官薪酬的讨论，与此同时，该规则也无意损害董事会成员间的沟通。

（三）美国纳斯达克（NASDAQ）市场的规定

美国纳斯达克市场有关上市公司薪酬委员会的设置规定于《纳斯达克股

票市场规则（NASDAQ Stock Market Rules）》中的 Rule 4350（c）（3）中，在 2009 年 3 月 12 日之后，相关规定经过修正之后被移至 Rule 5605（d）中。总体上，此次修正作了一些表述上的调整并进一步明确相关的规定，较修正之前更为严谨。修正之后，薪酬委员会仍然不是董事会必设的专门委员会，纳斯达克市场上的上市公司可以自行选择是否设立薪酬委员会，如果选择不设立，则高管薪酬必须由多数独立董事所组成的董事会决定或建议，且这一过程仅能由其中的独立董事参与。具体而言，在薪酬委员会的设置上，纳斯达克市场的规定主要包括以下几个方面：

1. 公司首席执行官的薪酬必须由下列机构决定或向董事会提出建议：

（1）由多数独立董事所组成的董事会，且仅能由其中的独立董事参与，或；

（2）完全由独立董事所组成的薪酬委员会。

在上述机构对首席执行官的薪酬进行表决或审议时，首席执行官本人不得在场。

2. 公司其他高管的薪酬必须由下列机构决定或向董事会提出建议：

（1）由多数独立董事所组成的董事会，且仅能由其中的独立董事参与，或；

（2）完全由独立董事所组成的薪酬委员会。

3. 非独立董事进入薪酬委员会的例外情形

尽管上述规则规定薪酬委员会应完全由独立董事组成，但在满足下列条件的情况下，非独立董事也可以成为薪酬委员会的成员：

（1）薪酬委员会至少有三个以上的成员；

（2）其中一位董事既不是满足 Rule 5605（a）（2）规定的独立董事，也不是公司现任的高管或雇员或者高管或雇员的亲属；

（3）董事会认为前述的该位董事担任薪酬委员会的成员符合公司及股东的最大利益；

（4）董事会须在下一年度股东大会的代理声明中（或者，对于无须提交代理声明的公司，在其年报中（Form 10 - K 或 Form 20 - F），披露该董事与公司之间关系的性质以及做出该聘任决定的理由；

(5) 基于此例外情形而被委任为薪酬委员会成员的非独立董事，其在委员会里的任期不得超过两年。

4. 独立董事对高管薪酬的监督

独立董事对高管薪酬的监督将有助于公司建立适当的激励机制，符合董事会最大化股东价值的职责。上述有关薪酬委员会设置的规定，旨在确保独立董事对高管薪酬决定的控制，并在此基础之上为上市公司提供更具灵活性的董事会结构安排，降低上市公司的资源负担。

（四）美国联邦证券法的规定

美国国会于 2010 颁布了《多德 - 弗兰克华尔街改革与消费者保护法案》(以下简称《多德 - 弗兰克法案》)，该法案的第 952 条包含了一系列有关薪酬委员会的规定，相关的内容将作为第 10C 条（Section 10C）写入到《1934 年证券交易法》中。根据第 952 条的规定，“报告公司”（Reporting Company）的薪酬委员会必须具有完全的独立性，同时，该条亦规定了这些薪酬委员会所应被赋予的一些具体的监督职责。归纳而言，第 952 条有关薪酬委员会的规定主要包括以下几个方面：

第一，证券交易委员会应制定相关的规则，要求证券交易所以及全国性的证券协会（统称“自律监管组织”）禁止任何在薪酬委员会成员的独立性上不符合该法案要求的发行人的股票上市交易。

第二，证券交易委员会应指令自律监管组织采纳有关的上市标准，要求每个会员发行人的薪酬委员会都应具有独立性。

第三，证券交易委员会应通过规则要求自律监管组织考虑决定薪酬委员会成员独立性的相关因素。这些因素至少应包括：其一，董事会成员其全部薪酬的来源，包含任何的咨询费、顾问费、以及董事会支付其他费用；其二，董事与公司或者其子公司、分公司，或者其它附属机构之间是否存在着任何的关联关系。除此之外，自律监管组织可以在此基础上对“独立性”做出各自的定义。

第四，薪酬委员会有权聘请独立的法律顾问、薪酬顾问以及其它的专家顾问，相关的费用由公司承担。此外，薪酬委员会还将全权负责上述专家顾问的选聘及其薪酬的决定。

第五，代理声明中必须对薪酬顾问的聘用情况加以披露。与此同时，代理声明还应如实地披露聘用该薪酬顾问所可能引发的任何利益冲突。

第六，薪酬顾问必须具有独立性。薪酬委员会在判断薪酬顾问的独立性时至少应考虑如下几个方面的因素：其一，薪酬顾问所在的顾问咨询机构为公司提供的其他服务；其二，薪酬顾问所在的顾问咨询机构从发行人公司获得的咨询费数额及其在该机构总收入中的比重；其三，薪酬顾问所在的顾问咨询机构所采用的防范利益冲突的措施和程序；其四，薪酬顾问与薪酬委员会成员之间是否存在着任何的商业联系或者个人关系；其五，薪酬顾问是否持有本公司的股票。

除了上述的规定之外，第 952 条同时也授予了自律监管组织在薪酬委员会的独立性上设置相应豁免的权力。不仅如此，法案本身也将某些特定类型的企业排除在该法条的适用范围之外，这些企业包括：受控公司、有限合伙、进入破产程序的发行人、开放式投资公司以及那些需要每年定期披露其为何没有设置独立薪酬委员会的外国私人发行人。

（五）Greenbury 报告的第 4 部分

Greenbury 报告的第 4 部分“薪酬委员会”对薪酬委员会的职能、具体职责、成员选任、薪酬等问题做出了详细的指南。相关内容具体介绍如下：

4.3 部分上市公司设立由非执行董事构成的薪酬委员会，并且要求选择的非执行董事应与高管薪酬决策无财务利益关系。

4.4 部分薪酬委员会的具体职责有：代表董事会和股东决定执行董事及其他高管的薪酬计划，以激励执行董事们继续改善公司绩效，并确保他们的努力受到公正地、且负责任地奖励；遵从最佳实践的准则；代表董事会在决策中考虑股东的利益且向股东报告。薪酬委员会首要考虑的应该是执行董事们的薪酬，然而，他们还需考虑一些非正式的执行董事。此外，他们还需考虑非执行董事的高管。

4.8 部分薪酬委员会应该全部由非执行董事组成，并拥有与公司无重大关系的个人身份，与执行董事无交叉的董事关系；对公司和执行董事有较好的了解，在商讨进程中有强烈的兴趣能够完全理解股东的想法；并通过适当的培训或获取专家的建议对薪酬委员会业务有较好的理解。

4.9 部分公司的非执行董事主席不应该任薪酬委员会主席，因为他或她参与了公司的运营，并且他或她自身的薪酬协议可能会卷入利益冲突中。

4.10 部分薪酬委员会“应该有一名或更多的与公司董事会及管理层无关联的独立董事”是不正确的观点，因为董事会应该对公司的各项事务负责，此外，确定执行董事薪酬的人需要对公司及执行董事有很好的了解，以能够正确地评估他们的贡献，同公司仅通过薪酬委员会成员的身份联系的人并不胜任该职能。

4.11 部分薪酬委员会规模“应至少由 3 名非执行董事组成（对于小公司，应至少为 2 人），如果未按此要求执行，应该在薪酬委员会的报告中向股东进行解释”。

4.12 部分知识和经验对履行薪酬委员会的职能很重要，因此薪酬委员会成员最好至少任期 3 年，同正常的董事选任期一致，在重新选举董事代表时，年报中应指明董事及委员会成员的具体职责。

4.13 部分为了避免薪酬委员会成员在对执行董事的薪酬安排中无个人的财务利益，其成员的薪酬应该在公司章程的限定下由董事会确定为固定的费用，以反映出他们在公司事务中花费的时间。非执行董事应该避免讨论或确定他们自己的薪酬，并将他们的薪酬与执行董事的薪酬一同报告给股东。

4.14 部分尽管执行董事不应该任薪酬委员会委员，但正常情况下，应该邀请公司的董事长或 CEO 参与委员会的会议，以讨论其他执行董事的表现，并在必要时提供建议。委员会在评价 CEO 绩效时可以向其他非执行董事进行咨询。

4.15 部分薪酬委员会还应该得到公司中一位具有合适经验的高管支持，该高管可以独立地与委员会主席沟通。

4.16 部分薪酬委员会应该获取其他公司可靠、及时的薪酬信息，并对该信息仔细地加以判断。本报告倡导的完全信息披露应该会有利于委员会获取此类信息。

4.17 部分建议薪酬委员会可以就薪酬问题吸取外界的建议，但这应当考虑信息的质量和判断的独立性，公司的管理层通常会聘请外部咨询顾问，薪酬委员会可以委任公司的咨询顾问，并在必要时随时保留自己的顾问。

（六）英国《英国公司治理准则（2012）》的 D 部分

英国《英国公司治理准则（2012）》中 D 部分详细规定了董事及高管薪酬的制定原则。详细内容如下：

D 部分：薪酬

D.1：薪酬的水平与组成

主要原则

薪酬水平应足以吸引、挽留及激励董事达到成功地经营公司的质量要求，但公司应避免以此为目的的过多支付。执行董事薪酬结构中的大部分应与企业奖励和个人的绩效联系起来。

支撑原则

执行董事的薪酬中与业绩相关的因素应该被拓展和设计，旨在促进公司的长期成功。

薪酬委员会应判断自己公司相对于其他公司的定位。但是，他们应该谨慎地比较，考虑向上渐进调整薪酬水平却无相应的业绩提升的风险。

特别是在确定年度工资增长时，他们也应该对薪酬和集团内其他职位的雇用条件敏感。

守则条款

D.1.1. 在为执行董事设计与绩效挂钩的酬金方案时，薪酬委员会应遵守本守则 Schedule A 的规定。

D.1.2. 在公司发布某一执行董事在其他地方担任非执行董事时，薪酬报告应包括一份有关该董事是否还保留公司的盈利，如果还保留，其报酬包括什么。

D. 1. 3. 非执行董事的薪酬水平应反映其在时间上的承诺和其角色所负担的职责。非执行董事的薪酬不包括购股权或其他业绩相关的元素。如果，在例外的情况下，非执行董事被授予了期权，应事先获得股东的批准，非执行董事，任何股份购股权的行使，应直到其离开董事会至少一年后。控股购股权可以用来决定非执行董事的相关的独立性（如条文第 B. 1. 1 条所规定）。

D. 1. 4. 薪酬委员会应仔细考虑什么样的补偿承诺（包括退休金供款及所有其它元素）及其董事的聘任条款会限定预防任期提前终止。该目标应该避免奖励业绩不佳。在减少薪酬以反映即将离任董事的义务时，他们应该采取一个稳健的标准以减少损失。

D. 1. 5. 通知或合同期应在一年或一年以内。如果有必要为从外部招募的新董事提供更长的通知期或合同期，在初始期后，该期间应减少到一年或一年以内。

D. 2：**程序**

主要原则

高级管理人员薪酬政策及每个董事的薪酬待遇制定应该有一个正式的和透明的程序。任何董事不得参与决定他或她自己的薪酬。

支撑原则

薪酬委员会应就其他执行董事的薪酬咨询董事长及/或行政总裁的建议。薪酬委员会应负责执行董事的薪酬委任任何顾问。执行董事或高级管理人员参与或支持薪酬委员会的建议咨询时，应注意识别和避免利益冲突。

董事长应确保该公司应要求与其主要股东就有关薪酬的事宜保持联系。

守则条款

D. 2. 1 董事会应设立至少有 3 名，或在规模较小的公司的情况下 2 名独立非执行董事的薪酬委员会。此外，如果薪酬委员会认为董事长是独立的，可以委任公司董事长为薪酬委员会的一员，但不能担任委员会主席。薪酬委员会应公开其职权范围，解释其角色及由董事会转授的权力，薪酬顾问的聘任来源，年度报告中应该陈述他们是否与本公司有任何其他的联系。

D2. 2. 薪酬委员会应被授予负责为全体执行董事及主席制定薪酬的职责，包括退休金权利及任何薪金。该委员会还应该建议并监督高级管理人员的薪酬水平和结构。“高级管理人员”的定义应该由董事会决定，但一般应包括董事会层面下的第一层管理层。

D. 2. 3. 董事会自身或公司章程的要求下，股东应在公司章程中设置的范围内决定非执行董事的酬金。

在公司章程允许的情况下，董事会可以将该职责委托给一个委员会，委员会可以包括首席执行官。

D. 2. 4. 应邀请股东专门批准所有新的长期奖励计划和现有计划的重大变化（如上市规则所定义），在“上市规则”允许的情况下保存该计划。

附表 A：为执行董事设计与绩效挂钩的薪酬

薪酬委员会应考虑董事是否应享有年度奖金。如果有资格享有，业绩条件应该相关、拓展和设计旨在促进公司的长期成功。应设置上限和进行披露。可能在某一重要时期会有一部分以股份支付的报酬。

薪酬委员会应考虑董事是否有资格享有长期激励计划的收益。应权衡传统的购股权计划与其他种类的长期激励计划的利弊。行政人员购股权不应该以折扣提供，以留为上市规则所允许的有关规定。

在正常情况下，在不到三年的时间里，授予的股份或其他形式的递延薪酬不应归属为财产（vest），期权不应予以行使。应鼓励董事在股份归属后或行使期限过后再延长其持有期，这取决于任何收购成本及相关税项负债融资的需要。

任何新提出的长期激励计划，应当经股东批准，并最好更换任何现有计划，或者至少，纳入现有的计划的一部分，以形成一个深思熟虑的总体规划。可提供的总回报不宜过多。

所有激励计划下的支付或奖励计划，包括现有购股权计划下的新的奖金，应该具有挑战性的业绩标准，反映公司的目标，在适当情况下包括非财务绩效指标。薪酬激励机制应该与风险政策和制度兼容。

执行认股权和其他长期奖励计划的资助下，通常应分期支付，而不是一大块地授予。

规定的使用应考虑到，允许该公司在特殊情况下重新宣告可变部分，以防止不实陈述或行为不当。

在一般情况下，只有基本工资应可领取退休金。薪酬委员会应考虑退休金的后果、公司基本工资增加及公司的相关费用和任何退休金的其他变化，尤其是对于接近退休的董事。

（七）澳大利亚《公司治理原则》

2003 年，澳大利亚首次正式颁布了公司治理准则，并在准则 Recommendation 9. 2 中建议上市公司在董事会下设立薪酬委员会。该部分建议，尤其是对于规模较大的公司，与让全体董事会关注于公司适当的薪酬政策，以满足该公司的需求，并提高企业和个人的绩效相比，薪酬委员会可能是一个更有效的机制。薪酬委员会的存在不应该被看作是董事会作为一个整体其责任的分裂或减少。对于较小的董事会，正式的委员会结构所带来的效率可能不明显。

在薪酬委员会的组成上，该准则建议薪酬委员会应：

- 包括一个至少三名成员组成，大多数成员为独立董事
- 由独立董事担任主席。

2006 年，澳大利亚在修订的公司治理准则中对薪酬委员会的组成做出了修改。薪酬委员会应：

- 仅由非执行董事构成
- 独立董事应占多数
- 独立董事担任薪酬委员会主席
- 应至少有三名成员

从 2011 年 7 月 1 日开始，澳大利亚要求属于 S&P ASX 300 index 的上市公司建立仅由非执行董事构成的薪酬委员会（ASX Listing Rule 12. 8）。对 ASX 300 指数外的其他上市公司的要求仍然是非强制性的。

下面介绍澳大利亚最新修订的公司治理准则（2010）。

原则 8：公平和负责任地给与报酬

公司应保证的薪酬水平及组合是足够与合理的，而且薪酬与业绩之间的关系是明确的。

薪酬的发放是投资者关注的一个关键的焦点领域。当设定的薪酬水平和结构，公司需要在吸引和留住高级管理人员和董事的愿望与不支付过高的薪酬之间权衡利益。重要的是，业绩和报酬之间关系要明确，要让投资者理解高管的薪酬政策。

建议 8.1：

董事会应设立薪酬委员会。

注释

薪酬委员会的目的

董事会薪酬委员会是以公司适当的薪酬政策为重点的一个有效的机制。

无论是否存在一个独立的薪酬委员会，公司的薪酬政策的最终责任由董事会全体成员承担。

对于规模较小的董事会，正式的委员会结构可能不会带来同样的效率。未设立薪酬委员会的公司应该有适当的董事会程序来提出应由薪酬委员会提出的议题。

章程

薪酬委员会应该有一个章程，明确规定它的作用、职责、组成、结构、成员的要求和邀请非委员会成员出席会议的程序。

薪酬委员会参考的条款应该允许它能获取足够的内部和外部资源，包括来自外部的顾问或专家的意见。

薪酬委员会的职责

薪酬委员会的职责应包括审查和向董事会提出建议：

- 公司对高级管理人员的薪酬、招聘、保留和终止的政策和程序。
- 高级管理人员的薪酬和激励机制。
- 养老金安排。

• 董事的薪酬架构。

• 按性别划分的报酬。

薪酬政策

公司应以这样一种方式设计其薪酬政策，它能够：

• 激励高级管理人员追求公司的长期增长和成功的动机。

• 展示高级管理人员的业绩及薪酬之间的明确关系。

对于薪酬委员会可以就薪酬政策征求个人的意见，但任何人都不应直接参与决定自己的薪酬。

薪酬委员会应确保董事会提供足够的信息，以确保做出明智的决策。

建议 8.2：

薪酬委员会的结构应设计为：

• 由多数的独立董事组成。

• 应安排独立的主席。

• 至少有三个成员。

注释

薪酬委员会应该有足够的规模和独立性以有效地履行其职责。

在可能的情况下，公司应限制执行董事参与薪酬委员会，以解决潜在的，或察觉的，执行董事参与董事会决策其薪酬待遇的利益冲突。

薪酬委员会可以征求高级管理人员对薪酬政策的意见，但高级管理人员不应当直接参与决定自己的薪酬。

建议 8.3：

公司应明确区分非执行董事与执行董事及高级管理人员的薪酬结构。

注释

执行董事及高级管理人员的薪酬待遇应该涉及固定薪酬和激励之间的平衡，反映与公司的境遇和目标相适应的短期和长期的绩效目标。

“公司法”要求公司在薪酬报告中详细披露行政人员的薪酬政策，这是一个咨询性投票的股东。根据上市规则及公司法，公司一般不需要获得股东批准不担任董事的高级管理人员的股权激励计划。

然而，公司可能会发现在实施之前向股东提出涉及发行新股份的高级管理人员股权激励计划的提案是有用的。

这种沟通是针对向董事会提供及时保证计划是合理的。

企业也可以考虑向股东汇报是否就涉及发行新股份的以股权为基础的高级管理人员薪酬支付需要根据计划获股东批准。

用于确定一个适当的执行董事及高级管理人员的薪酬待遇框架指引包含在专栏 8.1 中。

专栏 8.1：高管薪酬待遇的准则

大多数高管的薪酬待遇，包括固定和激励薪酬之间的平衡。

公司可能会发现下列因素在制定薪酬待遇中是有用的：

1. 固定薪酬

这应该是合理和公平的，应考虑到公司的法律和工业的义务以及劳动力市场的状况，并与业务规模相对应。它应反映核心的业绩要求和期望。

2. 基于绩效的薪酬

以绩效为基础的薪酬与明确规定的业绩指标挂钩可以是促进公司和全体股东的利益的一个有效的工具。

激励计划应基于适当的业绩基准来设计，以衡量相对业绩并为公司业绩的重大改善提供奖励。

这些计划的条款应明确禁止进入交易或限制这些方案下安排未实现权利的经济风险的参与。

3. 以权益为基础的薪酬

可以适当设计以权益为基础的薪酬，其中包括股票期权，可以成为一个有效的与绩效目标或障碍挂钩的一种有效形式。

以权益为基础的薪酬有它的局限性，它可以促进高级管理人员的“短期盈利主义”。因此，适当的设计计划是重要的。这些计划的条款应明确禁止这些计划下的进入限制或安排，它限制了在这些条款下参与确权（vest）的经济风险。这些计划下的任何权利的行使应安排时限，以配合公司设立的任何交易政策的交易窗口。

4. 终止支付

如有此情况，对高级管理人员的终止支付应提前约定，包括提前终止的详细的规定。不应该有对任何的不当行为的支付。协议应明确业绩的预期。

企业应该考虑不生效的任命后果、提前终止的成本和其他提前终止的影响。

专栏 8.2 包含为非执行董事制定薪酬的适当做法。

专栏 8.2：非执行董事的薪酬指南

公司可能在为非执行董事考虑薪酬时发现以下因素是有用的：

1. 非执行董事通常以报酬费用的方式获得薪酬，其形式包括现金、非现金福利、退休金供款，或牺牲为股权形式的薪水，他们通常不参加管理人员的薪酬计划。

2. 非执行董事不应该接受购股权或奖金的发放。

3. 非执行董事不应该被提供养老金以外的退休福利。

建议 8.4：

公司应提供原则 8 中指南的报告信息。

原则 8 的报告指南

下面的材料或对材料清晰的交叉引用的位置应包括在年度报告的公司治理表中：

- 薪酬委员会成员姓名及出席委员会会议的情况，或公司没有薪酬委员会的，对薪酬委员会的功能是如何进行的给予解释。
- 是否存在对非执行董事的任何养老金计划以外的退休福利。
- 对偏离建议 8.1、8.2、8.3 或 8.4 的情形进行解释。

下面的材料应公开，最好发布到公司网站的标志明显的公司治理部分：

- 薪酬委员会的章程或概括薪酬委员会的作用、权利、责任和成员身份要求。
- 总结公司禁止进入交易相关的产品的政策，限制参与在任何基于股权的薪酬限制福利计划的经济风险。

（八）日本《公司法》（2005）

日本《公司法》（2005）对采取委员会制的上市公司薪酬委员会职权及高管薪酬确定方法做出了立法规定。具体如下：

第404条款（委员会的职权）

尽管第361（1）条和第379第（1）和（2）条的规定，薪酬委员会应当确定个别执行人员的薪酬内容，如果执行人员兼任员工，包括经理，公司的委员会，该薪酬的内容规定同样适用于这样的员工，包括经理。

第409条款（薪酬委员会决定薪酬之方法）

1. 薪酬委员会必须决定个别高管人员的薪酬相关细节等的决策计划

2. 薪酬委员会在第3节第404条款（委员会的职权）规定的基础上做出的决定必须符合前项章节的计划。

3. 在薪酬委员会使用下列项目作为单个执行官薪酬的情况下，薪酬委员会应该对下面所列各项事宜做出决定。但是，对单个会计顾问的薪酬应该参照第1项：

（1）固定薪酬：要确定每个单独人员的数量。

（2）不固定薪酬：要确定每一个人薪酬的具体计算方法。

（3）非货币性薪酬：涉及每个人的具体项目。

（九）新加坡《公司治理准则（2012）》更新

新加坡在2012年更新的公司治理准则的原则7中对薪酬委员会的职权范围和组成等进行了规定。

原则7 对高管薪酬的制定和个别董事薪酬方案的修订应该有一个正式的、透明的程序。任何董事不应参与决定自己的报酬。

指南：

7.1 董事会应设立薪酬委员会（“RC”），以书面条款列清其权力和职责。RC应包括至少3名董事，其中大多数人，包括的RC主席，应该是独立的。所有RC成员应该是非执行董事。这是为了尽量减少任何潜在的利益冲突的风险。董事会应在该公司的年报中披露薪酬委员会成员的姓名以及 RC 参考的主要条款，解释其角色及董事会转授其的权力。

7.2RC 应审查和向董事会就董事和关键管理人员的报酬总体框架提出建议。RC 也应该审查和就各董事的具体薪酬待遇，以及主要管理人员的薪酬待遇向董事会提出建议。RC 的建议应提交整个董事会的认可。RC 应涵盖各方面的薪酬制定，包括但不限于董事袍金（fees），薪金（salaries），津贴（allowances），奖金（bonuses），期权（options），以股份为基础的激励（share - based incentives）和奖励（awards），及各种利益（benefits）。

7.3 如果必要的话，RC 应就公司全体董事的薪酬征求公司内部和/或公司以外的专家的意见。如果有的话，RC 应确保公司与薪酬顾问之间现有的关系，将不会影响薪酬顾问的独立性和客观性。该公司还应当在年度薪酬报告中披露薪酬顾问的姓名和公司名，包括一项薪酬顾问是否有任何与本公司的关系的声明。

7.4RC 应审查本公司的执行董事及关键管理人员的服务合同终止时产生的责任，以确保这样的服务合约包含公平合理的终止条款而不是过于慷慨的条款。RC 的目标应该是公平和避免奖励表现不佳。

薪酬水平及组合

原则：

8 薪酬水平和结构应与公司的长期利益和风险政策一致，并应适合于吸引，保留和激励（一）公司董事提供良好的管理，及（b）主要管理人员成功地管理公司。但是，企业应该避免只为此目的而进行的过度支付。

指南：

8.1 适当比例的执行董事及主要管理人员的薪酬结构，应使薪酬反映企业及个人的业绩表现。这种与绩效匹配的薪酬与股东的利益一致，并能促进企业长期的成功。在制定薪酬时还应考虑到该公司的风险政策，与风险带来的结果相匹配并对风险的时间跨度反应敏感。对执行董事及主要管理人员的绩效要有合适的评估方法。

8.2 长期激励计划一般都能对执行董事及主要管理人员起到激励的作用。

薪酬委员会应当评价执行董事及主要管理人员在长期激励计划下是否应该有资格获取长期奖励。长期激励计划的成本和效益应详细评估。在正常情况下，提供的股份或授予的期权或其他形式的递延薪酬应归在一段时间内确认所有权。使用确认时间表，每年只能实现部分收益，应大力鼓励。应鼓励执行董事及主要管理人员超越确认期间后继续持有其股份，并支付收购股份及相关税负的成本。

8.3 考虑到时间和精力和董事职责等因素，非执行董事的薪酬应当与其贡献一致。不应支付非执行董事过度的薪酬，否则其独立性可能会受到影响。薪酬委员会也应该考虑实施计划以鼓励非执行董事持有本公司股份，以更好地使非执行董事的利益与股东的利益保持一致。

8.4 在特殊情况下，如财务业绩的错报，或不当行为导致公司财务损失时，应鼓励公司使用合同条款从执行董事及主要管理人员收回部分激励性薪酬。

薪酬披露

原则：

9 每家公司在其年报中都应清晰披露其薪酬政策，薪酬水平及组合，以及制定薪酬的程序。披露有关薪酬政策，可以使投资者了解董事及主要管理人员支付的薪酬和绩效之间的联系。

指导方针：

9.1 公司应每年向股东汇报董事、行政总裁及至少五大关键管理人员（不是董事或行政总裁）的薪酬。该年度薪酬报告应包含在或附加于公司的年度报告。它应该是该公司向股东汇报的薪酬事宜的主要手段。

年度薪酬报告应包括的董事，CEO 及五大关键管理人员（并非董事或行政总裁）可能获得的任何终止，退休和离职后福利总额。

9.2 公司应充分披露个别董事及行政总裁基础上的薪酬。为了管理上的方便，该公司可能会四舍五入所披露的数字接近千美元。每个董事或行政总裁的薪酬应该有所不同，可以通过固定工资、绩效匹配的奖金、实物福利，授予股票期权，以股份为基础的激励机制和奖励，和其他长期的激励机制获得。

9.3 公司应该披露前五大关键管理人员（并非董事或首席执行官）获取250，000美元薪酬的人员的姓名。公司只需要披露适用范围。每个董事或行政总裁通过固定工资、绩效匹配的奖金、实物福利，授予股票期权，以股份为基础的激励机制和奖励，和其他长期的激励机制获得的薪酬应该有一个区分点（百分比或美元方面）。

此外，公司应披露前五名主要管理人员（并非董事或行政总裁）总薪酬。作为最佳实践，公司也应充分披露上述五大关键管理人员的薪酬。

9.4 为了提高透明度，年度薪酬报告应披露董事或首席执行官直系亲属的薪酬，以及酬金超过50，000美元的员工的薪酬。这将是一个命名的基础上完成有关董事或CEO与雇员的关系有明确的指示。应根据姓名清楚地说明员工与有关董事和CEO的关系。薪酬的披露应以50，000为一个节点。公司只需要显示使用的范围。

9.5 年度薪酬报告还应该包含雇员持股计划的细节，以使他们的股东评估公司存在好处和潜在的成本。股份计划应披露的重要条款，包括授予股份的数量，股票期权估值方法，授予的股权以及流通在外的股权的行权价，行使价是否是市场价格或授出日期的价格，行权日市场价格，确权计划和采用条款的理由。

9.6 为提高透明度，企业应披露执行董事及主要管理人员的薪酬与业绩之间的联系。年度薪酬报告应列明短期和长期激励计划的行使的业绩条件，并解释为什么选择这样的绩效标准，以及陈述这样的业绩标准是否达到。

附录 C

表 5-11 实际控制人性质与薪酬委员会成员回归分析

	(1) 国有	(2) 非国有	(3) 国有	(4) 非国有	(5) 国有	(6) 非国有
	RCMember	RCMember	InsiderInCC	InsiderInCC	OutsiderInCC	OutsiderInCC
_ cons	1.876	0.821	3.538*	2.234	-19.85	-6.261***
	(1.630)	(1.083)	(2.071)	(1.442)	(403.017)	(1.445)
Sex	0.0251	-0.500**	0.443	-0.544	-0.0200	-0.0914
	(0.305)	(0.252)	(0.537)	(0.366)	(0.361)	(0.312)
LnAge	-0.690**	-0.729***	-1.445***	-1.371***	1.841***	0.936***
	(0.346)	(0.260)	(0.461)	(0.350)	(0.389)	(0.309)
Edu_ 2	-0.712	0.605	-0.838	0.610	11.01	0.864
	(0.895)	(0.368)	(0.906)	(0.403)	(403.014)	(0.781)
Edu_ 3	-0.850	0.609*	-1.018	0.456	11.23	1.615**
	(0.876)	(0.357)	(0.882)	(0.393)	(403.014)	(0.758)
Edu_ 4	-0.802	0.676*	-1.015	0.547	11.37	1.563**
	(0.875)	(0.359)	(0.881)	(0.395)	(403.014)	(0.759)
Edu_ 5	-0.709	0.557	-1.532*	-0.355	12.13	1.964***
	(0.882)	(0.370)	(0.900)	(0.448)	(403.014)	(0.761)

续表

	（1）国有	（2）非国有	（3）国有	（4）非国有	（5）国有	（6）非国有
	RCMember	RCMember	InsiderInCC	InsiderInCC	OutsiderInCC	OutsiderInCC
DirTenure	-0.001	0.026	0.053	0.091	-0.113	-0.087
	(0.063)	(0.059)	(0.080)	(0.071)	(0.079)	(0.076)
BusBG	0.467	-0.244	1.796***	0.461	-1.409***	-1.759***
	(0.334)	(0.242)	(0.515)	(0.302)	(0.420)	(0.337)
Outsider	2.057***	2.152***				
	(0.145)	(0.142)				
SqInnerAc	0.369*	0.411**	-0.345	-0.111	2.303***	2.375***
	(0.206)	(0.176)	(0.241)	(0.200)	(0.279)	(0.252)
DirPartTimeNo	-0.037	0.055				
	(0.137)	(0.053)				
Sharehold	0.026	0.021	0.060	0.055**	-0.120	-0.184***
	(0.044)	(0.018)	(0.051)	(0.019)	(0.078)	(0.056)
SexTenure	0.067	0.052	0.0476	0.047	0.000	-0.043
	(0.065)	(0.062)	(0.083)	(0.075)	(0.084)	(0.083)
SexBusBG	-0.610*	0.113	-1.012*	0.154	-0.328	0.338
	(0.346)	(0.258)	(0.541)	(0.338)	(0.441)	(0.359)

续表

	（1）国有	（2）非国有	（3）国有	（4）非国有	（5）国有	（6）非国有
	RCMember	RCMember	InsiderInCC	InsiderInCC	OutsiderInCC	OutsiderInCC
SexDirPartTimeNo	0.078	0.014				
	(0.139)	(0.055)				
SexOwnership	-0.068	-0.003	-0.091*	-0.006	-0.057	-0.103
	(0.047)	(0.019)	(0.054)	(0.021)	(0.088)	(0.071)
InsiderDirPartTimeNo			-0.083	0.083		
			(0.235)	(0.060)		
SexInsiderPartTime			0.210	0.043		
			(0.237)	(0.063)		
OutsiderDirPartTimeNo					0.517***	0.849***
					(0.191)	(0.208)
SexOutsiderPartTime					-0.136	-0.544**
					(0.201)	(0.214)
N	2205	2999	2205	2999	2205	2999
LR chi2（16）	522.26	673.24	154.13	292.16	821.68	1345.49
Prob > chi2	0.000	0.000	0.000	0.000	0.000	0.000
Pseudo R^2	0.175	0.167	0.087	0.120	0.320	0.391

Standard errors in parentheses, * p < 0.1, ** p < 0.05, *** p < 0.01

表 5－12　股权集中度与薪酬委员会成员回归分析

股权集中度	（1）高	（2）低	（3）高	（4）低	（5）高	（6）低
	RCMember	RCMember	InsiderInCC	InsiderInCC	OutsiderInCC	OutsiderInCC
_ cons	0. 107	2. 360	1. 522	2. 497	-20. 73	-6. 854***
	(1. 791)	(1. 698)	(2. 460)	(2. 269)	(1056. 514)	(2. 101)
Sex	-0. 513	-0. 131	-0. 328	-0. 197	-0. 339	0. 215
	(0. 387)	(0. 359)	(0. 609)	(0. 494)	(0. 453)	(0. 465)
LnAge	-0. 543	-1. 103***	-1. 191**	-1. 528***	1. 386***	1. 374***
	(0. 411)	(0. 400)	(0. 588)	(0. 503)	(0. 466)	(0. 481)
Edu_ 2	0. 892	0. 766	0. 555	1. 633	14. 21	-0. 206
	(0. 785)	(0. 694)	(0. 802)	(1. 072)	(1056. 512)	(0. 914)
Edu_ 3	0. 434	0. 864	0. 040	1. 623	14. 370	0. 241
	(0. 769)	(0. 675)	(0. 786)	(1. 059)	(1056. 512)	(0. 871)
Edu_ 4	0. 618	0. 708	0. 130	1. 606	14. 57	0. 0318
	(0. 772)	(0. 676)	(0. 790)	(1. 058)	(1056. 512)	(0. 873)
Edu_ 5	0. 956	0. 716	0. 0457	0. 740	15. 27	0. 697
	(0. 781)	(0. 690)	(0. 814)	(1. 104)	(1056. 512)	(0. 878)
DirTenure	-0. 0273	0. 0691	0. 0512	0. 0935	-0. 133	-0. 034
	(0. 076)	(0. 088)	(0. 096)	(0. 100)	(0. 093)	(0. 127)

续表

股权集中度	（1）高	（2）低	（3）高	（4）低	（5）高	（6）低
	RCMember	RCMember	InsiderInCC	InsiderInCC	OutsiderInCC	OutsiderInCC
BusBG	0.096	−0.054	0.989*	0.587	−1.422***	−1.663***
	(0.393)	(0.397)	(0.518)	(0.480)	(0.530)	(0.553)
Outsider	2.091***	2.276***				
	(0.206)	(0.194)				
SqInnerAc	0.332	−0.369	−0.193	−1.129***	2.169***	1.992***
	(0.272)	(0.268)	(0.318)	(0.305)	(0.377)	(0.376)
DirPartTimeNo	0.106	0.040				
	(0.185)	(0.071)				
Sharehold	0.017	0.014	0.061*	0.046	−0.240**	−0.184
	(0.031)	(0.034)	(0.035)	(0.037)	(0.104)	(0.114)
SexTenure	0.095	−0.015	0.060	−0.011	0.025	−0.072
	(0.079)	(0.092)	(0.100)	(0.104)	(0.101)	(0.133)
SexBusBG	−0.116	−0.190	0.030	−0.342	−0.051	0.125
	(0.418)	(0.417)	(0.571)	(0.525)	(0.561)	(0.578)
SexDirPartTimeNo	−0.039	0.020				
	(0.187)	(0.075)				

续表

股权集中度	(1) 高	(2) 低	(3) 高	(4) 低	(5) 高	(6) 低
	RCMember	RCMember	InsiderInCC	InsiderInCC	OutsiderInCC	OutsiderInCC
SexOwnership	-0.009	-0.001	-0.033	-0.006	0.021	-0.026
	(0.033)	(0.036)	(0.037)	(0.039)	(0.114)	(0.124)
InsiderDirPartTimeNo			0.274	0.032		
			(0.257)	(0.076)		
SexInsiderPartTime			-0.143	0.107		
			(0.259)	(0.082)		
OutsiderDirPartTimeNo					0.688**	0.914***
					(0.345)	(0.268)
SexOutsiderPartTime					-0.406	-0.586**
					(0.355)	(0.277)
N	1303	1342	1303	1342	1303	1342
LR chi2 (16)	308.09	316.17	111.58	118.73	550.58	503.98
Prob > chi2	0.000	0.000	0.000	0.000	0.000	0.000
Pseudo R^2	0.177	0.174	0.109	0.110	0.370	0.320

Standard errors in parentheses, * $p < 0.1$, ** $p < 0.05$, *** $p < 0.01$

表 6 – 15　薪酬委员会特征对会计盈余时效性与经理人薪酬 – 绩效敏感度的调节作用回归结果

	(1)	(2)	(3)	(4)	(5)	(6)	(7)	(8)
	CES	CES	CES	CES	CES	CES	CES	CES
ETIDX	0.03**	0.06	0.02***	0.01	-0.01	-0.00	0.01	0.05
	(1.96)	(1.35)	(2.79)	(0.89)	(-0.51)	(-0.30)	(0.40)	(0.43)
RCIND	0.00							
	(1.46)							
ETIDX × RCIND	-0.00							
	(-0.58)							
CEONRC		-0.05						
		(-0.39)						
ETIDX × CEONRC		-0.08						
		(-0.71)						
RCStock			0.00					
			(1.47)					
ETIDX × RCStock			0.02**					
			(1.99)					
RCPay				0.04				
				(0.72)				

续表

	(1)	(2)	(3)	(4)	(5)	(6)	(7)	(8)
	CES	CES	CES	CES	CES	CES	CES	CES
ETIDX × RCPay				-0.04*				
				(-1.88)				
RCTenure					-0.01**			
					(-2.13)			
ETIDX × RCTenure					-0.00			
					(-0.11)			
RCFemale%						0.05		
						(1.61)		
ETIDX × RCFemale%						0.00		
						(0.29)		
RCInact							0.00	
							(0.29)	
ETIDX × RCInact							-0.00	
							(-0.65)	
RCExact								0.81***
								(8.99)

续表

	(1)	(2)	(3)	(4)	(5)	(6)	(7)	(8)
	CES	CES	CES	CES	CES	CES	CES	CES
ETIDX × RCExact								1.09***
								(13.18)
BDSIZE	-0.04***	-0.83***	0.01	0.04***	-0.05***	0.02***	-0.01	-0.30***
	(-2.67)	(-16.01)	(1.61)	(7.35)	(-3.98)	(5.16)	(-1.23)	(-6.97)
BDIND	-0.01	-0.08***	-0.01***	0.01***	-0.00	0.00*	-0.00	-0.04***
	(-1.64)	(-9.52)	(-4.29)	(4.40)	(-0.81)	(1.75)	(-0.70)	(-6.33)
GROWTH	0.00	0.10***	0.00	0.03***	0.02***	0.03***	0.00	-0.21***
	(0.66)	(6.22)	(0.29)	(6.02)	(3.05)	(7.51)	(1.02)	(-7.42)
UESD	-0.00	-0.01***	-0.00**	0.00***	0.00	0.02***	0.00**	0.06***
	(-0.30)	(-3.61)	(-2.36)	(4.50)	(1.29)	(18.78)	(2.29)	(10.11)
RETSD	0.00	0.02***	0.00	0.00	-0.00**	0.00**	0.00	-0.01***
	(0.27)	(14.94)	(0.20)	(0.64)	(-2.01)	(2.08)	(1.24)	(-3.88)
LEV	0.01	0.00	-0.01	0.01**	-0.03***	0.03***	-0.02***	-0.20***
	(1.49)	(0.18)	(-0.96)	(2.14)	(-5.16)	(7.97)	(-3.05)	(-10.44)
SIZE	-0.01	0.19***	-0.02***	0.00	0.01**	0.02***	0.00	0.02
	(-1.55)	(10.15)	(-6.86)	(1.30)	(1.98)	(5.09)	(0.40)	(1.03)

续表

	(1)	(2)	(3)	(4)	(5)	(6)	(7)	(8)
	CES	CES	CES	CES	CES	CES	CES	CES
Top1	-0.01*	-0.18***	-0.00	-0.02***	-0.01***	-0.01***	-0.00**	0.06***
	(-1.76)	(-21.89)	(-0.27)	(-9.20)	(-3.12)	(-2.86)	(-2.21)	(4.76)
SOEs	-0.00	-0.01***	-0.00***	-0.00*	0.00***	-0.00***	0.00	0.03***
	(-0.03)	(-3.46)	(-5.99)	(-1.69)	(3.68)	(-6.56)	(0.28)	(6.16)
East	0.02***	0.15***	0.02***	0.05***	-0.00	-0.02***	-0.00	-0.07***
	(2.76)	(6.46)	(3.69)	(11.68)	(-0.30)	(-4.32)	(-0.38)	(-3.11)
IND_ YEAR	控制	控制	控制	控制	控制	控制	控制	控制
_ cons	0.03***	-0.03	0.04***	-0.02***	0.00	-0.04***	0.00	0.10***
	(3.13)	(-1.14)	(8.51)	(-4.72)	(0.83)	(-9.71)	(0.79)	(3.05)
N	909	909	909	909	909	909	909	909
R^2	0.039	0.920	0.186	0.585	0.056	0.974	0.029	0.987
adj. R^2	0.024	0.919	0.173	0.579	0.042	0.973	0.027	0.985
Prob > F	0.0002	0.0000	0.0000	0.0000	0.0003	0.0000	0.0006	0.0000
F	2.60	737.0	14.6	90.2	3.81	2359.7	1.84	1187.1

注：表中 ETIDX 及 RCIND、RCStock、RCPay、RCTenure、RCFemale%、RCInact 和 RCExact 均已做中心化处理。表中显示系数为标准化系数，括号中为 t 值，***代表 0.01 显著性水平，**代表 0.05 显著性水平，*代表 0.1 显著性水平。

表 6－16　单一薪酬委员会特征与经理人股票薪酬 Logistic 回归结果

	(1)	(2)	(3)	(4)	(5)	(6)	(7)
	CEOStock	CEOStock	CEOStock	CEOStock	CEOStock	CEOStock	CEOStock
RCIND	0.15						
	(0.59)						
CEONRC	－0.13						
	(0.19)						
RCStock		3.92***					
		(0.43)					
RCPay			0.16*				
			(0.09)				
RCTenure				0.20***			
				(0.06)			
RCFemale%					0.70		
					(0.45)		
RCInact						0.024	
						(0.13)	
RCExact							0.086
							(0.16)

续表

	(1)	(2)	(3)	(4)	(5)	(6)	(7)
	CEOStock	CEOStock	CEOStock	CEOStock	CEOStock	CEOStock	CEOStock
ROA	-1.22	-2.05	-1.42	-1.57	-1.41	-1.23	-1.25
	(1.81)	(1.93)	(1.82)	(1.83)	(1.81)	(1.81)	(1.81)
RET	0.091	-0.077	0.12	0.17	0.061	0.095	0.095
	(0.31)	(0.33)	(0.31)	(0.31)	(0.31)	(0.31)	(0.31)
MB	-1.04**	-0.79	-1.05**	-0.98*	-1.05**	-1.01*	-1.01*
	(0.52)	(0.56)	(0.52)	(0.52)	(0.52)	(0.52)	(0.52)
SIZE	0.58***	0.52***	0.59***	0.58***	0.59***	0.58***	0.58***
	(0.12)	(0.13)	(0.12)	(0.12)	(0.12)	(0.12)	(0.12)
LEV	-2.02***	-2.68***	-2.02***	-2.23***	-2.06***	-2.04***	-2.05***
	(0.61)	(0.66)	(0.61)	(0.61)	(0.61)	(0.61)	(0.61)
RISK	-55.6	-51.4	-54.2	-53.2	-48.2	-56.2	-54.2
	(50.16)	(54.63)	(50.24)	(50.86)	(50.53)	(50.32)	(50.26)
Firmage	-0.011	0.0062	-0.014	-0.015	-0.013	-0.011	-0.011
	(0.02)	(0.03)	(0.02)	(0.02)	(0.02)	(0.02)	(0.02)
East	0.55***	0.52***	0.52***	0.56***	0.57***	0.55***	0.53***
	(0.18)	(0.20)	(0.18)	(0.18)	(0.18)	(0.18)	(0.18)

续表

	(1)	(2)	(3)	(4)	(5)	(6)	(7)
	CEOStock	CEOStock	CEOStock	CEOStock	CEOStock	CEOStock	CEOStock
LnCEOPay	0. 28**	0. 33**	0. 26**	0. 29**	0. 28**	0. 29**	0. 28**
	(0. 13)	(0. 14)	(0. 13)	(0. 13)	(0. 13)	(0. 13)	(0. 13)
CEOCHAIR	0. 23	0. 14	0. 22	0. 26	0. 26	0. 25	0. 25
	(0. 25)	(0. 27)	(0. 25)	(0. 25)	(0. 25)	(0. 25)	(0. 25)
LnBDSIZE	0. 066	-0. 027	0. 17	0. 12	0. 093	0. 061	0. 044
	(0. 50)	(0. 54)	(0. 51)	(0. 51)	(0. 50)	(0. 52)	(0. 50)
SBSIZE	-0. 080	-0. 078	-0. 080	-0. 082	-0. 080	-0. 083	-0. 083
	(0. 07)	(0. 08)	(0. 07)	(0. 07)	(0. 07)	(0. 07)	(0. 07)
BDIND	-0. 52	1. 27	-0. 55	-0. 16	-0. 27	-0. 50	-0. 52
	(1. 73)	(1. 85)	(1. 71)	(1. 70)	(1. 71)	(1. 71)	(1. 71)
SOEs	-0. 37**	-0. 43**	-0. 37**	-0. 33*	-0. 37**	-0. 37**	-0. 37**
	(0. 17)	(0. 18)	(0. 17)	(0. 17)	(0. 17)	(0. 17)	(0. 17)
Top1	-0. 051***	-0. 047***	-0. 051***	-0. 049***	-0. 051***	-0. 051***	-0. 052***
	(0. 01)	(0. 01)	(0. 01)	(0. 01)	(0. 01)	(0. 01)	(0. 01)
CEOMale	-1. 86***	-2. 03***	-1. 94***	-1. 91***	-1. 79***	-1. 88***	-1. 88***
	(0. 38)	(0. 39)	(0. 38)	(0. 38)	(0. 38)	(0. 37)	(0. 37)

续表

	(1)	(2)	(3)	(4)	(5)	(6)	(7)
	CEOStock	CEOStock	CEOStock	CEOStock	CEOStock	CEOStock	CEOStock
CEOTenure	0.0052	0.00036	0.0064	-0.028	0.0057	0.0044	0.0032
	(0.07)	(0.08)	(0.07)	(0.07)	(0.07)	(0.07)	(0.07)
CEOAge	0.073***	0.081***	0.073***	0.071***	0.071***	0.072***	0.072***
	(0.02)	(0.02)	(0.02)	(0.02)	(0.02)	(0.02)	(0.02)
IND_ YEAR	控制	控制	控制	控制	控制	控制	控制
_ cons	-15.1***	-15.5***	-15.6***	-15.9***	-15.4***	-15.0***	-14.8***
	(2.58)	(2.74)	(2.60)	(2.61)	(2.59)	(2.66)	(2.57)
N	909	909	909	909	909	909	909
pseudo R^2	0.176	0.270	0.178	0.186	0.178	0.176	0.176
Prob	0.0000	0.0000	0.0000	0.0000	0.0000	0.0000	0.0000
chi2	190.9	293.0	193.2	201.4	192.8	190.4	190.7

注：括号中为标准误，*表示0.1显著性水平，**表示0.05显著性水平，***表示0.01显著性水平。

表 6-17 单一薪酬委员会特征与经理人权益薪酬 Logistic 回归结果

	(1)	(2)	(3)	(4)	(5)	(6)	(7)
	CEOEquity	CEOEquity	CEOEquity	CEOEquity	CEOEquity	CEOEquity	CEOEquity
RCIND	0.346						
	(1.32)						
CEONRC	-0.266						
	(0.40)						
RCStock		1.191*					
		(0.64)					
RCPay			0.431				
			(0.19)				
RCTenure				0.668			
				(0.13)			
RCFemale%					-0.732		
					(1.06)		
RCInact						0.263	
						(0.29)	
RCExact							0.300
							(0.26)

续表

	(1)	(2)	(3)	(4)	(5)	(6)	(7)
	CEOEquity	CEOEquity	CEOEquity	CEOEquity	CEOEquity	CEOEquity	CEOEquity
ROA	-0.150	-0.300	-0.203	-0.258	-0.098	-0.159	-0.136
	(3.82)	(3.96)	(3.84)	(3.90)	(3.77)	(3.84)	(3.82)
RET	-0.229	-0.276	-0.195	-0.174	-0.117	-0.201	-0.207
	(0.60)	(0.61)	(0.60)	(0.60)	(0.61)	(0.60)	(0.60)
MB	-2.777**	-2.540*	-2.736**	-2.672*	-2.639*	-2.669*	-2.662*
	(1.10)	(1.08)	(1.08)	(1.08)	(1.08)	(1.08)	(1.08)
SIZE	3.129**	3.011**	3.085**	3.089**	3.059**	3.080**	3.062**
	(0.24)	(0.24)	(0.24)	(0.24)	(0.24)	(0.24)	(0.24)
LEV	-0.732	-0.758	-0.793	-0.884	-0.746	-0.798	-0.821
	(1.45)	(1.44)	(1.44)	(1.45)	(1.43)	(1.44)	(1.44)
RISK	0.612	0.543	0.644	0.687	0.597	0.611	0.665
	(107.84)	(107.60)	(107.19)	(107.79)	(107.57)	(108.48)	(107.34)
Firmage	-2.612***	-2.511***	-2.606***	-2.638***	-2.549***	-2.583***	-2.555***
	(0.05)	(0.05)	(0.05)	(0.05)	(0.05)	(0.05)	(0.05)
East	-0.367	-0.360	-0.396	-0.368	-0.419	-0.324	-0.409
	(0.41)	(0.41)	(0.41)	(0.41)	(0.41)	(0.41)	(0.41)

续表

	(1)	(2)	(3)	(4)	(5)	(6)	(7)
	CEOEquity	CEOEquity	CEOEquity	CEOEquity	CEOEquity	CEOEquity	CEOEquity
LnCEOPay	2. 046**	1. 989**	2. 027**	2. 072**	2. 003**	2. 085**	2. 015**
	(0. 26)	(0. 26)	(0. 26)	(0. 26)	(0. 26)	(0. 26)	(0. 26)
CEOCHAIR	0. 102	0. 157	0. 110	0. 170	0. 158	0. 151	0. 188
	(0. 52)	(0. 51)	(0. 52)	(0. 51)	(0. 51)	(0. 51)	(0. 51)
LnBDSIZE	1. 624	1. 555	1. 759*	1. 677*	1. 563	1. 671*	1. 652*
	(1. 08)	(1. 09)	(1. 13)	(1. 08)	(1. 08)	(1. 09)	(1. 09)
SBSIZE	-2. 477**	-2. 492**	-2. 494**	-2. 468**	-2. 474**	-2. 526**	-2. 539**
	(0. 19)	(0. 19)	(0. 19)	(0. 19)	(0. 19)	(0. 19)	(0. 19)
BDIND	-1. 060	-0. 844	-1. 031	-0. 917	-1. 009	-0. 989	-1. 001
	(4. 18)	(4. 12)	(4. 14)	(4. 06)	(4. 07)	(4. 09)	(4. 11)
SOEs	-1. 400	-1. 410	-1. 412	-1. 396	-1. 435	-1. 388	-1. 429
	(0. 37)	(0. 36)	(0. 37)	(0. 36)	(0. 37)	(0. 37)	(0. 37)
Top1	-2. 497***	-2. 224**	-2. 441**	-2. 423**	-2. 522***	-2. 481***	-2. 491***
	(0. 01)	(0. 01)	(0. 01)	(0. 01)	(0. 01)	(0. 01)	(0. 01)
CEOMale	-1. 567**	-1. 613**	-1. 614**	-1. 630***	-1. 667***	-1. 574**	-1. 561**
	(0. 64)	(0. 64)	(0. 64)	(0. 64)	(0. 65)	(0. 64)	(0. 64)

续表

	(1)	(2)	(3)	(4)	(5)	(6)	(7)
	CEOEquity	CEOEquity	CEOEquity	CEOEquity	CEOEquity	CEOEquity	CEOEquity
CEOTenure	-1. 001	-1. 019	-1. 045	-1. 152	-1. 024	-1. 010	-1. 016
	(0. 18)	(0. 18)	(0. 18)	(0. 19)	(0. 18)	(0. 18)	(0. 18)
CEOAge	-1. 558*	-1. 626*	-1. 599*	-1. 578*	-1. 611*	-1. 591*	-1. 619*
	(0. 03)	(0. 03)	(0. 03)	(0. 03)	(0. 03)	(0. 03)	(0. 03)
IND_ YEAR	控制	控制	控制	控制	控制	控制	控制
N	909	909	909	909	909	909	909
pseudo R^2	0. 190	0. 198	0. 190	0. 191	0. 191	0. 189	0. 190
Prob > chi2	0. 0000	0. 0000	0. 0000	0. 0000	0. 0000	0. 0000	0. 0000
chi2	63. 4	66. 1	63. 5	63. 8	63. 9	63. 3	63. 4

注：表中系数为标准化系数；括号中为标准误，*表示 0.1 显著性水平，**表示 0.05 显著性水平，***表示 0.01 显著性水平。

表 6－18 单一薪酬委员会特征与经理人货币薪酬 OLS 回归结果

	(1)	(2)	(3)	(4)	(5)	(6)	(7)
	LnCEOPay	LnCEOPay	LnCEOPay	LnCEOPay	LnCEOPay	LnCEOPay	LnCEOPay
WRCIND	0.064**						
	(0.15)						
CEONRC	0.011						
	(0.05)						
RCStock		0.001					
		(0.11)					
RCPay			0.108***				
			(0.02)				
RCTenure				-0.008			
				(0.02)			
RCFemale%					0.002		
					(0.11)		
RCInact						-0.090***	
						(0.04)	
RCExact							0.070**
							(0.05)

续表

	(1)	(2)	(3)	(4)	(5)	(6)	(7)
	LnCEOPay	LnCEOPay	LnCEOPay	LnCEOPay	LnCEOPay	LnCEOPay	LnCEOPay
ROA	0.243***	0.243***	0.232***	0.244***	0.243***	0.239***	0.241***
	(0.54)	(0.54)	(0.54)	(0.54)	(0.54)	(0.54)	(0.55)
RET	-0.102***	-0.102***	-0.092***	-0.102***	-0.102***	-0.092***	-0.102***
	(0.08)	(0.08)	(0.08)	(0.08)	(0.08)	(0.08)	(0.08)
MB	-0.181***	-0.177***	-0.184***	-0.177***	-0.177***	-0.175***	-0.175***
	(0.14)	(0.14)	(0.13)	(0.14)	(0.14)	(0.14)	(0.13)
SIZE	0.456***	0.458***	0.458***	0.458***	0.458***	0.459***	0.451***
	(0.03)	(0.03)	(0.03)	(0.03)	(0.03)	(0.03)	(0.03)
LEV	0.061*	0.062*	0.060*	0.063*	0.062*	0.064*	0.057
	(0.15)	(0.15)	(0.15)	(0.15)	(0.15)	(0.15)	(0.15)
RISK	-0.003	-0.004	-0.002	-0.004	-0.003	0.002	0.000
	(13.23)	(13.29)	(13.19)	(13.25)	(13.40)	(13.35)	(13.27)
East	0.151***	0.153***	0.143***	0.153***	0.153***	0.144***	0.143***
	(0.04)	(0.05)	(0.04)	(0.04)	(0.05)	(0.04)	(0.05)
CEOCHAIR	0.045	0.046	0.038	0.046	0.046	0.045	0.047
	(0.07)	(0.07)	(0.07)	(0.07)	(0.07)	(0.07)	(0.07)

续表

	(1)	(2)	(3)	(4)	(5)	(6)	(7)
	LnCEOPay	LnCEOPay	LnCEOPay	LnCEOPay	LnCEOPay	LnCEOPay	LnCEOPay
LnBDSIZE	-0.057*	-0.052	-0.032	-0.052	-0.052	-0.079**	-0.050
	(0.14)	(0.14)	(0.14)	(0.14)	(0.14)	(0.14)	(0.14)
SBSIZE	-0.009	-0.011	-0.007	-0.011	-0.011	-0.004	-0.009
	(0.02)	(0.02)	(0.02)	(0.02)	(0.02)	(0.02)	(0.02)
BDIND	-0.011	-0.001	-0.004	-0.002	-0.001	-0.002	-0.004
	(0.38)	(0.39)	(0.38)	(0.38)	(0.39)	(0.39)	(0.39)
SOEs	-0.041	-0.034	-0.033	-0.034	-0.034	-0.033	-0.035
	(0.05)	(0.05)	(0.05)	(0.05)	(0.05)	(0.05)	(0.05)
Top1	-0.101***	-0.104***	-0.095***	-0.105***	-0.104***	-0.107***	-0.104***
	(0.00)	(0.00)	(0.00)	(0.00)	(0.00)	(0.00)	(0.00)
CEOMale	0.064*	0.068*	0.060*	0.068*	0.068*	0.068*	0.067*
	(0.14)	(0.14)	(0.13)	(0.14)	(0.14)	(0.14)	(0.14)
CEOTenure	0.058**	0.053**	0.055**	0.055**	0.054**	0.052*	0.053*
	(0.02)	(0.02)	(0.02)	(0.02)	(0.02)	(0.02)	(0.02)
CEOAge	0.079***	0.080***	0.083***	0.080***	0.080***	0.080***	0.081***
	(0.00)	(0.00)	(0.00)	(0.00)	(0.00)	(0.00)	(0.00)

续表

	(1)	(2)	(3)	(4)	(5)	(6)	(7)
	LnCEOPay	LnCEOPay	LnCEOPay	LnCEOPay	LnCEOPay	LnCEOPay	LnCEOPay
IND_ YEAR	控制	控制	控制	控制	控制	控制	控制
N	909	909	909	909	909	909	909
R^2	0. 301	0. 297	0. 307	0. 297	0. 297	0. 304	0. 301
adj. R^2	0. 286	0. 283	0. 293	0. 283	0. 283	0. 290	0. 287
Prob	0. 0000	0. 0000	0. 0000	0. 0000	0. 0000	0. 0000	0. 0000
F	17. 5	18. 5	19. 1	18. 5	18. 5	18. 7	18. 9

注：表中系数为标准化系数；括号中为标准误，＊表示 0. 1 显著性水平，＊＊表示 0. 05 显著性水平，＊＊＊表示 0. 01 显著性水平。

表 6 – 19　单一薪酬委员会特征与经理人货币薪酬固定效应回归结果

	(1)	(2)	(3)	(4)	(5)	(6)	(7)
	LnCEOPay	LnCEOPay	LnCEOPay	LnCEOPay	LnCEOPay	LnCEOPay	LnCEOPay
RCIND	0. 047						
	(1. 40)						
CEONRC	–0. 054						
	(–0. 59)						

续表

	(1)	(2)	(3)	(4)	(5)	(6)	(7)
	LnCEOPay	LnCEOPay	LnCEOPay	LnCEOPay	LnCEOPay	LnCEOPay	LnCEOPay
RCStock		0.011					
		(0.53)					
RCPay			−0.004				
			(−0.20)				
RCTenure				−0.047			
				(−1.22)			
RCFemale%					0.071*		
					(1.80)		
RCInact						−0.135**	
						(−2.17)	
RCExact							0.010
							(0.57)
ROA	0.047	0.047	0.047	0.052	0.051	0.058	0.047
	(1.24)	(1.27)	(1.28)	(1.42)	(1.37)	(1.63)	(1.25)
RET	0.002	0.000	0.001	0.004	0.005	−0.005	0.001
	(0.07)	(0.02)	(0.04)	(0.15)	(0.22)	(−0.20)	(0.06)

续表

	(1)	(2)	(3)	(4)	(5)	(6)	(7)
	LnCEOPay	LnCEOPay	LnCEOPay	LnCEOPay	LnCEOPay	LnCEOPay	LnCEOPay
MB	-0.011	-0.019	-0.018	-0.016	0.001	-0.013	-0.016
	(-0.13)	(-0.24)	(-0.22)	(-0.20)	(0.01)	(-0.16)	(-0.20)
SIZE	0.211	0.246	0.245	0.244	0.225	0.195	0.244
	(1.30)	(1.53)	(1.52)	(1.52)	(1.44)	(1.25)	(1.52)
LEV	0.196*	0.197*	0.197*	0.199*	0.212**	0.214**	0.200*
	(1.89)	(1.91)	(1.91)	(1.92)	(2.01)	(2.08)	(1.94)
RISK	0.014	0.013	0.015	0.009	0.007	0.010	0.013
	(0.34)	(0.32)	(0.35)	(0.21)	(0.17)	(0.26)	(0.33)
East	0.022	0.019	0.019	0.020	0.019	0.026	0.020
	(1.06)	(0.92)	(0.94)	(0.97)	(0.94)	(1.33)	(0.95)
CEOCHAIR	0.027	0.023	0.022	0.017	0.011	0.009	0.023
	(0.67)	(0.55)	(0.52)	(0.36)	(0.26)	(0.19)	(0.54)
LnBDSIZE	0.037	0.028	0.029	0.024	0.043	0.029	0.029
	(0.32)	(0.25)	(0.26)	(0.21)	(0.38)	(0.27)	(0.26)
SBSIZE	0.062	0.074	0.072	0.067	0.069	0.050	0.073
	(0.60)	(0.69)	(0.67)	(0.62)	(0.67)	(0.47)	(0.68)

续表

	(1)	(2)	(3)	(4)	(5)	(6)	(7)
	LnCEOPay	LnCEOPay	LnCEOPay	LnCEOPay	LnCEOPay	LnCEOPay	LnCEOPay
BDIND	0.013	0.014	0.014	0.010	0.009	0.016	0.014
	(0.26)	(0.28)	(0.28)	(0.21)	(0.18)	(0.34)	(0.29)
SOEs	-0.034**	-0.032*	-0.032*	-0.033*	-0.031*	-0.028*	-0.033*
	(-2.01)	(-1.94)	(-1.90)	(-1.96)	(-1.89)	(-1.77)	(-1.93)
Top1	-0.176	-0.175	-0.175	-0.199	-0.174	-0.170	-0.182
	(-1.36)	(-1.31)	(-1.28)	(-1.47)	(-1.45)	(-1.22)	(-1.36)
CEOMale	0.002	0.002	0.001	0.001	0.002	-0.003	0.002
	(0.13)	(0.11)	(0.10)	(0.07)	(0.15)	(-0.20)	(0.15)
CEOTenure	0.023	0.018	0.018	0.025	0.021	0.018	0.018
	(0.97)	(0.85)	(0.84)	(1.02)	(0.94)	(0.85)	(0.86)
CEOAge	1.320***	1.345***	1.348***	1.424***	1.254***	1.082***	1.325***
	(3.31)	(3.35)	(3.29)	(3.34)	(3.07)	(2.64)	(3.32)
IND_ YEAR	控制	控制	控制	控制	控制	控制	控制
N	909	909	909	909	909	909	909
R^2	0.238	0.231	0.231	0.235	0.236	0.246	0.231
adj. R^2	0.224	0.218	0.218	0.222	0.224	0.234	0.218
F	6.85	7.03	7.06	7.29	7.49	7.45	7.18

注：表中系数为标准化系数；括号中为 t 值，* 表示 0.1 显著性水平，** 表示 0.05 显著性水平，*** 表示 0.01 显著性水平。

表 6-20 单一薪酬委员会特征与经理人薪酬-绩效敏感度 WLS 回归结果

	(1)	(2)	(3)	(4)	(5)	(6)	(7)
	CES	CES	CES	CES	CES	CES	CES
RCIND	0.07**						
	(0.00)						
CEONRC	-0.12**						
	(0.00)						
RCStock		0.23***					
		(0.00)					
RCPay			0.05**				
			(0.00)				
RCTenure				-0.01			
				(0.00)			
RCFemale%					0.08		
					(0.00)		
RCInact						0.04	
						(0.00)	
RCExact							0.03
							(0.00)

续表

	(1)	(2)	(3)	(4)	(5)	(6)	(7)
	CES	CES	CES	CES	CES	CES	CES
ETIDX	0. 15***	0. 06***	0. 02	0. 10**	0. 10***	0. 09**	0. 13***
	(0. 00)	(0. 00)	(0. 00)	(0. 00)	(0. 00)	(0. 00)	(0. 00)
LnBDSIZE	-0. 08***	-0. 03	-0. 07	-0. 11**	-0. 04	-0. 10**	-0. 08 *
	(0. 00)	(0. 00)	(0. 00)	(0. 00)	(0. 00)	(0. 00)	(0. 00)
BDIND	0. 02	-0. 01	0. 01	-0. 04	0. 00	-0. 02	-0. 01
	(0. 01)	(0. 01)	(0. 01)	(0. 01)	(0. 01)	(0. 01)	(0. 01)
GROWTH	0. 08***	0. 06	0. 01	0. 07*	0. 05	0. 05	0. 04
	(0. 00)	(0. 00)	(0. 00)	(0. 00)	(0. 00)	(0. 00)	(0. 00)
UESD	-0. 14***	0. 05	-0. 03	0. 03	-0. 01	0. 01	0. 02
	(0. 00)	(0. 00)	(0. 00)	(0. 00)	(0. 00)	(0. 00)	(0. 00)
RETSD	-0. 04	-0. 02	0. 02	-0. 05	-0. 01	-0. 04	-0. 03
	(0. 00)	(0. 00)	(0. 00)	(0. 00)	(0. 00)	(0. 00)	(0. 00)
LEV	0. 05*	-0. 05*	0. 01	-0. 07	-0. 03	-0. 05	-0. 04
	(0. 00)	(0. 00)	(0. 00)	(0. 00)	(0. 00)	(0. 00)	(0. 00)
SIZE	0. 09***	0. 02	0. 00	0. 03	0. 01	0. 02	0. 02
	(0. 00)	(0. 00)	(0. 00)	(0. 00)	(0. 00)	(0. 00)	(0. 00)

续表

	(1)	(2)	(3)	(4)	(5)	(6)	(7)
	CES	CES	CES	CES	CES	CES	CES
Top1	-0.08	-0.05*	-0.12***	-0.16***	-0.11***	-0.16***	-0.10***
	(0.00)	(0.00)	(0.00)	(0.00)	(0.00)	(0.00)	(0.00)
SOEs	-0.09**	0.01	-0.00	-0.03	-0.05*	-0.04	-0.03
	(0.00)	(0.00)	(0.00)	(0.00)	(0.00)	(0.00)	(0.00)
East	-0.00	0.01	0.06	0.05	0.08***	0.08*	0.05
	(0.00)	(0.00)	(0.00)	(0.00)	(0.00)	(0.00)	(0.00)
IND_ YEAR	控制	控制	控制	控制	控制	控制	控制
N	909	909	909	909	909	909	909
R^2	0.813	0.040	0.041	0.041	0.041	0.044	0.036
adj. R^2	0.810	0.026	0.027	0.027	0.027	0.030	0.022
Prob > F	0.0000	0.0046	0.0004	0.0003	0.0047	0.0001	0.0089
F	2693.0	2.34	2.91	2.97	2.33	3.19	2.18

注：表中系数为标准化系数；括号中为标准误，*表示0.1显著性水平，**表示0.05显著性水平，***表示0.01显著性水平。

表 6－21 以薪酬委员会独立董事比例为内生变量的 2SLS 联立方程回归结果

	(1)	(2)	(3)	(4)	(5)
	CEOStock	CEOEquity	LnCEOPay	CES	CES
RCIND	0.65**	－0.03	0.43	0.15	－0.32
	(2.01)	(－0.11)	(1.58)	(0.39)	(－0.86)
CEONRC	－0.08	0.00	－0.06	－0.10	
	(－1.39)	(0.09)	(－1.08)	(－1.56)	
RCStock	0.35***	0.07*	0.02	0.09**	
	(9.17)	(1.94)	(0.74)	(2.41)	
RCPay	－0.10	0.01	－0.03	0.08	
	(－1.25)	(0.16)	(－0.35)	(0.86)	
RCTenure	0.14***	0.01	0.05	－0.02	
	(2.61)	(0.15)	(1.07)	(－0.27)	
RCFemale%	0.03	－0.02	－0.02	0.05	
	(0.66)	(－0.67)	(－0.72)	(1.34)	
RCInact	－0.08	0.02	－0.12**	0.00	
	(－1.44)	(0.31)	(－2.49)	(0.03)	
RCExact	0.03	0.01	0.07**	0.01	
	(0.82)	(0.27)	(2.27)	(0.20)	

续表

	(1)	(2)	(3)	(4)	(5)
	CEOStock	CEOEquity	LnCEOPay	CES	CES
ROA	-0.03	-0.01	0.23***		
	(-0.67)	(-0.21)	(6.23)		
RET	-0.02	-0.01	-0.09**		
	(-0.51)	(-0.16)	(-2.49)		
MB	-0.11*	-0.12**	-0.19***		
	(-1.90)	(-2.09)	(-3.84)		
SIZE	0.18***	0.13**	0.43***	0.00	0.05
	(3.26)	(2.46)	(9.15)	(0.11)	(1.05)
LEV	-0.15***	-0.03	0.05	-0.03	-0.04
	(-3.47)	(-0.68)	(1.28)	(-0.84)	(-1.09)
RISK	-0.01	0.01	0.01		
	(-0.25)	(0.36)	(0.40)		
LnCEOPay	0.04	0.07*			
	(0.75)	(1.68)			
CEOCHAIR	0.00	0.01	0.03		
	(0.12)	(0.25)	(0.75)		

续表

	(1)	(2)	(3)	(4)	(5)
	CEOStock	CEOEquity	LnCEOPay	CES	CES
LnBDSIZE	-0.07	0.05	-0.10**	-0.08	-0.10**
	(-1.09)	(0.96)	(-2.01)	(-1.50)	(-2.36)
SBSIZE	-0.00	-0.08**	0.01		
	(-0.10)	(-2.19)	(0.20)		
BDIND	-0.06	-0.02	-0.06	-0.02	0.04
	(-1.06)	(-0.32)	(-1.31)	(-0.27)	(0.62)
SOEs	-0.12***	-0.07	-0.08*	-0.05	-0.01
	(-2.67)	(-1.63)	(-1.95)	(-1.04)	(-0.15)
Top1	-0.17***	-0.08**	-0.07**	-0.14***	-0.19***
	(-4.25)	(-2.09)	(-2.15)	(-3.46)	(-4.51)
CEOMale	-0.17***	-0.07**	0.05		
	(-4.68)	(-2.16)	(1.58)		
CEOTenure	0.02	-0.05	0.07**		
	(0.60)	(-1.28)	(2.21)		
CEOAge	0.15***	-0.08**	0.07**		
	(4.11)	(-2.27)	(2.37)		

续表

	(1)	(2)	(3)	(4)	(5)
	CEOStock	CEOEquity	LnCEOPay	CES	CES
Firmage	0. 00	-0. 10***	0. 06*		
	(0. 11)	(-2. 80)	(1. 79)		
East	0. 07*	0. 00	0. 12***	0. 07**	0. 09**
	(1. 90)	(0. 04)	(3. 66)	(1. 97)	(2. 45)
ETIDX				0. 07**	0. 05
				(2. 20)	(1. 50)
GROWTH				0. 03	0. 04
				(0. 85)	(1. 07)
UESD				0. 00	0. 01
				(0. 04)	(0. 36)
RETSD				-0. 04	-0. 02
				(-1. 18)	(-0. 64)
ETIDX × RCIND					-0. 01
					(-0. 21)
_ cons	-1. 85***	-0. 41*	5. 72***	0. 01	0. 03 *
	(-3. 60)	(-1. 85)	(7. 74)	(0. 84)	(1. 86)

续表

	(1)	(2)	(3)	(4)	(5)
	CEOStock	CEOEquity	LnCEOPay	CES	CES
IND_ YEAR	控制	控制	控制	控制	控制
N	909	909	909	909	909
Prob > chi2	0.0000	0.0000	0.0000	0.0000	0.0000
Wald Chi2	268.71	74.34	361.02	88.34	50.96

注：表中系数为标准化系数；括号中为 T 值，*表示 0.1 显著性水平，**表示 0.05 显著性水平，***表示 0.01 显著性水平。

表 6－22　按实际控制人性质分组的 2SLS 回归

因变量	CEOStock（2）		CEOEquity（4）		LnCEOPay（6）		CES（8）		CES（10）	
	SOEs＝1	SOEs＝0	SOEs＝1	SOEs＝0	SOEs＝1	SOEs＝0	SOEs＝1	SOEs＝0	SOEs＝1	SOEs＝0
RCIND	0.72*	－0.05	－0.04	－0.06	0.54	0.01	－1.40*	1.85**	－1.24**	1.87**
	(1.75)	(－0.15)	(－0.12)	(－0.16)	(1.62)	(0.03)	(－1.84)	(2.23)	(－2.09)	(2.15)
CEONRC	－0.09	0.01	0.05	－0.01	－0.07	0.00	0.19	－0.32**		
	(－1.08)	(0.16)	(0.63)	(－0.21)	(－0.99)	(0.01)	(1.29)	(－2.28)		
RCStock	0.36***	0.31***	0.06	0.06	0.03	0.01	－0.03	0.12		
	(6.36)	(7.39)	(1.25)	(1.28)	(0.58)	(0.23)	(－0.32)	(1.17)		

续表

因变量	CEOStock（2）		CEOEquity（4）		LnCEOPay（6）		CES（8）		CES（10）	
	SOEs = 1	SOEs = 0	SOEs = 1	SOEs = 0	SOEs = 1	SOEs = 0	SOEs = 1	SOEs = 0	SOEs = 1	SOEs = 0
RCPay	−0. 15	0. 08	0. 07	−0. 05	−0. 05	0. 07	0. 40*	−0. 27		
	(−1. 37)	(0. 95)	(0. 71)	(−0. 48)	(−0. 49)	(0. 77)	(1. 91)	(−1. 17)		
RCTenure	0. 22**	0. 03	0. 06	−0. 03	0. 09	−0. 03	−0. 18	0. 13		
	(2. 57)	(0. 50)	(0. 80)	(−0. 49)	(1. 29)	(−0. 58)	(−1. 21)	(0. 97)		
RCFemale%	0. 08*	0. 04	−0. 01	−0. 03	−0. 05	0. 05	0. 17**	−0. 14		
	(1. 67)	(0. 75)	(−0. 11)	(−0. 44)	(−1. 26)	(0. 91)	(2. 22)	(−1. 24)		
RCInact	−0. 13	0. 03	0. 02	0. 01	−0. 21***	0. 01	0. 17	−0. 15		
	(−1. 51)	(0. 46)	(0. 23)	(0. 16)	(−3. 07)	(0. 21)	(1. 29)	(−1. 08)		
RCExact	0. 05	−0. 02	−0. 03	0. 04	0. 08*	0. 04	0. 03	0. 04		
	(0. 98)	(−0. 42)	(−0. 61)	(0. 74)	(1. 91)	(0. 93)	(0. 44)	(0. 34)		
ROA	−0. 13*	−0. 02	0. 06	−0. 05	0. 18***	0. 22***				
	(−1. 88)	(−0. 43)	(0. 87)	(−0. 79)	(2. 84)	(3. 99)				
RET	−0. 04	−0. 01	−0. 06	0. 05	−0. 06	−0. 12**				
	(−0. 68)	(−0. 14)	(−1. 00)	(0. 80)	(−1. 25)	(−2. 30)				
MB	−0. 11	−0. 11*	−0. 07	−0. 12	−0. 20***	−0. 21***				
	(−1. 16)	(−1. 69)	(−0. 80)	(−1. 59)	(−2. 62)	(−3. 22)				

续表

因变量	CEOStock (2)		CEOEquity (4)		LnCEOPay (6)		CES (8)		CES (10)	
	SOEs = 1	SOEs = 0	SOEs = 1	SOEs = 0	SOEs = 1	SOEs = 0	SOEs = 1	SOEs = 0	SOEs = 1	SOEs = 0
RISK	-0.05	-0.01	-0.03	0.05	0.01	-0.01				
	(-0.96)	(-0.32)	(-0.62)	(0.87)	(0.20)	(-0.16)				
LnCEOPay	0.01	0.07	0.09	0.05						
	(0.15)	(1.44)	(1.35)	(0.84)						
CEOCHAIR	-0.02	0.06	-0.04	0.04	0.00	0.07				
	(-0.40)	(1.27)	(-0.93)	(0.72)	(0.09)	(1.50)				
SBSIZE	0.02	-0.03	-0.06	-0.08	0.02	-0.00				
	(0.32)	(-0.78)	(-1.14)	(-1.50)	(0.41)	(-0.02)				
CEOMale	-0.12**	-0.20***	-0.02	-0.09*	0.09**	0.03				
	(-2.34)	(-4.44)	(-0.49)	(-1.81)	(1.99)	(0.56)				
CEOTenure	0.02	-0.04	-0.09**	-0.03	0.11**	0.01				
	(0.32)	(-0.80)	(-1.99)	(-0.49)	(2.49)	(0.11)				
CEOAge	0.11**	0.17***	-0.05	-0.07	0.06	0.07*				
	(2.11)	(4.08)	(-1.00)	(-1.43)	(1.37)	(1.67)				
Firmage	0.02	-0.05	-0.09*	-0.11**	0.06	0.03				
	(0.28)	(-1.09)	(-1.71)	(-1.97)	(1.25)	(0.64)				

续表

因变量	CEOStock (2)		CEOEquity (4)		LnCEOPay (6)		CES (8)		CES (10)	
	SOEs = 1	SOEs = 0	SOEs = 1	SOEs = 0	SOEs = 1	SOEs = 0	SOEs = 1	SOEs = 0	SOEs = 1	SOEs = 0
BDIND	-0.05	0.01	0.06	-0.07	-0.08	-0.01	0.16	-0.18	0.15	-0.17
	(-0.65)	(0.27)	(0.81)	(-1.00)	(-1.29)	(-0.18)	(1.24)	(-1.31)	(1.19)	(-1.23)
Top1	-0.14**	-0.22***	-0.08	-0.05	-0.11**	-0.03	-0.25***	-0.06	-0.26***	-0.08
	(-2.56)	(-4.93)	(-1.63)	(-0.98)	(-2.21)	(-0.74)	(-2.73)	(-0.58)	(-3.17)	(-0.75)
LnBDSIZE	-0.10	0.05	0.05	0.05	-0.19***	0.03	-0.01	-0.26*	-0.12	-0.14
	(-1.27)	(0.70)	(0.67)	(0.67)	(-2.92)	(0.40)	(-0.10)	(-1.69)	(-1.50)	(-1.26)
SIZE	0.20**	0.21***	0.04	0.17**	0.41***	0.50***	0.15	-0.09	0.19*	-0.07
	(2.33)	(3.30)	(0.51)	(2.35)	(5.89)	(8.35)	(1.51)	(-0.79)	(1.94)	(-0.58)
LEV	-0.21***	-0.11**	-0.02	-0.04	0.07	0.01	-0.05	-0.05	-0.04	-0.04
	(-3.20)	(-2.17)	(-0.27)	(-0.69)	(1.31)	(0.17)	(-0.60)	(-0.43)	(-0.51)	(-0.37)
East	0.01	0.13***	-0.02	0.03	0.11**	0.15***	0.06	0.03	0.02	0.03
	(0.19)	(2.97)	(-0.51)	(0.51)	(2.36)	(3.27)	(0.69)	(0.32)	(0.20)	(0.33)
ETIDX							0.04	0.18*	0.03	0.22*
							(0.58)	(1.69)	(0.41)	(1.93)
GROWTH							0.01	0.05	-0.01	0.05
							(0.08)	(0.51)	(-0.17)	(0.53)

续表

因变量	CEOStock（2）		CEOEquity（4）		LnCEOPay（6）		CES（8）		CES（10）	
	SOEs = 1	SOEs = 0	SOEs = 1	SOEs = 0	SOEs = 1	SOEs = 0	SOEs = 1	SOEs = 0	SOEs = 1	SOEs = 0
UESD							-0.01	0.09	0.00	0.05
							(-0.15)	(0.91)	(0.04)	(0.55)
RETSD							0.10	-0.17*	0.10	-0.15
							(1.23)	(-1.69)	(1.23)	(-1.50)
ETIDX × RCIND									-0.11	0.41**
									(-1.44)	(2.36)
IND_ YEAR	控制	控制	控制	控制	控制	控制	控制	控制	控制	控制
_ cons	-1.63**	-2.28***	-0.33	-0.40	6.57***	4.44***	0.01	0.01	0.03	-0.06
	(-2.19)	(-3.88)	(-1.26)	(-1.11)	(6.08)	(4.59)	(0.27)	(0.23)	(1.38)	(-1.06)
N	482	427	482	427	482	427	482	427	482	427
Prob > chi2	0.0000	0.0000	0.0457	0.0014	0.0000	0.0000	0.0781	0.0762	0.0826	0.1205
Wald chi2	121.27	239.36	39.29	52.98	206.15	212.11	19.61	20.27	17.82	15.14

注：表中系数为标准化系数；括号中为T值，*表示0.1显著性水平，**表示0.05显著性水平，***表示0.01显著性水平。

表 6-23 按股权集中度分组的 2SLS 回归

因变量	CEOStock		CEOEquity		LnCEOPay		CES		CES	
	(1) HH5 = 1	(2) HH5 = 0	(3) HH5 = 1	(4) HH5 = 0	(5) HH5 = 1	(6) HH5 = 0	(7) HH5 = 1	(8) HH5 = 0	(9) HH5 = 1	(10) HH5 = 0
RCIND	0.70	0.53**	-0.03	0.10	0.60	0.05	0.57	-0.49	0.51	-0.55
	(1.45)	(2.22)	(-0.08)	(0.42)	(1.59)	(0.26)	(1.22)	(-0.85)	(1.11)	(-1.06)
CEONRC	-0.12	-0.05	-0.04	0.00	-0.00	-0.04	-0.18*	-0.02		
	(-1.34)	(-0.94)	(-0.47)	(0.04)	(-0.04)	(-0.90)	(-1.92)	(-0.19)		
RCStock	0.36***	0.35***	0.02	0.10**	0.02	0.02	-0.01	0.10*		
	(5.79)	(8.09)	(0.41)	(2.17)	(0.46)	(0.47)	(-0.08)	(1.95)		
RCPay	-0.07	-0.05	-0.09	0.03	-0.05	0.07	-0.03	0.30**		
	(-0.52)	(-0.69)	(-0.81)	(0.48)	(-0.41)	(1.12)	(-0.23)	(2.10)		
RCTenure	0.21**	0.09*	0.00	0.03	0.06	0.00	0.06	-0.12		
	(2.39)	(1.67)	(0.04)	(0.51)	(0.83)	(0.08)	(0.72)	(-1.31)		
RCFemale	0.01	0.06	0.03	-0.05	-0.01	-0.01	-0.03	0.10**		
	(0.10)	(1.32)	(0.60)	(-1.18)	(-0.18)	(-0.36)	(-0.45)	(1.97)		
RCInact	-0.12	-0.04	-0.02	0.01	-0.14**	-0.05	-0.01	0.12		
	(-1.35)	(-0.72)	(-0.24)	(0.15)	(-2.11)	(-0.99)	(-0.18)	(1.24)		
RCExact	-0.01	0.04	0.04	0.00	0.03	0.08**	-0.01	-0.04		
	(-0.15)	(0.95)	(0.85)	(0.10)	(0.65)	(2.11)	(-0.20)	(-0.73)		

续表

因变量	CEOStock		CEOEquity		LnCEOPay		CES		CES	
	(1) HH5 = 1	(2) HH5 = 0	(3) HH5 = 1	(4) HH5 = 0	(5) HH5 = 1	(6) HH5 = 0	(7) HH5 = 1	(8) HH5 = 0	(9) HH5 = 1	(10) HH5 = 0
ROA	-0.05	-0.08	-0.02	-0.02	0.27***	0.21***				
	(-0.62)	(-1.57)	(-0.28)	(-0.40)	(4.16)	(4.64)				
RET	0.01	-0.03	-0.03	0.01	-0.02	-0.12***				
	(0.18)	(-0.66)	(-0.53)	(0.18)	(-0.25)	(-2.63)				
MB	-0.03	-0.19**	-0.01	-0.14*	-0.05	-0.25***				
	(-0.27)	(-2.46)	(-0.15)	(-1.79)	(-0.54)	(-3.78)				
RISK	0.11	-0.10**	0.09	-0.05	0.06	0.01				
	(1.30)	(-2.13)	(1.29)	(-1.12)	(0.83)	(0.21)				
LnCEOPay	-0.01	0.06	0.14	0.03						
	(-0.07)	(1.11)	(1.64)	(0.64)						
CEOCHAIR	0.05	-0.04	0.17***	-0.03	-0.01	0.08*				
	(0.91)	(-0.72)	(3.27)	(-0.63)	(-0.28)	(1.87)				
CEOMale	-0.03	-0.21***	-0.14*	-0.09*	0.19***	0.03				
	(-0.37)	(-4.16)	(-1.95)	(-1.74)	(3.02)	(0.60)				
CEOTenure	0.03	-0.00	-0.02	-0.04	0.09*	0.06				
	(0.49)	(-0.07)	(-0.29)	(-0.95)	(1.65)	(1.53)				

续表

因变量	CEOStock		CEOEquity		LnCEOPay		CES		CES	
	(1) HH5 = 1	(2) HH5 = 0	(3) HH5 = 1	(4) HH5 = 0	(5) HH5 = 1	(6) HH5 = 0	(7) HH5 = 1	(8) HH5 = 0	(9) HH5 = 1	(10) HH5 = 0
CEOAge	0.03	0.21***	0.03	-0.12***	0.06	0.06				
	(0.52)	(4.73)	(0.46)	(-2.68)	(0.99)	(1.48)				
Firmage	0.09	-0.03	-0.12**	-0.08*	0.10*	0.05				
	(1.37)	(-0.75)	(-2.16)	(-1.66)	(1.83)	(1.28)				
SBSIZE	-0.02	-0.02	0.05	-0.13***	0.03	-0.02				
	(-0.27)	(-0.37)	(0.83)	(-2.93)	(0.51)	(-0.40)				
SIZE	0.01	0.36***	0.07	0.18**	0.25***	0.51***	-0.15*	0.02	-0.15	0.01
	(0.12)	(5.29)	(0.89)	(2.57)	(2.85)	(9.54)	(-1.72)	(0.36)	(-1.53)	(0.09)
LEV	-0.14*	-0.22***	0.03	-0.09	0.11	0.01	-0.03	-0.03	-0.03	-0.07
	(-1.83)	(-4.13)	(0.52)	(-1.59)	(1.62)	(0.12)	(-0.51)	(-0.63)	(-0.53)	(-1.21)
LnBDSIZE	-0.03	-0.02	-0.07	0.13**	-0.16*	0.00	0.05	-0.03	0.05	-0.13**
	(-0.25)	(-0.38)	(-0.73)	(2.28)	(-1.90)	(0.03)	(0.50)	(-0.44)	(0.59)	(-2.36)
BDIND	0.03	-0.06	0.00	-0.04	-0.11	0.00	-0.04	0.05	-0.04	0.06
	(0.29)	(-1.15)	(0.01)	(-0.70)	(-1.52)	(0.11)	(-0.42)	(0.66)	(-0.43)	(0.76)
SOEs	-0.13	-0.11**	-0.10	-0.06	-0.16**	-0.01	-0.10	0.00	-0.12	-0.00
	(-1.48)	(-2.46)	(-1.30)	(-1.29)	(-2.33)	(-0.22)	(-1.43)	(0.04)	(-1.55)	(-0.03)

续表

因变量	CEOStock		CEOEquity		LnCEOPay		CES		CES	
	(1) HH5 = 1	(2) HH5 = 0	(3) HH5 = 1	(4) HH5 = 0	(5) HH5 = 1	(6) HH5 = 0	(7) HH5 = 1	(8) HH5 = 0	(9) HH5 = 1	(10) HH5 = 0
East	0.07	0.07*	0.11*	-0.04	0.11*	0.11***	-0.05	0.08	-0.06	0.09
	(1.13)	(1.71)	(1.94)	(-0.94)	(1.86)	(3.08)	(-0.67)	(1.63)	(-0.76)	(1.61)
ETIDX							-0.02	0.07	-0.00	0.07
							(-0.28)	(1.38)	(-0.08)	(1.31)
GROWTH							0.16**	0.08	0.15**	0.08
							(2.27)	(1.02)	(2.12)	(1.14)
UESD							0.09	0.03	0.07	0.04
							(1.32)	(0.55)	(1.14)	(0.71)
RETSD							-0.02	-0.05	0.00	-0.01
							(-0.38)	(-0.84)	(0.03)	(-0.18)
ETIDX × RCIND									-0.05	-0.05
									(-0.89)	(-0.60)
IND_ YEAR	控制	控制	控制	控制	控制	控制	控制	控制	控制	控制
_ cons	-0.82	-4.16***	-0.25	-0.75**	7.53***	3.80***	0.00	0.01	0.00	0.06
	(-1.04)	(-5.70)	(-0.91)	(-2.00)	(6.12)	(3.76)	(0.31)	(0.29)	(0.38)	(1.41)
N	371	538	371	538	371	538	371	538	371	538
Prob > chi2	0.0000	0.0000	0.0000	0.0000	0.0000	0.0000	0.1780	0.0002	0.6276	0.0503
Wald chi2	76.23	211.42	50.18	69.82	129.53	307.44	16.88	49.59	10.80	22.34

注：表中系数为标准化系数；括号中为T值，*表示0.1显著性水平，**表示0.05显著性水平，***表示0.01显著性水平。